Monsieur Laby de St-Aumont,
Mazous-Laguian.

OEUVRES COMPLÈTES

DE

LORD BYRON.

IMPRIMERIE DE DONDEY-DUPRÉ,
Rue St.-Louis, n° 46, au Marais.

ŒUVRES COMPLÈTES
DE
LORD BYRON,

AVEC NOTES ET COMMENTAIRES,

COMPRENANT

SES MÉMOIRES PUBLIÉS PAR THOMAS MOORE,

ET ORNÉES D'UN BEAU PORTRAIT DE L'AUTEUR.

Traduction Nouvelle

PAR M. PAULIN PARIS,
DE LA BIBLIOTHÈQUE DU ROI.

TOME DEUXIÈME.

Paris.

DONDEY-DUPRÉ PÈRE ET FILS, IMPR.-LIBR., ÉDITEURS,
RUE SAINT-LOUIS, N° 46,
ET RUE RICHELIEU, N° 47 bis.

1830.

DON JUAN.

Difficile est proprie communia dicere.
(HORACE, *Epist. ad Pison.*)

Crois-tu, parce que tu es vertueux, qu'il n'y aura plus ni ale ni galettes? — Oui, par sainte Anne! et le gingembre aussi nous brûlera la bouche.
(SHAKSPEARE, *la Douzième nuit,* ou *Ce que vous voudrez.*)

Chant Neuvième.

1. O Wellington! (ou *Vilainton*, car la renommée a deux manières de prononcer ces héroïques syllabes ; et la France qui, battante ou battue, rira toujours, n'ayant pu dompter votre beau nom, s'est imaginé d'en faire l'occasion d'une pointe ridicule) vous avez obtenu de fortes pensions et de grands éloges : si quelqu'un aujourd'hui osait contester une gloire comme la vôtre, l'humanité se lèverait en masse et ferait retentir le mot : *Nay* [1].

2. Ce n'est pas que je prétende excuser votre conduite à l'égard de Kinnaird, dans l'affaire Marinet [2].

---

[1] « *Ne faut-il pas lire Ney ?* — Question de l'imprimeur. »
(*Note de Lord Byron.*)

Le poète joue ici sur le mot *nay* (non), et sur le nom du maréchal Ney. M. de Las-Cases, dans son *Mémorial de Sainte-Hélène*, rapporte les paroles suivantes de Napoléon : « On m'assure que c'est par Welling-
» ton que je suis ici, et je le crois. Cela est digne de celui qui, *au mépris*
» *d'une capitulation solennelle*, a laissé périr Ney, avec lequel il s'était
» vu souvent sur le champ de bataille. » Il est certain qu'un mot de Wellington eût alors suffi pour sauver la vie de cet infortuné guerrier : mais, loin de le prononcer, Wellington ne songea pas même à démentir le procureur-général qui déclara, à l'ouverture des débats, que la mise en accusation du maréchal Ney avait été sollicitée par l'*Europe entière*, alors représentée par l'Angleterre.

[2] Marinet était un partisan du gouvernement impérial, qui, aux termes de l'amnistie-Labourdonnaie, avait été proscrit en 1815. Dans

—elle fut réellement infâme, et on se gardera bien (comme de quelques autres anecdotes) d'en rappeler les circonstances sur la tombe qui vous attend dans la vieille abbaye de Westminster. Quant au reste, il serait inconvenant de nous y arrêter ici; ce sont des histoires bonnes à conter à table, au moment du thé [1]; et d'ailleurs, bien que vos années offrent déjà une imposante succession de zéros, Votre Grâce est encore un *jeune* héros [2].

3. Sans doute l'Angleterre vous doit (et vous paie) beaucoup; mais l'Europe vous doit encore bien davantage. C'est vous qui avez raccommodé la béquille de la légitimité, qui de nos jours était devenue bien chancelante. L'Espagne, la France et la Hollande ont vu et senti la force de vos *restaurations*, et depuis Waterloo, le monde entier est devenu votre

---

l'espoir d'esquiver ses nombreux créanciers, il révéla, en 1817, à lord Kinnaird, ami de Wellington, et alors retiré comme lui à Bruxelles, le secret d'une prétendue conspiration contre la vie du général anglais : il promit en même tems d'en nommer tous les auteurs, si le duc de Wellington, alors à Paris, voulait lui faire accorder un sauf-conduit pour la France. Kinnaird, effrayé, demande et obtient ce sauf-conduit du duc lui-même. Marinet part pour Paris; mais, à peine arrivé, il est saisi et retenu en prison pendant plus d'une année. En vain lord Kinnaird fit-il imprimer les réclamations les plus violentes contre un semblable manque de foi, lord Wellington ne fit aucune réponse à son ancien ami, et laissa lentement instruire un procès contre Marinet, qui finit par être complètement acquitté.

[1] C'est-à-dire quand les dames sont retirées. De ce nombre sont les anecdotes piquantes racontées par mistress H. Wilson dans ses Mémoires.

[2] Arthur Wellesley (lord Wellington) est né en 1769, et avait par conséquent, en 1822, près de cinquante-trois ans.

débiteur. (A ce propos, je voudrais que vos poètes missent plus de talent à célébrer cette victoire [1].)

4. Oui, vous êtes le premier des *coupe-gorges*. — Ne vous emportez pas ; la phrase est de Shakspeare, et son application n'a rien d'injuste. — La guerre est un métier d'assassin et d'égorgeur, quand la justice n'en purifie pas la cause : c'est au monde, non pas aux maîtres du monde, à décider si vous avez jamais rempli un noble rôle, et pour moi je serais ravi de connaître quels sont ceux qui, sauf vous et les vôtres, ont à se féliciter de Waterloo.

5. Je ne suis pas flatteur. — On vous a rassasié de flatterie : on dit même que vous y prenez goût : — Je n'en suis pas étonné : l'homme dont la vie a été tout assauts et batailles, doit naturellement finir par se lasser de la foudre, et dès-lors, avalant l'éloge plus fréquemment que la satire, il peut aimer à recevoir les félicitations de ses heureuses bévues, et à s'entendre appeler *le sauveur des nations* non encore sauvées, et *le libérateur de l'Europe* encore asservie.

6. J'ai fini. Allez maintenant dîner dans la vaisselle plate dont vous a fait présent le prince du Brésil [2] ; faites porter à la sentinelle qui garde votre porte [3] une ou deux tranches de vos viandes succu-

---

[1] Il semble que Byron ait en vue ici Southey et Walter-Scott, les deux grands admirateurs de Wellington, et qui tous deux ont chanté la bataille de Waterloo.

[2] En 1812, après la bataille de Vittoria, gagnée par Wellington.

[3] « Je fus, à cette époque, placé à un poste, en considération de

lentes : elle a combattu long-tems, mais elle n'a pas toujours trouvé d'aussi bonnes choses à manger. On dit bien aussi que le peuple a tant soit peu faim....
— Vous méritez votre ration, on le sait; mais, de grâce, laissez-en tomber quelques miettes en faveur de la nation.

7. Je ne veux pas vous blâmer, — un grand homme comme vous, monseigneur le duc, est au-dessus du blâme; mais les altières habitudes du romain Cincinnatus n'ont aucune espèce de rapport avec l'histoire moderne, et bien qu'en votre qualité d'Irlandais [1] vous soyez amateur de pommes de terre, vous n'étiez pas obligé de prendre leur culture sous votre direction : je puis donc, — sans vous déplaire, — remarquer qu'un demi-million de guinées pour votre ferme Sabine [2] c'est un peu trop cher!

8. Les grands hommes ont toujours méprisé de grandes récompenses. Épaminondas sauva sa chère Thèbes, et ne laissa pas, en mourant, de quoi payer la dépense de ses funérailles. Georges Washington

» mes fatigues. On nous occupa à rompre du biscuit et à faire la *pâtée*
» aux chiens de lord Wellington. J'étais alors affamé, et je regardai
» cette occupation comme une bonne fortune, parce que nous pouvions,
» en cassant les biscuits, satisfaire notre propre appétit, — ce qui ne
» m'était pas arrivé depuis plusieurs jours. En remplissant cette fonc-
» tion, l'histoire de *l'Enfant prodigue* ne me sortit pas de la tête, et,
» en regardant ces chiens, je ne pouvais m'empêcher de soupirer sur
» mon humble situation et sur la chute de mes espérances. » (Journal d'un soldat du 71e régiment, durant la guerre d'Espagne.)

[1] L'Irlande est le pays classique des pommes de terre.
[2] Allusion à la ferme Sabine de Cincinnatus.

obtint des actions de grâces et rien de plus, si ce n'est une gloire sans nuages (gloire rarement méritée), pour avoir affranchi son pays; Pitt eut aussi son désintéressement; et s'il est encore aujourd'hui renommé comme un ministre d'état magnanime, c'est pour avoir ruiné sa patrie gratis.

9. Jamais mortel n'eut, excepté Napoléon, une occasion aussi belle; jamais mortel n'en abusa davantage. Vous pouviez affranchir l'Europe avilie de l'unité de ses tyrans; vous pouviez faire retentir votre nom de rivages en rivages. Et *maintenant* — de quelle sorte est votre gloire? les muses peuvent-elles la chanter? *Maintenant*, que les premiers et vains transports de la canaille sont apaisés, venez l'apprécier dans les cris de faim de vos compatriotes! Écoutez le monde, et apprenez à maudire vos victoires!

10. Comme ces nouveaux chants traitent d'actions guerrières, c'est à *vous* qu'une muse sincère daigne dédier des vérités que vous ne trouverez pas dans les gazettes, et qu'il est tems de mettre (sans exiger de gratification) à l'usage de cette tribu mercenaire, grasse du sang et des dettes de la patrie. Oui, vous avez *fait de grandes* choses; mais, n'ayant pas une ame *grande*, vous avez laissé les *plus grandes* à faire — et perdu le genre humain.

11. La mort — (allez méditer sur le squelette, image de cette chose inconnue qui enveloppe le monde passé, semblable à un soleil couchant, qui

peut-être enfante ailleurs une plus radieuse aurore), la mort, dis-je, rit de ce que vous déplorez. — Envisagez cet objet d'une continuelle terreur, dont la *pointe menaçante*, même alors qu'elle est dans le fourreau, glace toutes les heures de la vie. Remarquez-vous comme sa bouche, sans lèvres et sans souffle, grince encore les dents !

— 12. Remarquez avec quel rire insultant elle vous regarde ! cependant elle *fut* ce que vous êtes. — Elle ne *rit* pas *d'une oreille à l'autre*, — car ses mouvemens ne rencontrent plus la moindre charnelle entrave; la vieille n'entend même plus depuis longtems, mais elle *sourit* encore, et toutes les fois qu'elle dépouille un homme de sa peau (manteau rouge, blanc, noir ou basané, plus précieux que n'en vendit jamais tailleur), ses os desséchés tressaillent;

13. Et tel est le rire de la mort. — C'est une triste joie, mais enfin c'est de la joie. Pourquoi donc la vie ne profite-t-elle pas d'un pareil exemple? pourquoi, comme sa supérieure, n'accueille-t-elle pas avec un dédaigneux sourire tous les riens éphémères qui flottent comme des bulles sur un océan bien borné; quand on le compare au déluge éternel qui dévore les rayons et les soleils, — les atomes et les mondes, — les heures et les années?

14. *Être ou ne pas être ! voilà ce dont il s'agit*; dit Shakspeare, qui précisément est aujourd'hui en vogue. Je ne suis pas de la trempe d'Alexandre ou d'Éphestion; jamais je n'eus une passion violente pour

les abstractions de la gloire, et je préfère de beaucoup une digestion facile au cancer de Bonaparte [1]. En vain j'arriverais, à travers cinquante victoires, à l'infamie ou à la gloire, qu'ai-je besoin d'un beau nom avec un mauvais estomac?

15. *O dura ilia messorum!* « ô robustes entrailles » des moissonneurs! » — Je traduis ce passage au bénéfice de ceux qui ont l'expérience des indigestions, — fatalité intérieure qui précipite tous les flots du Styx dans un seul petit foie. La sueur du paysan vaut la fortune de son seigneur : que le premier se fatigue pour gagner son pain, — et que l'autre se mette à la torture pour toucher ses rentes, le plus heureux des deux sera toujours celui qui dormira le mieux.

16. *Être ou ne pas être?* Avant de décider, je voudrais bien savoir ce que c'est que l'*existence*! Nous rêvons tous à perte de vue, et puis nous croyons que tout le monde doit naturellement voir ce que seuls nous avons vu en songe; mais, pour ma part, je ne me rangerai d'aucun parti, tant qu'ils ne seront pas entièrement d'accord. Quelquefois seulement je me figure que la vie est la mort, plutôt qu'une pure affaire de respiration [2].

17. *Que sais-je?* était la devise de Montaigne et

---

[1] Martial dit à peu près de même :

Si post fata venit gloria, non propero.

[2] C'est-à-dire : Si la seule chose qui distingue la vie de la mort c'est que la vie jouit de la respiration, ce n'était pas la peine de les distinguer.

des premiers philosophes de l'académie. Un de leurs principes favoris était que toutes les connaissances que l'homme pouvait acquérir étaient douteuses. Il n'est rien qui mérite le nom de certitude, voilà ce qu'offre de plus clair la condition humaine; mais nous savons si peu ce que nous faisons dans ce monde, que je doute même si le doute est vraiment l'action de douter.

18. C'est peut-être un voyage agréable de flotter, comme Pirrhon, sur une mer de spéculations; mais que faire, si la voile qui vous conduit fait submerger le bateau? Vos philosophes ne sont pas de fort habiles pilotes, et d'ailleurs on peut enfin se lasser de voguer long-tems dans un abîme de contemplations. Un asile assuré auprès du rivage d'où l'on puisse, en se baissant, recueillir quelques jolies coquilles, voilà ce qui convient le mieux aux baigneurs modérés.

19. « Mais le ciel, comme dit Cassio, est au-dessus de tout, — ne parlons plus de cela, — faisons nos prières [1]. » Nous avons des ames à sauver depuis que le faux pas d'Ève et la chute d'Adam ont voué à la tombe tout le genre humain, et,

---

[1] Cassio, ivre. « *Le ciel est au-dessus de tout*, et il y a des ames qui seront sauvées et des ames qui ne seront pas sauvées. — Pour ma part, sauf le respect du général, j'espère être sauvé. — Iago. Et moi aussi, lieutenant. — Cassio. Oui, mais à votre tour. Le lieutenant doit être sauvé avant l'enseigne. *Ne parlons plus de cela; faisons notre devoir* : (disant ses prières) — pardonnez-nous nos offenses!... » (Shakspeare; *Othello*, acte II, scène 3.)

de plus, les poissons, les oiseaux et les quadrupèdes. *La chute du moineau est l'effet d'une providence spéciale.* Il est vrai que nous ignorons quel a été son crime, mais tout porte à croire qu'il se percha sur l'arbre qui avait pour Ève tant d'attraits.

20. Je vous le demande à vous, dieux immortels! qu'est-ce que la théogonie? à vous, hommes malheureusement trop mortels! qu'est-ce que la philanthropie? à toi, monde présent et passé! qu'est-ce que la cosmogonie? Quelques-uns m'ont accusé de misanthropie, mais je ne sais pas mieux ce qu'ils veulent dire par-là, que l'acajou qui recouvre mon pupitre. Je conçois bien la lycanthropie, car, sans la moindre métamorphose, et à la plus légère occasion, on voit les hommes devenir des loups;

21. Mais moi, le plus doux, le plus indulgent des hommes; moi qui, comme Moïse ou Mélanchton, n'ai jamais rien fait d'excessivement cruel, et qui même (tout en me laissant quelquefois aveugler par l'impulsion de mon cœur ou de mon corps,) ai toujours eu une grande tendance à pardonner, pourquoi m'appellent-ils *misanthrope? Parce qu'ils me haïssent, non parce que je les hais,* et — ici nous ferons une pause.

22. Il est tems de continuer notre bon poëme, car j'en maintiens réellement bons, non-seulement le corps, mais encore les réflexions préliminaires. L'un et l'autre pourtant ne sont pas, jusqu'à présent, très-clairs; — mais la vérité finira par s'y ré-

véler dans la plus sublime attitude, et, en attendant, il faut me résigner de bonne grâce à jouir de sa beauté et de son exil.

23. Nous avons laissé notre héros (et j'espère le vôtre, ami lecteur) sur le chemin de la capitale des peuples grossiers qu'a civilisés l'immortel Pierre, et qui jusqu'à présent ont fait briller plutôt leur bravoure que leur finesse d'esprit. Je sais que leur puissant empire est devenu l'objet de grandes flatteries, — de celles de Voltaire lui-même, et c'est pitié. Mais un autocrate absolu est, à mes yeux, non pas un barbare, mais quelque chose de bien au-dessous d'un barbare.

24. Et je ferai la guerre, au moins en paroles (et, si j'en trouve l'occasion, — en action), à tous ceux qui font la guerre à la pensée [1]. — Or, de tous les ennemis de l'intelligence, les plus acharnés, sans contredit, sont les tyrans et leurs vils adulateurs. J'ignore qui sortira vainqueur de la lutte, mais j'aurais une telle prescience, que je ne modifierais en rien

---

[1] Lord Byron a tenu sa promesse. — Il existe une sainte alliance de rois; pourquoi n'en formerait-on pas une de littérateurs? Eux seuls ont besoin de s'entendre d'un bout de l'univers à l'autre; et, du moins, quand la guerre est déclarée par les hommes les plus ineptes à la publicité des pensées (bonnes et *dangereuses*), tout littérateur devrait regarder comme le plus saint de ses devoirs l'action de relever le gant qu'on lui jette, en accablant de flétrissures celui qui, nouvel Érostrate, et pour se faire un nom, veut incendier le sanctuaire des dieux.

Cette note fut écrite en 1827, sous l'inspiration d'opinions déclamatoires dont je rougis aujourd'hui. Je la laisse toutefois pour *mémoire*.

ma profonde, mortelle et franche haine pour tous ceux qui font peser le despotisme sur les peuples.

25. Ce n'est pas que je sois l'adulateur du peuple : sans *moi*, assez de démagogues et de mécréans se chargeraient de renverser tous les clochers pour mettre à leur place quelques plus extravagans édifices de leur façon. S'ils sèment maintenant le scepticisme pour recueillir l'enfer, comme le déclare le dogme un peu sévère des chrétiens, je l'ignore; — je ne souhaite qu'une chose : que les hommes soient libres de la populace comme des rois; — de vous comme de moi.

26. Comme je ne suis d'aucun parti, je vais nécessairement offenser tous les partis. — Peu m'importe. Au moins mes paroles sont-elles plus sincères et mieux senties que si j'avais entrepris de suivre l'impulsion du vent. L'art est peu nécessaire à celui qui ne prétend rien gagner; et quiconque ne veut donner ni recevoir des fers, peut librement se donner carrière. C'est ainsi que j'en userai : jamais je ne joindrai ma voix au cri de *chackal* des esclaves.

27. Ce mot *chackal* est d'une parfaite justesse. J'ai entendu ces animaux mugir la nuit au milieu des ruines d'Éphèse, comme le fait cette bande de mercenaires, vils pourvoyeurs du pouvoir, qui rapinent afin d'obtenir leur part dans les épluchures, et qui se chargent de flairer au loin la proie qu'il plaît à leurs maîtres d'attaquer. Encore les pauvres chackals sont-ils moins ignobles en offrant le secours de leur

odorat aux courageux lions; que les insectes humains, en consentant à butiner pour des araignées.

28. Levez un seul bras, vous aurez fait disparaître leur toile, et sans toile, leur venin, leurs pattes cesseraient d'être redoutables. Peuples, ou plutôt tous les peuples! écoutez mon conseil : — *il faut*, sans délai, *courir sus :* la trame de ces Tarantules s'étendra chaque jour jusqu'à ce que vous fassiez cause commune; mais de vous tous la mouche espagnole et l'abeille attique ont seules jusqu'à présent fait usage de leurs aiguillons pour se rendre libres.

29. Nous avons laissé Don Juan (qui, lors de la dernière tuerie, s'était fait distinguer) en chemin et chargé d'une dépêche dans laquelle on parlait de sang répandu, aussi légèrement que nous parlerions d'eau. Les cadavres amoncelés comme des tas de chaume sur la ville silencieuse amusaient merveilleusement les loisirs de la belle Catherine : — elle considérait une bataille entre deux nations simplement comme un combat de coqs; mais elle tenait beaucoup à ce que les siens soutinssent vigoureusement le choc.

30. Il voyageait dans un *kibitka* (maudite espèce de voiture sans ressorts qui, dans les chemins durs, vous disloque tous les os), méditant sur la gloire, la chevalerie, les rois, les décorations, et enfin sur tout ce qu'il avait fait. — Il souhaitait en même tems que les chevaux de poste eussent les ailes de Pégase, — ou du moins que les chaises de poste fussent rem-

bourrées de plume, quand elles passaient sur de mauvaises routes.

31. A chaque cahot, — et il y en avait beaucoup, — il regardait avec inquiétude sa petite compagne, comme s'il eût voulu qu'elle se trouvât moins mal que lui sur ces routes pénibles livrées aux ornières, aux cailloux et à la bienveillance de la nature. Cette dernière ne fournit guère les routes de pavés ou les canaux de barques, et dans ces climats Dieu prend la mer, la terre, la pêche et les fermes sous sa direction immédiate.

32. Mais au moins ne paie-t-il aucune redevance, et doit-il sans contredit être regardé comme le premier de ceux que nous nommons *gentilshommes fermiers* [1], — race entièrement usée depuis qu'il n'y a plus de rentes à recueillir. Pour les autres *gentilshommes*, ils sont actuellement dans un piteux état; et pour les autres *fermiers*, ils ne peuvent relever Cérès de sa chute, — car la déesse est tombée avec Bonaparte : — quelles bizarres pensées ne nous frappent pas en voyant disparaître en même tems l'avoine et les empereurs [2] !

---

[1] Les propriétaires qui, en Angleterre, font valoir eux-mêmes leurs terres.

[2] « Les avantages de la paix générale commençaient déjà à paraître
» illusoires en Angleterre. Le commerce, s'il ne tomba pas entièrement,
» déclina d'une manière sensible; l'Europe n'avait plus besoin de ces
» innombrables fournitures militaires qu'elle tirait des provinces an-
» glaises : chaque nation, épuisée par de longs désastres, cherchait à ré-
» parer, à force d'industrie et d'activité, les maux de la précédente

33. Pour Juan, il arrêtait ses yeux sur l'aimable enfant qu'il avait sauvée du massacre ; — et quel trophée comparable à celui-là ? vous qui construisez des monumens souillés de sang comme Nadir-Shah [1] ce constipé Sophi qui, après avoir laissé un désert à la place de l'Indoustan, et à peine une tasse de café au Mogol, pour le consoler, fut tué, le malheureux pécheur ! parce qu'il ne pouvait plus digérer son dîner [2].

34. O vous, nous, lui ou elle ! souvenez-vous qu'*une seule* vie sauvée, surtout celle d'une jeune ou jolie créature, fait naître des souvenirs préférables à ceux des plus verts lauriers dont la tige fut engraissée par une terre humaine. En vain obtiendriez-vous tous les éloges qu'on eût jamais dits ou chantés, si votre cœur ne répond pas aux hymnes de la harpe mélodieuse, votre gloire n'est réellement qu'un bruit frivole.

35. Et vous, grands, lumineux et volumineux au-

» inertie commerciale. Le prix des denrées, plusieurs fois doublé depuis
» les vingt dernières années, diminua tout d'un coup, et les fermiers
» dont les baux, contractés avant la conclusion de la paix, avaient été
» extrêmement élevés, se virent ruinés par l'effet de cette diminution.
» Il en résulta qu'un grand nombre de familles, heureuses jusqu'alors,
» quitta l'Angleterre. » (*Histoire d'Angleterre*, inédite, année 1816.)

[1] Ou Thamas Kouly-Khan. « Il faisait élever, sous ses yeux, des » colonnes et des pyramides de têtes humaines. » (*Audiffret, Biog. univers.*)

[2] Il fut tué par suite d'un complot, comme la constipation avait exaspéré son caractère jusqu'à la folie.
(*Note de Lord Byron.*)

teurs ! vous, milliers de scribes quotidiens dont les pamphlets, les tomes et les journaux nous éclairent! soit que, payés par le gouvernement, vous nous prouviez que la dette publique ne nous épuise pas ; — où soit que, marchant lourdement et d'un pied grossier sur *les cors du courtisan* [1], vous viviez du produit de votre circulation populaire, en imprimant le demi-récit de la famine qui dévore le royaume.

36. O vous donc, grands auteurs !... mais, *à propos de bottes*, j'ai oublié ce que je voulais dire, comme cela quelquefois est arrivé à de plus sages que moi. — Je me rappelle seulement que je voulais essayer de calmer l'irritation que l'on rencontre dans les casernes, les palais et les chaumières. Mais sans doute j'aurais perdu mon tems ; et cela me console d'avoir oublié mon allocution, bien que la perte en soit inappréciable.

37. Laissons-la donc; sans doute on la retrouvera un jour avec d'autres débris d'un précédent monde; quand ce monde, devenu lui-même *précédent*, sera englouti sous une nouvelle terre, et déposé sens dessus dessous, froissé, brisé, rompu, rôti, frit, tordu ou submergé, comme tous les mondes antérieurs au nôtre, d'abord tirés, puis replongés dans le chaos, cette enveloppe dont il est impossible de sortir.

38. Ainsi l'a dit Cuvier. — Puis dans les fondemens d'une nouvelle création et sous les débris de

---

[1] Citation.

nos ossemens l'on retrouvera quelques vieilles organisations mystérieuses détruites, et dès-lors devenues l'objet de conjectures insolubles. C'est ainsi que nous gardons le souvenir des Titans, des géans, et d'autres bons compagnons de la même espèce ; hauts de quelque cent pieds (pour ne pas dire mille), comme les *mammoths* et les ailés crocodiles [1].

39. Imaginons que, dans ce tems, l'on vienne à déterrer Georges IV ; jamais les nouveaux habitans de ce nouvel Orient ne pourront concevoir comment de si grands animaux pouvaient chaque jour souper! (Car les hommes seront alors d'une taille bien inférieure. Le monde a toujours tort de tant multiplier : chaque nouvelle procréation, en divisant trop les substances vitales, avance la dégénération de l'espèce, — et c'est ainsi que nous ne sommes déjà

---

[1] Delille a dit, en parlant des savantes recherches de M. Cuvier :

« Souvent, dans le grand livre, à ses yeux sont offerts
» Les annales du globe et les fastes des mers :
» Et des corps enterrés dans leur couche profonde
» Le tombeau le ramène au vieux berceau du monde. »

(*Les Trois Règnes de la Nature*, ch. IV.)

« Ce grand animal à dents hérissées de pointes émoussées, si commun
» dans l'Amérique septentrionale, et auquel les Anglo-Américains ont
» transporté mal à propos le nom de *mamouth*, qui appartient proprement
» à l'éléphant fossile de Sibérie, n'a aujourd'hui aucun analogue
» connu, même pour le genre ; mais on trouve sous terre, tant en Europe qu'en Amérique, les ossemens de cinq ou six espèces qui lui
» ressemblent plus ou moins. »

(*Note de M. Cuvier sur le poëme* des Trois Règnes.)

plus aujourd'hui que les magots du vaste tombeau terrestre.)

40. Et comment voudriez-vous — que ces jeunes populations, tout récemment exilées de quelque frais paradis et réduites à labourer, bêcher, suer, fatiguer, planter, moissonner, filer, moudre et semer, jusqu'à ce que tous les arts aient atteint leur dernier point de perfection (surtout ceux de la guerre et des taxes), comment, dis-je, voudriez-vous qu'en découvrant d'aussi imposantes reliques, ils pussent les confondre avec les monstres contemporains de leurs musées ?

41. Mais j'ai trop de dispositions à la métaphysique. *Le tems est disjoint* [1]; et je le suis comme lui. J'oublie que ce poème est d'un genre tout-à-fait exquis, et je m'égare dans des routes trop rebutantes. Jamais je ne médite ce que j'ai à dire, et cela vraiment est par trop poétique. Il faut savoir pourquoi et dans quel but on écrit : mais, notes ou texte, j'ignore toujours quel mot suivra celui que je trace.

42. Aussi, je m'égare sans cesse dans mes récits ou mes réflexions. — Il est tems à présent de raconter. J'ai laissé Don Juan avec ses chevaux débridés, — nous allons le remettre sur les chemins. Je ne donnerai pas de grands détails sur son voyage, nous avons déjà bien assez de *tours*. Supposez-le donc arrivé à Pétersbourg, et faites-vous

[1] Citation.

une idée de cette agréable capitale de neiges peintes.

43. Supposez-le dans un bel uniforme : habit rouge, revers noirs, un long plumet flottant, comme la voile déchirée par la tempête, sur un chapeau dont les longs bords sont retroussés; de brillantes culottes, sans doute en casimir jaune; des bas blancs unis comme du lait frais et collés sur des jambes dont leur soie fait encore ressortir l'élégance et la beauté.

44. Supposez-lui l'épée au côté, le chapeau à la main, paré des mains de la jeunesse, de la gloire et d'un tailleur militaire, — puissant enchanteur dont la verge enfante la beauté (quand elle ne nous torture pas comme un geôlier dans nos habillemens), et fait pâlir la nature effrayée de voir l'art surpasser ses œuvres les plus remarquables. — Voyons-le se présenter comme sur un piédestal; ne dirait-on pas que l'Amour a pris la forme d'un lieutenant d'artillerie?

45. Son bandeau est descendu de ses yeux sur son cou en cravate; ses ailes ont cédé aux épaulettes; son carquois s'est rétréci en fourreau; ses flèches se sont groupées à son côté en glaive élégant et sans perdre leur pointe acérée; son arc enfin est devenu un chapeau à *claque*; mais tel qu'il est encore, Psyché serait plus clairvoyante que certaines de nos femmes (accoutumées à commettre d'aussi lourdes bévues) si elle ne le prenait pas pour son Cupidon.

46. Les courtisans restèrent frappés de surprise, les dames se parlèrent bas, et l'impératrice sourit. Quant au régnant favori, il fronça le sourcil. — J'ai entièrement oublié quel était celui de ce jour-là : tant, depuis le couronnement *isolé* de sa présente majesté, se succédaient rapidement les officiers chargés de cette fonction délicate. Mais c'était ordinairement un garçon vigoureux et haut de six pieds, capable de rendre jaloux un Patagon.

47. Juan ne leur ressemblait pas; il était svelte, délicat, frais et sans barbe. Mais, dans l'ensemble de ses formes, et plus encore dans ses yeux, je ne sais quoi semblait présager que, malgré son extérieur séraphique, il réunissait aux proportions d'un ange quelque chose d'un homme. De plus, l'impératrice aimait quelquefois des adolescens, et justement alors elle venait d'inhumer le beau visage de Lanskoï.[1]

48. Il ne serait donc pas fort étonnant que Yermoloff, Momonoff, Scherbatoff, ou quelqu'autre *off* ou *on* craignît alors que sa majesté n'eût le cœur assez large pour y placer une nouvelle flamme. Or, cette pensée était assez pénible pour obscurcir le visage doux ou rebutant de celui qui, suivant le lan-

---

[1] Lanskoï fut *la grande passion* de la grande Catherine.
(*Note de Lord Byron.*)

Lanskoï mourut en 1784, à l'âge de vingt-sept ans, épuisé par trois années de faveur. Il laissa, en mourant, une succession de sept millions de roubles.

gage de son poste, occupait cette *haute position officielle*.

49. O gentilles dames! si vous voulez pénétrer la signification diplomatique de cette phrase, il faut prier l'Irlandais, marquis de Londonderry, de vous initier dans les parties de discours qu'il cherche à mettre à la mode : peut-être parmi tous ces mots baroquement accouplés à la suite les uns des autres, que personne ne comprend et auxquels tant de gens obéissent, peut-être, dis-je, saisirez-vous un malin *non-sens*, et c'est là tout ce qu'on peut glaner dans cette moisson maigre et verbeuse.

50. Mais j'espère, au reste, pouvoir satisfaire votre curiosité sans le secours de cette triste et inexplicable bête de proie, — de ce sphinx, dont les énigmes ne seraient jamais résolues si sa conduite ne prenait chaque jour le soin de les expliquer, — de cet hiéroglyphe monstrueux, — de ce repoussant égout de sang et d'eau ; pour tout dire en un mot, de ce Castlereagh de plomb! — Ici je vous dirai un conte, mais il ne sera heureusement ni trop long ni trop lourd[1].

51. Une dame anglaise pressait une Italienne de lui apprendre quelles étaient les fonctions actives et officielles d'un être singulier, dont quelques femmes font le plus haut cas; qui voltige sans cesse autour de certaines dames mariées; que l'on appelle *cava-*

---

[1] Ces deux strophes furent composées avant le suicide de ce personnage.
(*Note de Lord Byron.*)

lier servante; — et qui enfin, semblable à Pygmalion (je crains, hélas! que cela ne soit trop vrai), sait animer les statues qu'il se plaît à contempler. La dame, ainsi sollicitée, se contenta de répondre : « — Madame, je vous prie *de les supposer.* »

52. Je vous supplie de même de faire la supposition la plus austère et la plus chaste sur l'emploi de l'impérial favori. C'était une place élevée, et même de fait, sinon de droit, la plus élevée de l'empire. Il est donc permis de penser que le personnage alors en jouissance de ce poste redoutait facilement qu'on ne le supplantât, lorsqu'il suffisait d'une paire d'épaules plus larges que les siennes pour l'obliger aussitôt à lever les talons.

53. Juan, ai-je dit, était un jouvenceau de grande beauté ; il avait conservé un air d'adolescence en dépit de la saison hérissée qui, en couvrant un visage de barbe et de favoris, lui enlève la grâce *Parissienne* qui renversa Troie et fonda les *doctors-commons*. — A ce propos, j'ai compulsé les *Annales du divorce*, et j'y ai vu que la ville d'Ilion offrait le premier exemple de *dommages-intérêts* exigés en pareille matière.

54. Catherine, qui s'arrangeait de tout (à l'exception de son mari retourné à sa place éternelle), et qui passait pour admirer singulièrement ces gigantesques messieurs (effroi de nos petites-maîtresses), avait cependant une certaine touche de sentiment. L'homme qu'elle adora le plus fut Lanskoï, dont la

perte lui avait tant coûté de regrets et de pleurs. Il n'était cependant qu'un grenadier fort ordinaire.

55. O toi, *teterrima causa* de toutes les *belli* [1] ! — toi, porte de la vie et de la mort ! — toi, objet non encore décrit, par où nous entrons et nous sortons tous ! — On me permettra bien de m'arrêter ici, en songeant comment toutes les ames sont obligées de plonger dans ta fontaine perpétuelle. — J'ignore comment l'homme *est* autrefois *tombé*, puisque l'arbre de la science s'est dépouillé de ses premiers fruits; mais comment, *depuis ce tems*, il tombe et se relève, c'est ce que *tu* as irrévocablement déterminé.

56. Quelques-uns t'ont surnommé *la pire cause de la guerre*; moi, je soutiens que tu en es la *meilleure*: car, après tout, n'est-ce pas de toi que nous venons, et à toi que nous allons? Pourquoi donc, en allant à toi, nous ferions-nous scrupule de battre une muraille ou de ravager un monde? On convient que tu pourrais repeupler tous les mondes, grands ou petits; et bien plus, avec ou sans toi, ô mer de la terre aride de la vie, tout ne cesserait-il pas d'être?

57. Catherine, qui était le grand épitomé de cette grande cause de guerre, de paix, ou de ce qu'il vous plaira (c'est la cause de tout ce qui est; ainsi, vous n'avez qu'à choisir); Catherine, dis-je, fut vraiment ravie en voyant le beau messager qui por-

---

[1] *Nam fuit ante Helenam cunnus teterrima belli Causa*..........................
(HORAT. *Satir*. lib. I, s. 3.)

tait sur son panache l'annonce d'une victoire; et telle fut l'attention qu'elle mit à le voir s'agenouiller, qu'elle oublia de rompre le sceau de la dépêche.

58. Mais, rappelant tout d'un coup l'impératrice, sans éloigner entièrement la femme (c'est-à-dire les trois quarts au moins de ce grand tout), elle ouvrit la lettre et la parcourut d'un air qui suspendit les idées de la cour, attentive à chaque nuance d'expression qui glissait sur l'impérial visage : enfin, un sourire vint mettre le tems au beau pour toute la journée. Sa face, quoiqu'un peu large, était noble, ses yeux beaux et sa bouche gracieuse.

59. Sa joie était grande, ou plutôt ses joies. D'abord, une ville prise — et trente mille hommes égorgés. L'orgueil et le triomphe se peignaient dans ses traits comme sur les eaux un rayon du soleil levant des Indes. Pour un moment, elle sentit soulagée sa soif de conquêtes ; — ainsi les déserts de l'Arabie s'abreuvent-ils d'une pluie d'été : mais c'est en vain ! — La rosée n'étanche pas les sables arides, et le sang humecte seulement la main des ambitieux.

60. Sa seconde joie fut plus idéale. Elle donna un sourire aux vers de ce fou de Suwarow, qui avait fait, dans un couplet russe assez mauvais, toute la gazette des milliers d'hommes qu'il avait tués. Sa troisième joie fut assez féminine pour apaiser, en quelque sorte, le frisson qui parcourt nos veines naturellement, quand les êtres appelés souverains applau-

dissent au meurtre, et que les généraux en font un sujet de plaisanterie.

61. Elle laissa paraître dans tout leur cours les deux premiers sentimens; la joie brilla d'abord dans ses yeux, puis sur ses lèvres, et tous les courtisans, comme les fleurs arrosées après une longue sécheresse, prirent aussitôt un aspect plus serein. — Mais quand le lieutenant agenouillé attira à son tour les bienveillans regards de sa majesté (elle qui regardait tout aussi volontiers sur la jeunesse que sur les dépêches), tout le monde rentra aussitôt dans l'indécision.

62. Catherine avait bien dans la figure quelque chose de large, de gras et même de féroce, quand *elle était en colère*; cependant elle *plaisait*, et ceux qui aiment les fruits roses, mûrs et succulens, pouvaient éprouver des désirs à son aspect, surtout tant qu'ils jouissaient d'une santé vigoureuse. Au reste, elle était toujours disposée à payer de retour le bien qu'on lui voulait; mais en revanche elle exigeait, avec la dernière rigueur, le montant des billets de Cupidon, et elle ne souffrait pas qu'on sollicitât, au jour d'échéance, le plus léger rabais.

63. Il est vrai qu'avec elle les rabais, bien que souvent très-justes, ne paraissaient pas rigoureusement nécessaires : on dit qu'elle était belle, et que, malgré sa cruauté, elle avait le regard tendre et en usait toujours fort bien avec ses favoris. Quand une fois vous aviez parcouru les compartimens de son

boudoir, la *fortune*, comme dit Gilles, était en bon train de *vous bouffir*[1]. Elle songeait bien à réduire toutes les nations en veuvage, mais elle n'en aimait pas moins l'homme en qualité d'individu.

64. Étrange chose que l'homme! étrange chose que la femme! quel tourbillon que sa tête, quel abîme obscur et dangereux que tout le reste de sa personne! Épouse, veuve, vierge ou mère, elle aura toujours l'esprit aussi mobile que le vent : tout ce qu'elle a pu dire ou faire n'expliquera jamais ce qu'elle dira ou fera par la suite. — C'est une créature depuis bien long-tems éprouvée et toujours aussi inexplicable.

65. Oh! Catherine! (car c'est à toi qu'il est juste d'adresser, en fait d'amour ou de guerre, toutes les interjections en *oh!* et en *ah!*) combien diffèrent souvent entre eux les objets d'une seule pensée! Il faut maintenant couper la tienne en diverses sections. Dans la *première*, ton imagination reproduit la prise d'Ismaïl ; dans la *seconde*, tu vois une nouvelle fournée de chevaliers, et la *troisième* enfin t'offre les traits de celui qui apporta la dépêche!

66. Shakspeare nous parle du *héraut Mercure, qui s'élevait vers une montagne baisant le ciel;* sa majesté russe, tout en regardant le jeune héraut in-

---

[1] *Sir Gilles Overreach.* — « Sa fortune le bouffit; il est dur; il est » marié. » — (Voyez le Théâtre de Ph. Massinger, *Nouveau moyen de payer de vieilles dettes.*)

(*Note de Lord Byron.*)

cliné devant elle, rêvait à quelque chose de pareil. La montagne, il est vrai, était un peu haute pour un simple lieutenant; mais quoi! les roches du Simplon se sont elles-mêmes inclinées devant le génie, et les baisers, quand c'est la jeunesse et la santé qui les donnent, ne sont-ils pas toujours des *baisers célestes*[1]?

67. Sa majesté baissa les yeux, le jouvenceau leva les siens, — et c'est ainsi qu'ils se prirent d'amour; — elle, pour sa figure, ses grâces, son je ne sais quoi; car la coupe de Cupidon enivre dès le premier coup : c'est une espèce de laudanum dont on prend la quintessence sans avoir besoin de l'approcher de ses lèvres. En amour, l'œil suffit pour aspirer et tarir toutes les sources de la vie (excepté les larmes).

68. Lui, d'un autre côté, ressentit sinon de l'amour, du moins une autre passion non moins impérieuse, celle de l'amour-propre. Assez volontiers, quand une créature élevée au-dessus de nous; une cantatrice, une danseuse à la mode, une duchesse, princesse ou impératrice, *daigne* (c'est l'expression de Pope) se prendre d'une grande passion, fût-elle même inconsidérée, pour un être qu'elle a distingué dans la foule, ce choix donne à croire à celui

---

[1] *The herald Mercury*
New lighted on a Heaven-Kissing hill.

M. A. P., après avoir platement travesti cette octave, accuse, dans ses notes, Lord Byron de platitude. — *Traduttore, traditore*, dit le proverbe italien.

qui en est l'objet qu'il a tout autant de mérite qu'un autre.

69. Juan était d'ailleurs à cet âge heureux où toutes les femmes sont également belles, où l'on s'engage en aveugle et avec un courage comparable à celui de Daniel dans la fosse aux lions. De même que Phébus produit le crépuscule en se plongeant tantôt dans le sein de l'onde amère, tantôt dans celui de Thétis, ainsi le plus voisin océan est-il toujours celui qui amortit les feux de notre jeune soleil.

70. Et Catherine (nous devons lui rendre cette justice), quoique cruelle et hautaine, était une créature dont la tendresse éphémère présentait quelque chose d'extrêmement flatteur. Chacun de ses amans devenait une sorte de roi taillé sur un seul patron amoureux. Il avait tous les droits d'un mari ; sauf l'anneau ; et, comme c'est là le point le plus désagréable de l'union conjugale, il s'ensuivait que le fruit avait perdu son épine et conservé tout son miel.

71. Ajoutons à cela ses formes parfaitement conservées, ses yeux bleus ou gris, —(ces derniers, quand ils sont animés, valent tout autant ou mieux que les autres, comme l'attestent les plus graves exemples. Napoléon et Marie (la reine d'Écosse) donnent à cette couleur un lustre transcendant ; Pallas elle-même, trop sage pour regarder sous un prisme noir ou bleu, se charge pleinement de la justifier.

72. Son doux sourire et sa figure imposante, son

embonpoint, sa condescendance impériale, la préférence qu'elle donnait à un adolescent sur des hommes bien autrement vigoureux (et que Messaline n'aurait pas autrefois manqué de pensionner), son air de vie, de santé appétissante, et d'autres avantages encore qu'il est inutile de dire, — tout cela, ou seulement quelque chose de cela, suffisait pour rendre bien fier un jouvenceau.

73. Et il n'en faut pas davantage : car l'amour n'est que vanité et égoïsme dans son origine et dans ses fins,—lorsqu'il n'est pas un véritable délire, un esprit de vertige qui nous porte à associer notre sort à celui d'une beauté passagère, bien que cette passion ne lui survive jamais.—Voilà pourquoi plusieurs philosophes païens avaient fait de l'amour le principe de l'univers.

74. Mais, indépendamment de l'amour platonique, de l'amour divin, de l'amour sentimental et du chaste amour conjugal (ici je me vois forcé d'employer, pour ma rime, le mot *colombe*[1], je définis la rime un vieux bateau à vapeur, qui fait marcher les vers en dépit de la raison : pour cette dernière, elle songe toujours moins à satisfaire l'oreille que l'esprit); indépendamment, dis-je, de tous ces genres d'amour, il y a de plus, en nous, une certaine chose appelée *les sens*.

75. Des mouvemens, des impulsions, qui nous

---

[1] *Dove*, nécessaire pour rimer avec *love*.

entraînent hors du cercle aride de nos jouissances ordinaires pour nous rapprocher de quelque déesse (et dans le premier âge toutes les femmes sont des déesses). Oh! quel charme dans ces premiers momens! N'est-ce pas une étrange fièvre que celle qui précède la langueur de nos sensations? n'est-ce pas une singulière opération que celle d'envelopper dans un corps une ame immortelle?

76. La plus noble espèce d'amour est l'amour platonique; c'est par lui qu'il faut commencer ou finir. Nous placerons immédiatement au-dessous l'amour canonique, parce que c'est celui du clergé. La troisième espèce à mentionner dans notre histoire est en vogue chez toutes les nations chrétiennes; c'est celui dont les chastes matrones écoutent la voix quand elles joignent à leurs autres liens ceux d'un *mariage simulé*.

77. Bien, nous ferons trêve d'analyse; — c'est à notre histoire à se justifier. La souveraine fut séduite, et Juan se sentit flatté d'avoir éveillé son amour ou sa luxure. — Je ne saurais biffer les mots que j'ai une fois écrits, et d'ailleurs ces deux passions sont tellement inhérentes à la poussière humaine, qu'en prononçant le nom de l'une on risque fort de réveiller le souvenir de l'autre. En tout cas, la sublime impératrice de Russie n'eut pas d'autres sentimens que ceux de la grisette la plus vulgaire.

78. Toute la cour n'était plus qu'un chuchotement prolongé, et toutes les lèvres étaient penchées

vers toutes les oreilles. Les plus vieilles dames, en recevant la confidence du jour, ajoutaient quelques nouvelles sinuosités aux rides de leurs fronts ; les plus jeunes échangeaient entre elles force œillades et laissaient percer les plus malins sourires, et cependant des larmes de jalousie obscurcissaient les yeux de l'armée de rivaux qui encombraient les appartemens.

79. Les ambassadeurs de toutes les puissances s'enquirent du nom du nouvel adolescent, qui promettait d'arriver en quelques heures au faîte des honneurs. Déjà l'on voyait tomber dans son cabinet la pluie argentine des roubles, les dons d'un certain nombre de rubans et de plusieurs milliers de paysans.

80. Catherine était généreuse ; c'est la vertu de toutes les dames de son caractère. L'amour, qui sait si bien ouvrir le cœur et tous les chemins qui, de près ou de loin, de haut ou de bas, y conduisent, l'amour — (il faut pourtant convenir qu'elle avait une maudite passion pour la guerre et qu'elle n'était pas la plus accomplie des épouses, à moins que Clytemnestre n'ait mérité le même éloge ; mais peut-être était-il plus juste de se défaire de l'un, que de traîner tous les deux une vie misérable),

81. L'amour portait Catherine à faire la fortune de tous ses favoris. Telle n'avait pas été notre semi-vierge Élisabeth, dont l'avarice répugnait à tous les déboursémens, si l'on peut s'en rapporter à ces in-

signes menteurs d'historiens. Bien que le chagrin d'avoir fait mourir un amant ait abrégé sa vieillesse, elle n'en a pas moins déshonoré son sexe et son rang par son système d'avarice et de coquetterie indécise.

82. Mais, après le lever, quand les courtisans furent congédiés, les ambassadeurs de toutes les nations se pressèrent en foule autour de notre jeune ami pour lui exprimer leurs félicitations. Maintes jolies dames aussi coururent lui présenter leur soyeuse toilette ; car elles aiment à fonder leurs espérances sur les beaux hommes, sur ceux surtout qui peuvent conduire à de hautes places.

83. Juan, qui, sans trop savoir comment, se trouvait l'objet de l'attention générale, répondit à tous les complimens avec une gracieuse inclination, comme s'il fût né pour jouer le rôle de ministre. Malgré sa modestie, la nature avait écrit sur son front serein le mot *gentilhomme*. Il parlait peu, mais à propos, et l'écharpe des Grâces semblait servir de bannière à tous ses mouvemens.

84. Un ordre de sa majesté avait recommandé, au soin spécial des premiers officiers de l'empire, notre jeune lieutenant. Tout le monde lui voulait du bien (le jouvenceau ne devrait pas oublier que tout le monde aurait fait le même accueil au premier étourneau) : il n'y eut pas jusqu'à miss Protasoff qui ne l'assurât de son dévouement. On surnommait cette dernière, à cause de son mystérieux emploi, l'*Éprou-*

veuse[1], mais c'est un terme qu'il est impossible à ma muse d'interpréter.

85. Ce fut donc avec *elle* que Don Juan, suivant la nature de ses devoirs, se retira : — et moi je vais l'imiter, jusqu'à ce que Pégase se décide à quitter de nouveau la terre. Nous venons justement de nous arrêter sur une *montagne baisant le ciel* ; déjà je sens que les idées poétiques m'abandonnent et que toutes les rêveries fantastiques tournent, comme les ailes d'un moulin, autour de ma tête. C'est, pour mes nerfs et mon cerveau, un avis d'achever paisiblement ma route sur quelque côte moins ardue.

---

[1] Ce mot est en français dans le texte.

Chant Dixième.

1. Newton, ayant été distrait de ses méditations par la chute d'une pomme, dut à ce léger hasard, — on *le dit* du moins (car je ne veux pas garantir les motifs de l'opinion ou des calculs d'un philosophe), la découverte du mouvement le plus naturel qu'exécute la terre, et que l'on nomme *gravitation*. C'est donc, depuis Adam, le seul homme qui ait eu raison de s'en prendre à une chute [1] ou à une pomme.

2. Si cela est vrai, l'homme est tombé par une pomme, et par une pomme s'est relevé. Nul doute que la découverte faite par sir Isaac Newton d'une route circulaire au travers d'étoiles, jusqu'alors non frayée, ne doive compenser, à nos yeux, tous les maux de l'humanité. Dès-lors, en effet, l'homme immortel s'est passionné pour tous les genres de mécaniques, et, grâces aux machines à vapeur, il ne peut guère tarder à s'envoler dans la lune.

3. Mais pourquoi cet exorde ? — Parce que, justement à cette heure, et comme je prenais ce chétif

---

[1] Il y a, je crois, ici un jeu de mots sur *fall*, chute, qui se prend aussi pour *torrent*.

morceau de papier, mon cœur s'est enflé d'une glorieuse flamme, et mon esprit s'est permis une intérieure cabriole. Bien que fort loin de me comparer à ceux qui, à l'aide des lunettes ou de la vapeur, franchissent la distance des astres ou bravent les vents contraires, je vais essayer, avec le secours de la poésie, d'aller tout aussi loin qu'eux.

4. Déjà j'ai vogué et je vogue encore contre le vent : quant aux étoiles, mon télescope est, je l'avoue, tant soit peu terne; mais enfin j'ai su esquiver les rivages vulgaires, et, laissant la terre bien au-delà de ma vue, j'ai tenté d'effleurer l'océan de l'éternité. Le rugissement des brisans n'a pas épouvanté mon esquif frêle et léger, mais toutefois capable de supporter la mer; et j'ai franchi des abîmes où se sont engloutis des vaisseaux et plus d'une *barque* [1].

5. Nous laissâmes notre héros Juan dans la *fleur*, mais non dans les *expansions* du favoritisme : loin de mes muses (car j'en ai plusieurs sous la main) l'intention de le suivre au-delà de la salle de réception ! Il suffit que la fortune l'ait trouvé brillant de jeunesse, de force, de beauté, de tous les dons, en un mot, qui peuvent rogner pour un tems les ailes du plaisir.

6. Mais ces ailes renaissent bientôt et s'échappent de leur nid. « Oh ! dit le Psalmiste, que n'ai-je les

---

[1] Allusion aux poèmes des *lakistes*, et surtout à ceux de *Wordsworth*. (Voyez le ch. III de *Don Juan*.)

» ailes de la colombe pour m'envoler et trouver le
» repos ¹ ! » Et qui, se rappelant les jours de jeunesse et d'amour,—en dépit même d'une tête chauve,
d'une poitrine ruinée, d'une imagination incapable
d'errer au-delà de la sphère d'un languissant regard,
— ne désirerait plutôt soupirer encore comme son
fils que tousser comme son grand-père ?

7. Les soupirs s'arrêtent, et les ruisseaux de larmes (des veuves elles-mêmes) se réduisent enfin,
comme l'Arno durant l'été, à un sillon assez étroit
pour faire honte aux flots jaunes et profonds qui menaçaient, en hiver, d'inonder les campagnes. Telle
est la différence qu'apportent quelques mois. Vous
regardiez le chagrin comme un fertile champ qu'on
ne laisse jamais en friche ; vous aviez raison : seulement la charrue y change de mains, et les ouvriers
la quittent alternativement pour aller sur une autre
terre semer quelques plaisirs.

8. Mais la toux arrive quand s'arrêtent les soupirs, — ou même avant que les soupirs ne s'apaisent ; car souvent les uns amènent l'autre avant que
le front, tel que la surface d'un lac, ne soit sillonné
d'une seule ride et que le soleil de la vie ait franchi
la dixième heure. Une rougeur étique, et prompte
comme la naissance d'un jour d'été, s'étend sur des
joues dont la céleste pureté semble démentir l'argile

---

¹ « *Formido mortis cecidit super me... et dixi : Quis dabit mihi*
» *pennas sicut columbæ, et volabo et requiescam.* » — (Psalm. LIV.)

qui les forme; cependant mille autres créatures désirent, aiment, espèrent, meurent : — combien ne sont-elles pas plus heureuses!

9. Pour Juan, il n'était pas destiné à mourir sitôt. Nous l'avons laissé dans le foyer de toute la gloire qu'on peut attendre de la faveur de la lune ou du caprice des dames : — gloire peut-être éphémère ; mais qui s'avisera de mépriser le mois de juin parce que décembre au souffle glacé doit venir plus tard ? Il est bien plus sage de sourire aux rayons du soleil, pour se munir de feux contre les jours d'hiver.

10. Il avait d'ailleurs certaines qualités essentielles que les dames d'un moyen âge apprécient mieux encore que les jeunes demoiselles ; car les premières connaissent le fond des choses, tandis que les tendres poulettes ne savent de l'amour que ce qu'on en chante en vers, ou ce que l'on en rêve (l'imagination est une grande trompeuse) à ces heures nocturnes que choisit l'amour pour descendre des cieux. — On juge volontiers les femmes d'après le nombre des soleils ou des années ; mais il serait plus juste, je pense, d'estimer ces chères créatures d'après celui des lunes.

11. Pourquoi cela? parce qu'elle est chaste et inconstante. — Je n'y vois pas d'autre raison, en dépit de ce que les gens soupçonneux et toujours prêts à accuser les autres viendraient à alléguer contre moi, — ce qui, du reste, ne ferait honneur *ni à leur caractère ni à leur goût*, comme l'a dit, avec

autant de malice qu'eux, mon ami Jeffery; mais je lui pardonne, et j'ai l'espoir qu'il me pardonnera aussi : — autrement, je l'en excuse encore.

12. Une fois réconciliés, d'anciens amis ne devraient plus jamais se désunir ! : — il y va de leur honneur, et je ne vois même rien qui puisse justifier un retour à la haine. Pour moi, en pareil cas, je l'évite à l'égal de l'ail ; et, étendît-elle à l'infini ses cent bras et jambes ², j'essaierais encore de la devancer. Que d'anciennes amantes, que de nouvelles épouses nous vouent une haine mortelle, — des ennemis convertis doivent refuser de se liguer avec elles.

13. Leur désertion serait la plus odieuse de toutes; — car un renégat, l'éhonté Southey lui-même, ce mensonge incarné, rougirait de faire une seconde fois cause commune avec les *reformados* ³, desquels

---

¹ Jeffery, l'un des meilleurs critiques de la *Revue d'Édimbourg*, avait long-tems encouru et mérité la haine vigoureuse de Byron, par le fameux article publié contre les *Heures d'oisiveté*; mais quand parut le *Childe Harold*, il fut l'un des premiers à reconnaître les beautés de cet ouvrage. Depuis ce tems, Byron ne cessa de parler avec affection de Jeffery, quoiqu'il ne l'eût jamais vu.

² C'est l'expression anglaise. *Her hundred arms and legs.* — Cette strophe rappelle la pensée de M. de Châteaubriant : « Le grand esprit a » quelquefois rendu amer le souvenir des bienfaits, et toujours doux » celui des persécutions. On aime facilement son ennemi, surtout s'il » nous a donné occasion de vertu ou de renommée. »

³ *Réformateurs*, ou plutôt *réformés*. Le baron de Bradwardine, dans *Waverley*, peut me servir d'autorité pour l'expression.

(*Note de Lord Byron.*)

Byron désigne ici les membres de l'*Association constitutionnelle pour*

il s'est détaché pour occuper le chenil [1] de Lauréat. Et quant aux gens honnêtes, Écossais, Italiens, et de l'Islande aux Barbades, ils ne pirouettent pas au moindre souffle de vent, et ne saisissent pas, pour dauber sur vous, l'instant où vous cessez d'être en faveur.

14. Le légiste et le critique [2] ne scrutent que les plus sales côtés de la vie et de la littérature : rien ne demeure inaperçu, mais tout n'est pas redit par ceux qui balayent ces deux vallées de disputes. Tandis que le commun des hommes vieillit dans l'ignorance, le résumé du légiste est comme le scalpel du chirurgien ; il dissèque le fond des sujets et ne s'arrête pas même au résidu de la digestion.

15. Le légiste, armé d'une verge, ressemble à un moral balayeur de cheminée ; ils ne peuvent, ni l'un ni l'autre, esquiver toutes les taches ; et la suie qu'ils éveillent sans cesse autour d'eux [3] résiste

---

la défense des mœurs, fondée sous le règne de la reine Anne, et toujours demeurée sous l'influence spéciale des torys exagérés.

[1] Le texte porte : *The Laureate's sty*, le *renc* à porc du Lauréat ; mais l'expression *renc*, bien que très-française, et généralement usitée dans les provinces, est peu connue à Paris, et j'ai cru devoir la remplacer par celle de chenil. — Toutes les éditions faites par le libraire Ladvocat de la première traduction, portent *la loge de Laurent* au lieu de *la loge de Lauréat*. Cette faute rend la phrase inintelligible.

[2] Byron fait ici allusion, en même tems, aux querelles que lui ont suscitées les avocats lors de la rupture de son mariage, et aux critiques des *Heures d'oisiveté*.

[3] Ne faut-il pas lire *poursuites* ? — Question de l'imprimeur.
(*Note de Lord Byron.*)
Il y a ici un jeu de mots. *Soot* (suie), *suit* (procès, poursuite).

à tous les changemens de chemise. Ainsi, les habits de l'un, les habitudes de l'autre retiennent également une sale empreinte de ramoneur; du moins peut-on le dire de vingt-neuf sur trente. — Quant à *vous*, je l'avouerai avec franchise, vous portez votre robe comme César portait sa toge.

16. Voilà donc, cher Jeffery, jadis mon très-redouté adversaire (autant toutefois que des rimes et des critiques peuvent blesser des poupées de notre espèce), voilà donc toutes nos anciennes querelles terminées. Buvons ici *a auld lang syne* [1]! Je ne vous connais pas; peut-être ne vous ai-je même jamais vu; — mais vous avez en tout agi très-noblement, et j'ai le plus grand plaisir à le confesser.

17. Et quand j'emploie la phrase *auld lang syne*, ce n'est pas à vous que je l'adresse (à mon grand regret, car, excepté W. Scott, il n'est personne dans votre ville hautaine avec lequel je trinquerais aussi volontiers qu'avec vous); c'est à tout ce qu'il vous plaira. — On peut croire que c'est un souvenir d'écolier: je ne cherche pas à faire de la magnanimité ou de l'esprit; je suis, d'ailleurs, à moitié Écossais par la naissance; je le suis entièrement par mon éducation, et mon cœur suit l'impulsion de ma tête. —

18. Maintenant, de dire comment *auld lang syne*

[1] Mot à mot: *Aux lieux autrefois vus*; c'est un toast cher aux Écossais.

évoque devant moi l'Écosse, en masse et dans tous ses détails; les *plaids* écossais, les *snoods* [1] écossais, les montagnes bleues, les eaux claires, la Dée, le Don, le *mur noir* du pont de Balgounie [2] mes premiers souvenirs, en un mot, tous les doux songes de *ce qui me faisait alors rêver*, enveloppés, comme les fils de Banquo [3], dans leurs manteaux funéraires. — D'expliquer ces illusions enfantines qui ramènent sous mes yeux ma douce enfance, je ne m'en soucie pas ; — c'est un effet de *auld lang syne*.

19. Et bien que, dans un furieux et poétique accès, alors que j'étais jeune et susceptible, j'aie, comme vous vous le rappelez, raillé les Écossais pour faire preuve de rage et de verve maligne (ce qui, je l'avoue, n'était ni sensé ni modéré); cependant, en dépit de toutes ces saillies, j'ai conservé la

---

[1] *Snood*, ruban, ceinture, écharpe.

[2] Le pont du Don, près de la *vieille ville* d'Aberdeen, avec son arche unique et ses eaux noirâtres et poissonneuses, sont encore présens à ma mémoire comme si je les avais vus hier. Je me rappelle également, bien que peut-être je le cite mal, le terrible proverbe qui, dans ma jeunesse, me faisait craindre et pourtant désirer de le passer, parce que j'étais fils unique, au moins du côté de ma mère. Le voici tel que je m'en souviens, bien que je ne l'aie entendu ni lu depuis l'âge de neuf ans :

« *Brig of Balgounie*, blak's *your* wa'
» *Wi' a wife's ae son, and a mear's ae foal*
» *Doun ye shall fa.* »

« Pont de Balgounie, ton mur est noir ; tu tomberas avec le fils unique
» d'une femme et le poulain unique d'une cavale. »

(*Note de Lord Byron.*)

[3] Allusion à la scène de sorcières de *Macbeth*, acte IV.

fraîcheur primitive de mes sentimens d'enfance ; dans mon emportement, j'ai *fouetté* [1] l'Écossais, mais je n'ai pas voulu le tuer, et j'ai toujours aimé la terre *des monts et des torrens* [2].

20. Don Juan, être réel ou idéal, — car c'est tout un, puisque la pensée existe encore quand les penseurs ont conservé moins de réalité que ce qu'ils pensèrent : l'ame, en effet, ne peut jamais être détruite, et elle ne cesse de lutter contre le corps ; mais, quoi qu'il en soit, il est pénible, quand on touche à ce qu'on appelle éternité, de regarder et de ne voir rien de plus clair sur une rive que sur l'autre. —

21. Don Juan devint un Russe parfaitement poli. — *Comment ?* nous ne le mentionnerons pas. *Pourquoi ?* nous n'avons pas besoin de le dire ; peu de jeunes têtes seraient capables de supporter le choc de la première tentation, et *celle* qu'éprouvait Juan s'offrait à lui comme un coussin disposé sous un trône pour les pieds d'un monarque. De folâtres demoiselles, des danses, des fêtes, de l'argent à discrétion, voilà ce qui lui faisait prendre la terre des glaces pour un paradis et l'hiver pour un beau jour d'été.

22. La faveur de l'impératrice avait ses charmes ; les fonctions de Juan auprès d'elle étaient fatigantes,

---

[1] Le texte anglais, *I scotched the Scotchman*, présente un jeu de mots.

[2] *Land of mountain and of flood*. Voyez le *Lai du dernier ménestrel*, de W. Scott, ch. vi, str. 2.

il est vrai, mais les jeunes gens doivent se piquer de remplir avec honneur de pareils devoirs. Il s'élevait donc comme un arbre dont les rameaux commencent à verdir, également propre à l'amour, à l'ambition ou à la guerre, passions qui récompensent leurs plus heureux amans, jusqu'à ce que les dégoûts de la vieillesse fassent préférer à tous leurs dons celui d'une indépendante médiocrité.

23. Dans ce tems-là, comme on l'a peut-être supposé, je crains bien qu'entraîné par de jeunes et dangereux exemples, Don Juan ne soit devenu un peu dissipé : c'est un triste défaut ; non-seulement il ravit à nos sentimens leur fraîcheur, mais, — en nous initiant dans tous les secrets d'une humaine et incorrigible fragilité, — il nous rend égoïstes ; et force nos ames à rentrer dans leurs coquilles comme des huîtres.

24. Passons là-dessus. Nous ne nous arrêterons pas davantage sur le progrès rapide et ordinaire des intrigues formées entre des couples d'inégale condition, comme, par exemple, hélas! entre un jeune lieutenant et une reine, *non pas vieille*, mais déjà éloignée de la royale fraîcheur de ses dix-sept premières années. Les souverains peuvent imposer des lois aux matériaux, mais non à la matière, et les rides (infernales démocrates) ne savent guère flatter.

25. La mort, ce roi des souverains, en même tems que le colossal Gracchus de tous les empires, la mort est aussi, tout le monde en conviendra, un grand

réformateur. Ses lois agraires réduisent les somptueux palais de ceux qui ordonnaient des fêtes, des combats, des applaudissemens et des festins, au niveau du plus humble gazon (seulement engraissé de putrides débris), et elle accolle ces hommes, jadis puissans, aux pauvres diables qui n'eurent jamais en propre un seul pouce de terre. —

26. *Il* vivait donc (non pas la mort, mais Juan [1]) au milieu d'un déluge de prodigalités, d'empressemens et d'objets brillans et scintillans, dans ce charmant pays des noires et fourrées peaux d'ours, — qui (je hais pourtant les paroles désobligeantes) se laissent encore entrevoir dans les momens d'oubli, à travers les *robes de lin et de pourpre* [2], — moins faites pour la royale prostituée de Russie que pour celle de Babylone, — et parviennent à tempérer l'effet de tous ces dehors écarlates.

27. Nous ne décrirons pas non plus ce train de vie : peut-être le pourrions-nous en recueillant les ouï-dires et nos propres souvenirs ; — mais nous approchons de l'*obscure forêt* du sombre Dante, de cet horrible équinoxe, de cette odieuse section des années humaines, hôtellerie à demi-route, abri déso-

---

[1] Nous avons déjà fait remarquer qu'en anglais *mort* est masculin.

[2] Allusion à l'admirable passage de l'*Apocalypse*, ch. xvii, verset 4. *Et mulier erat circumdata purpurâ et coccino, et inaurata auro et lapide pretioso et margaritis, habens poculum aureum in manu suâ, plenum abominatione et immunditiâ fornicationis ejus. Et in fronte ejus scriptum : mysterium.* Babylon, *magna mater fornicationum*, etc.

lant d'où les sages voyageurs ne tirent plus qu'avec circonspection, vers la mortelle limite des âges, les tristes chevaux de la vie, et d'où, reportant leurs yeux vers la jeunesse déjà lointaine, ils ne peuvent retenir une larme; —

28. Je ne décrirai pas, — c'est-à-dire si je puis éviter les descriptions; je ne réfléchirai plus, — c'est-à-dire si je puis éloigner la pensée qui, — comme le petit chien collé à la mamelle maternelle, — s'acharne après moi au milieu de la confusion de tout ce labyrinthe; semblable encore au polype, retenu par un roc, ou au premier baiser imprimé sur les lèvres d'une amante[1]; — mais, comme je l'ai dit, je ne *veux pas* philosopher; *je veux* qu'on me lise.

29. Au lieu de courtiser la cour, Juan s'en vit donc courtisé, circonstance assez rare en elle-même. Il en fut redevable en partie à sa jeunesse, en partie à ce qu'on racontait de sa valeur, et en partie à son naturel, bouillant comme celui d'un cheval de race. N'oublions pas aussi l'heureux choix de ses costumes qui, semblables aux franges de vapeurs pourprées qui entourent le soleil, venaient encore ajouter à l'éclat de sa beauté. — Mais il dut, avant tout, remercier de l'empressement universel une vieille femme et les fonctions qu'il remplissait.

---

[1] Voilà la pensée insurmontable (celle de la mort) qui donnait toujours à Lord Byron, suivant la remarque de M. Beyle, *l'air d'un homme qui se trouve avoir à repousser une importunité.*

30. Il écrivit en Espagne : — et tous ses proches parens considérant qu'il était en bon chemin, non-seulement pour faire fortune, mais aussi pour placer chacun de ses cousins, lui répondirent le même jour. Plusieurs d'entre eux se disposèrent même à émigrer. « Avec le secours d'une légère pelisse, disaient-ils
» en mangeant des glaces, on ne trouve pas la moin-
» dre différence entre le climat de Moscou et celui
» de Madrid. »

31. Sa mère aussi, Dona Inès, remarquant qu'au lieu de tirer sur son banquier, où les fonds qui lui étaient assignés diminuaient sensiblement, il avait mis à ses dépenses une ancre fortunée ; — sa mère répondit « qu'elle était ravie de le voir revenu des
» frivoles plaisirs que poursuit la jeunesse, attendu
» que la seule preuve qu'un homme puisse donner
» de son bon sens, c'est d'apprendre à réduire ses
» anciennes dépenses.

32. » Ensuite elle le recommandait à Dieu, au
» fils de Dieu et à sa sainte mère ; elle le mettait en
» garde contre le culte grec, qui sonne toujours mal
» à l'oreille d'un catholique ; mais elle l'exhortait à ne
» pas trop laisser percer la répugnance qu'il lui in-
» spirait : en pays étranger, cela pouvait blesser.
» Elle l'informait qu'il avait un petit frère, né d'un
» second mariage ; mais, avant tout, elle portait aux
» nues l'amour *maternel* de l'impératrice.

33. » Elle ne pouvait assez exprimer son admira-
» tion pour une impératrice qui jetait toujours les

» yeux de préférence sur des jeunes gens dont l'âge,
» et mieux encore, dont la nation et le climat ne
» pouvaient (sous aucun rapport) donner au scan-
» dale la moindre prise. — En Espagne, elle aurait
» peut-être conçu quelques inquiétudes; mais, sous
» un ciel où le thermomètre descend à dix, à cinq,
» à un, et même à zéro, elle ne pouvait supposer
» que la vertu y pût fondre avant la rivière. »

34. O hypocrisie! que n'ai-je, pour te chanter, *une force de quarante desservans* [1] ! que ne puis-je entonner à ta louange un hymne aussi bruyant que toutes les vertus dont tu te pares et que tu ne pratiques pas! que n'ai-je la trompe des chérubins! ou du moins le cornet de ma bonne vieille grand'mère quand, ayant laissé ternir le verre de ses lunettes et ne pouvant plus recourir à son livre de piété, elle n'avait pour toute consolation que les sons qu'il transmettait à ses oreilles.

35. Mais, du moins, la bonne ame n'était-elle pas hypocrite; elle monta au ciel par la route la plus droite qu'ait jamais prise membre de la *liste des élus*, liste qui contient la répartition des domaines célestes à donner au jour du jugement, et assez semblable, en cela, au *dooms day-book* dans lequel Guillaume-

---

[1] Métaphore empruntée de *la force de quarante chevaux* des machines à vapeur. C'est cet original de révérend S*** qui, se trouvant un jour à table à côté d'un confrère ecclésiastique, remarqua que son pesant voisin avait pour la conversation une *force de douze ministres*. (Parsons.)

(*Note de Lord Byron.*)

le-Conquérant, pour récompenser le zèle de ses chevaliers, divisa la propriété des autres en quelque soixante mille nouvelles seigneuries [1].

36. J'aurais mauvaise grâce à m'en plaindre, moi dont les ancêtres, Erneis, Radulphus y ont trouvé place. — Quarante-huit manoirs (si ma mémoire n'est pas trop en défaut) furent le prix de leurs services sous les bannières de Billy [2] : et bien que je sois forcé d'avouer qu'il était tout au plus juste d'arracher aux Saxons leurs *hydes* [3], comme l'eussent fait des tanneurs, cependant, eu égard à ce qu'ils en employèrent le revenu à fonder des églises, vous ne pouvez nier qu'ils n'en aient su tirer le meilleur parti du monde.

37. Ainsi donc fleurissait le gentil Juan, bien que

---

[1] Le *dooms day-book*, conservé jusqu'à nos jours, est devenu, pour les familles normandes qui ne sont pas éteintes, le titre de noblesse le plus authentique. Il contient le nombre d'arpens de terre concédé à chaque particulier lors de la conquête, le nombre de chevaux, de bêtes à cornes, de brebis, et même d'argent, possédé par chaque famille. On l'appela *Dooms day-book*, c'est-à-dire *Livre du jour du jugement*, sans doute pour signifier que les recherches qu'on y avait inscrites avaient l'exactitude de celles que ferait le Dieu du ciel lors du jugement dernier. « Il fut placé, dit Polydore Virgile, dans l'*Échiquier*, pour y
» être consulté quand on pourrait en avoir besoin, c'est-à-dire quand
» on voudrait savoir combien de laine on pourrait encore ôter aux bre-
» bis anglaises. »

[2] Variété du mot *William*, Guillaume.

[3] *Hyde* s'emploie le plus communément pour *cuir*, *peau*. — Mais il se prend aussi fort correctement pour *mesure de terre* ; et, comme tel, j'ai cru pouvoir le soumettre à la taxe d'un calembourg.

(*Note de Lord Byron.*)

de tems en tems, ainsi que les plantes appelées sensitives, il redoutât le plus délicat toucher, autant que les monarques redoutent la poésie quand elle ne leur est pas préparée par Southey. Peut-être, dans les jours les plus rigoureux, soupirait-il après un climat qui permît aux glaces de la Néva de se fondre avant le mois de mai. Peut-être fatigué de son office, et jusque dans les grands bras de la royauté, regrettait-il de n'y pas trouver la beauté.

38. Peut-être, — mais, *sans* recourir à peut-être, nous n'avons pas besoin de chercher quelques jeunes ou vieilles causes ; le chagrin rongeur s'attachera aux plus belles, aux plus fraîches joues, comme il achèvera de sillonner les formes déjà flétries. Semblable à l'aubergiste, l'ennui, chaque semaine, présente sa note ; libre à nous de faire la grimace, mais il faut finir par l'acquitter, et quand six jours se sont paisiblement écoulés, il faut que le septième amène des vapeurs ou un créancier [1].

39. J'ignore comment la chose arriva, mais il tomba malade. L'impératrice s'en alarma, et son médecin (le même qui avait médeciné Pierre) trouva que le mouvement de son pouls, bien qu'il dénotât une disposition fébrile et fût singulièrement *vif*, offrait de terribles présages de mort ;

---

[1] Mot à mot: *des diables bleus ou bruns. Diable bleu, bluedevils*, se prend aussi pour vapeur, et *dun*, brun, pour créancier. De là le jeu de mots.

sur quoi toute la cour fut extrêmement troublée, l'impératrice consternée et toutes les médecines doublées.

40. Mystérieux furent les chuchotemens, diverses les rumeurs : quelques-uns disaient qu'il avait été empoisonné par Potemkin, d'autres parlaient sciemment de certaines tumeurs, d'épuisement et de dérangemens de la même espèce. Ceux-ci prétendaient qu'il y avait en lui confusion des principes digestifs avec le sang ; et ceux-là persistaient à soutenir qu'il fallait accuser simplement *les fatigues de la dernière campagne*.

41. Mais ici nous rapporterons une des nombreuses ordonnances qu'on lui prescrivit : *Sodæ sulphat.* 3. *vi.* 3. *s.*; *Mannæ optim. Aq. fervent. F.* 3. *iss.* 3. *ij. tinct. Sennæ haustus* (et alors le médecin arriva et lui appliqua les ventouses). *R. Pulv. Com. gr. iii. Ipecacuanhae* (et bien d'autres, si Juan n'avait pas voulu s'arrêter) *Bolus potassæ sulfureæ sumendus, et haustus ter in die capiendus*.

42. Voilà la manière de guérir ou de périr, *secundum artem*. En santé, nous narguons les médecins, — mais, à peine indisposés, nous perdons toute envie de railler et nous implorons leur secours. Cependant se forme le trou, *hiatus maximè deflendus* [1], que doit combler la bêche et la pioche, et au lieu de sourire de bonne grâce au Léthé, nous nous

---

[1] Horace.

cramponnons après le tranquille Baillie ou le doux Abernethy [1].

43. Juan résista à ce premier ordre de départ, et sa jeunesse et sa constitution, en rendant vaines toutes les menaces de la mort, envoyèrent les docteurs dans une nouvelle direction. Mais son état donnait encore des inquiétudes, les couleurs de la santé ne glissaient encore que légèrement sur ses joues amaigries : il embarrassait la faculté, — qui crut devoir lui conseiller de faire un voyage.

44. Le climat, dirent-ils, était trop froid pour qu'une plante méridionale pût y fleurir. Cette déclaration fut assez mal reçue de la chaste Catherine qui, dans le premier moment, ne pouvait supporter l'idée de perdre son mignon ; mais, quand elle s'aperçut que ses yeux brillans devenaient lourds et ternes comme ceux d'un aigle auquel on a rogné les ailes, elle se détermina à lui confier une mission dont l'éclat fût en tout digne de son rang.

45. Il y avait justement alors, entre les cabinets russe et britannique, une espèce de discussion relative à un traité, observé avec toutes les prévarications rigoureuses que peuvent se permettre de grands états en pareille circonstance. Il s'agissait de quelque chose relatif à la navigation de la Baltique, au commerce des fourrures, de l'huile de baleine, du

---

[1] *Baillie*, célèbre chirurgien ; *Abernethy*, célèbre médecin de Londres.

suif, et à tous les autres droits maritimes que les Anglais regardent comme leur *uti possidetis*.

46. Catherine, qui avait les plus belles occasions de placer ses favoris, conféra donc cette charge secrète à Juan, dans la double vue de déployer son impériale splendeur et de récompenser d'anciens services. Admis le lendemain à baiser les mains de sa souveraine, il reçut ses instructions sur la manière de *tenir les cartes*, et partit enfin comblé de bienfaits et de toutes sortes d'honneurs qui attestaient le merveilleux discernement de la bienfaitrice.

47. Après tout, elle eut du bonheur; or, le bonheur est le grand point. Vos reines, en général, gouvernent heureusement, et c'est là ce qui atteste la providence de la fortune. Mais je continue. Sur le déclin de l'âge, Catherine alors était tourmentée par sa climatérique année [1] autant qu'autrefois par sa quatorzième! et bien que le soin de sa dignité lui interdît toute plainte, le départ de Juan l'affligeait au point que, dans le premier moment, elle ne put se résoudre à lui donner un successeur.

48. Enfin, le tems apporta son ordinaire reconfort; vingt-quatre heures, et deux fois le même nombre de candidats à la place vacante, rendirent à

---

[1] La plus dangereuse des années climatériques, ou climactériques, est, suivant les astrologues et philosophes empiriques, la quarante-neuvième, parce qu'elle est le produit de 7 multiplié par 7. — Byron a fait Catherine plus jeune d'une douzaine d'années environ. A l'époque du siège d'Ismaïl elle avait près de soixante ans.

Catherine un paisible sommeil pour la seconde nuit, — non pourtant qu'elle voulût se hâter de fixer son choix ou qu'elle fût effrayée de la quantité des postulans : elle ne les choisissait jamais sans raisons plausibles et sans long-tems donner carrière à leur émulation.

49. Tandis que ce haut poste demeure en expectative, pour un ou deux jours, nous vous prierons, lecteur, de monter avec notre jeune héros dans la voiture qui l'emmène de Pétersbourg : l'excellente *barouche* [1], qui jadis avait eu la gloire de porter le cimier autocratique de la belle Czarine (alors que, nouvelle Iphigénie, elle se rendit en Tauride [2]), avait été donnée à Juan son favori qui, de son côté, y portait *les siens* ;

50. C'est-à-dire un boul-dogue, un bouvreuil et une hermine, tous ses intimes amis [3] ; car (je laisse à de plus sages le soin d'en chercher les causes) il avait une sorte d'inclination ou de faiblesse pour ce que la plupart des hommes traitent de sale engeance, — les animaux vivans. Une vierge de soixante ans ne montra jamais, pour les chats et les oiseaux, une plus vive sympathie, et cependant il n'était ni vieux ni même vierge. —

---

[1] Léger carrosse fort à la mode en Russie et à Londres.
[2] L'impératrice fit le voyage de Crimée avec l'empereur Joseph, en.... J'ai oublié l'année. (*Note de Lord Byron.*)
[3] Ajoutons : Et ceux de Lord Byron. (Voyez sa Vie.)

51. Les animaux susdits avaient donc une place réservée. Dans d'autres véhicules étaient des valets, des secrétaires ; mais aux côtés de Juan était assise la petite Leila, celle même que, dans le massacre d'Ismaïl, il avait défendue des sabres cosaques. Quoique ma muse déréglée varie ses notes, elle n'a pas oublié que son héros avait sauvé une jeune enfant — véritable perle vivante.

52. Pauvre petite créature ! elle était docile autant que belle, et, de plus, douée de ce tendre et sérieux caractère aussi rare parmi les mortels, qu'un homme fossile parmi tes crystallisés *mamouths* ; ô grand Cuvier[1] ! son ignorance était peu propre à se reconnaître dans le tourbillon d'un monde où il faut que chacun se perde ; mais, heureusement, elle n'avait encore que dix ans, et elle était tranquille, sans toutefois savoir comment ni pourquoi.

53. Don Juan l'aimait et il en était aimé comme n'aiment pas un frère, un père, une sœur ou une fille. Je ne puis dire au juste ce que c'était. Il n'était pas assez vieux pour ressentir des émotions de père ; et, quant à celles qu'on désigne sous le nom de tendresse fraternelle, il ne pouvait les connaître, — car il n'avait jamais eu de sœur. Ah ! s'il en avait eu une, combien de fois ne l'eût-il pas regrettée[2] !

54. Encore moins cet amour était-il sensuel ; Juan

---

[1] Voyez la note du ch. ix ; oct. 37-38.
[2] Byron se souvient ici de sa sœur, miss *Maria Leigh* ; et sans doute, en traçant ce dernier vers, il fondait en larmes.

n'était pas un de ces vieux débauchés qui recherchent les fruits verts pour fouetter leur sang épais (de même que les acides servent à réveiller un alcali dormant); sa jeunesse, il est vrai (la faute en était à son étoile), n'avait pas été de la plus irréprochable chasteté, mais ses sentimens avaient toujours été imprégnés du plus pur platonisme;—seulement il lui arrivait quelquefois de les oublier.

55. Ici, il n'avait pas à redouter la tentation : il aimait la jeune orpheline qu'il avait sauvée, de l'amour que les patriotes (de tems à autre) portent à leur pays; comme eux il se glorifiait de l'avoir préservée de l'esclavage—et, de plus, de la damnation, si ses efforts et ceux de l'Église étaient couronnés de succès. Mais, chose singulière, et qu'il faut ici consigner, la petite musulmane refusait de se convertir.

56. Il était assez étonnant qu'elle eût retenu ses premières impressions, malgré les scènes de bouleversement, de terreur et de massacre qu'elle avait vues. Vainement trois évêques lui apprirent-ils la désobéissance de nos premiers parens, elle conserva toujours pour l'eau sainte une certaine aversion; elle ne se sentait d'ailleurs, vers la confession, aucun entraînement;—c'est que peut-être elle n'avait rien à confesser !—Peu importe, l'Église ne va pas rechercher les causes : —en outre, elle tenait toujours Mahomet pour un prophète.

57. Dans le fait, Juan était le seul chrétien qu'elle

pût souffrir : elle semblait l'avoir choisi pour tenir la place de ce qui jadis avait été sa famille [1] et ses amis. Pour lui, il aimait naturellement l'objet qu'il défendait; ils formaient donc un couple singulier : d'un côté, un tuteur brillant de jeunesse; de l'autre, une pupille que ni l'âge, ni la patrie, ni le sang n'unissaient à son protecteur; et enfin, ce défaut de tous liens naturels contribuant encore à resserrer les leurs.

58. Ils voyagèrent à travers la Pologne et par Varsovie, que des mines de sel et son joug de fer rendent célèbres; puis à travers la Courlande, qui naguère avait vu la farce dont le résultat fut de donner à son duc le désagréable nom de *Biron*.[2] Ces campagnes, que Juan parcourait, ont depuis contemplé le moderne Mars, quand la gloire, cette perfide sirène, le faisait marcher vers Moscou pour y perdre, par un mois de gelée, vingt années de conquêtes et les grenadiers de sa garde.

---

[1] *Her* home. — Les Anglais et tous les peuples du monde ont un mot particulier pour exprimer la maison de famille. Le mot *home* rappelle en même tems tous les souvenirs de bonheur domestique. En France, nous n'avons que la barbare expression *chez moi, chez soi,* pour rendre la même idée.

[2] Sous le règne de l'impératrice Anne, Byren, son favori (fils d'un palefrenier), prit le nom et les armes des *Biron* de France, dont la famille a la même source que celle des Byron d'Angleterre. Il existe encore en Courlande des héritiers de ce duc Biron. Je me souviens que dans la *sainte* année des alliés, la duchesse de L....t me présenta, en Angleterre, la duchesse de S..... comme étant mon homonyme.

(*Note de Lord Byron.*)

59. Il n'y a pas ici d'anti-gradation. « O ma garde! » ma vieille garde! » s'écriait alors le dieu de la terre [1]. Qui pensait que ce Jupiter tonnant dût être terrassé par le coupe-artère-carotide Castlereagh [2]! Faut-il, hélas! que la neige puisse ainsi glacer la gloire! Au reste, si nous voulons réchauffer en Pologne nos membres engourdis, nous y trouverons le nom de Kosciusko qui, semblable au volcan d'Hécla, pourrait faire jaillir des charbons sur des plaines glacées [3].

60. De la Pologne ils passèrent dans la Prusse proprement dite, et à Kœnigsberg, capitale qui s'enorgueillit (indépendamment de quelques veines de fer, de plomb et de cuivre) de la naissance de l'illustre professeur Kant [4]. Juan se souciait de la philosophie comme d'une prise de tabac : il poursuivit donc sa route par la Germanie, dont les in-

---

[1] Tous ceux qui revinrent de Russie attestent que Napoléon, au milieu des désastres qui déjà ébranlaient les fondemens du grand empire, semblait plus accablé des souffrances de sa vieille garde que de la chute de toutes ses espérances.

[2] M. A. P. fait ici la remarque suivante : « A moins que Lord Byron n'ait prophétisé, voici un vers qui est en contradiction avec sa préface. » M. A. P. se trompe. Dans cette préface le poète nous dit qu'il avait composé les chants VI, VII et VIII avant la mort de Castlereagh ; mais nous sommes au dixième chant.

[3] Kosciusko est mort en France en 1817. *Tanto nomini nullum par elogium.*

[4] Le Platon moderne, si l'on adopte aveuglément l'opinion de ses enthousiastes. En tout cas, les livres de Platon ont l'avantage d'être intelligibles.

nombrables et flegmatiques habitans ont des princes qui *jouent de l'éperon*,[1] plus rudement que leurs postillons.

61. Puis, à travers Berlin, Dresde et autres villes, ils gagnèrent les bords *castellés*[2] du Rhin. — Glorieux monumens gothiques! quelle puissance n'avez-vous pas sur toutes les imaginations, sans même en excepter la mienne! Un mur noirci, une ruine grise, une lance rouillée transportent mon ame vers la ligne qui sépare les mondes présent et passé, et leur aspect suffit pour la faire planer en suspens sur ces limites aériennes.

62. Mais Juan parcourut en poste Manheim et Bonn; sur cette dernière on voit froncer Drachenfeld, semblable au spectre des bons tems féodaux, pour jamais disparus, et dont je n'ai pas le loisir de m'occuper en ce moment. De là il entra dans les murs de Cologne, ville qui présente aux curieux onze mille virginités osseuses, la plus grande quantité que la chair ait jamais en même tems renfermée[3].

63. De là il visita La Haye et Helvoetsluys en Hollande, cette terre marine des Bataves et des bâtardeaux, où le genièvre, exprimant son meilleur jus,

---

[1] *To spur*, éperonner, s'entend plus naturellement en anglais qu'en français, pour blesser, piquer, fatiguer.

[2] *Couverts de châteaux*. Ce mot n'est pas français, mais l'expression de Byron, *castellated*, n'est pas non plus usitée en Angleterre.

[3] Sainte Ursule et ses onze mille compagnes existaient encore en 1816, et peut-être aussi réellement que jamais.

(*Note de Lord Byron.*)

offre aux malheureux une pétillante compensation de la richesse. Les sénats et les savans en proscrivent l'usage, — mais il semble cruel d'enlever au peuple le seul cordial qui lui tienne lieu (grâce à la sollicitude de ses bons princes) de vêtemens, de feu et de nourriture.

64. C'est là qu'il s'embarqua et qu'il se dirigea vers l'île des hommes libres, sur un rapide vaisseau dont un vent tempéré favorisait l'impatience. L'écume jaillissait dans l'air, la proue creusait les flots, et les passagers malades pâlissaient de crainte. Pour Juan, habitué à ces effets par ses premiers voyages, il demeurait sur le tillac pour regarder les bâtimens qui passaient et pour être le premier à découvrir les rochers.

65. A la fin ils s'élevèrent comme une muraille blanche aux limites de la mer azurée; et Don Juan éprouva — le sentiment que les jeunes étrangers eux-mêmes éprouvent au premier aspect de la blanchâtre ceinture d'Albion, — une sorte d'orgueil de se trouver parmi ces fiers trafiquans qui, tranquillement, portent, d'un pole à l'autre pole, leur or et leurs édits, et soumettent à des taxes jusqu'aux vagues elles-mêmes.

66. Je n'ai pas de puissantes raisons d'aimer ce coin de terre, qui renferme ce qui *pouvait composer la plus noble des nations*; mais bien que je ne lui doive guère que la naissance, j'éprouve un mélange de regrets et de vénération en pensant à son ancienne

dignité et à sa gloire flétrie. Sept années d'absence (c'est le terme ordinaire des émigrations) suffisent bien pour amortir nos vieux ressentimens, quand, d'ailleurs, nous voyons notre patrie se donner elle-même au diable.

67. Ah! si elle pouvait pleinement, exactement connaître, combien son grand nom est partout abhorré! combien est impatiente toute la terre du coup qui la livrera sans défense à la fureur du glaive! comme toutes les nations s'accordent à la regarder comme leur plus odieuse ennemie; et, quelque chose de plus odieux encore, leur ancienne et perfide amie, celle qu'ils adoraient, celle qui tenait entre ses mains la liberté du monde et qui maintenant voudrait donner des chaînes à l'intelligence elle-même! —

68. Ose-t-elle bien être fière et se vanter d'être libre, elle qui n'est que la première des esclaves? Les nations sont captives, — mais le geôlier, quel est-il? Un esclave des bâillons et des verrous. Prend-elle pour la liberté le misérable privilége de tourner la clef sur un prisonnier? comme si la jouissance de la terre et des airs n'était pas interdite également à qui garde ou à qui porte des chaînes [1].

---

[1] Je ne puis m'empêcher de citer, après cette belle apostrophe à l'Angleterre, l'imprécation peut-être plus belle encore de Dante contre l'Italie : la *Divina Comedia* est si peu connue en France, qu'on me pardonnera, je l'espère, cette longue citation. Je n'ai pas eu le courage de la traduire en mauvaise prose française. Dans le poëte Florentin on voit

69. Don Juan voyait déjà les premières beautés d'Albion ; tes rochers, *chère* cité de Douvres, ton havre et ton hôtel ; ta douane et ses délicates perceptions, tes valets courant éperdus à chaque coup de

l'animosité d'un Gibelin contre les ennemis de l'ordre, et dans Lord Byron, la haine d'un amant de la liberté contre les oppresseurs du monde ; mais dans les deux poètes on retrouve la même indignation bilieuse et la même sublime portée de conception.

> *Ahi ! serva Italia, di dolore ostello,*
> *Nave senza nocchiero in gran tempesta ;*
> *Non donna di provincie, ma bordello !...*
> *... Ora in te non stanno senza guerra*
> *Li vivi tuoi, e l' un l' altro si rode*
> *Di quei ch' un muro ed una fossa serra :*
> *Cerca, misera, intorno dalle prode*
> *Le tue marine, e poi ti guarda in seno*
> *S' alcuna parte in te di pace gode.*
> *Ahi ! Gente che dovresti esser devota,*
> *E lasciar seder Cesar nella sella,*
> *Se bene intendi ciò che Dio ti nota...*
> *O Alberto Tedesco, ch' abbandoni*
> *Costei ch' è fatta indomita e selvaggia,*
> *E dovresti inforcar li suoi arcioni,*
> *Vieni a veder Montecchi e Cappelletti,*
> *Monaldi e Filippeschi, uom' senza cura,*
> *Color già tristi, e costor con sospetti.*
> *Vien, crudel, vieni, e vedi la pressura*
> *De' tuoi gentili e cura lor magagne,*
> *E vedrai Santa-Fior' com' è sicura.*
> *Vieni a veder la tua Roma che piagne,*
> *Vedova, sola, e dì e notte chiama :*
> *Cesare mio, perchè non m' accompagne ?*
> *Vieni a veder la gente quanto s' ama :*
> *E se nulla di noi pietà ti muove,*
> *A vergognarti vien della tua fama.*

Je m'arrête à ce dernier trait ; il faudrait citer cent cinquante vers de

cloche, tes paquebots, dont les passagers sont tour à tour la dupe des gens de terre et de ceux de mer; enfin, et ce qui n'est pas sans importance pour les voyageurs novices, tes longues cartes de dépense, dans lesquelles sont toujours négligées les déductions les plus légères.

70. Juan était insouciant, jeune et magnifique; il était riche en roubles, en diamans, en billets; il avait un crédit qui ne l'obligeait pas à restreindre ses dépenses hebdomadaires : cependant, il montra quelque surprise en payant ses cartes, — (son *maggiordomo*, Grec adroit et subtil, l'additionnait devant lui et la lui lisait), mais il finit par concevoir que l'air, tout épais qu'il était ordinairement, étant cependant libre, on en vendait, sans doute, la respiration.

71. Allons! des chevaux pour Cantorbéry! Au galop, au galop! sur les cailloux! au milieu de la boue! hurrah! quel plaisir de voyager aussi légèrement en poste! Ce n'est plus ici la lourde Germanie, où les cochers barbottent sur les routes comme s'ils conduisaient leurs voyageurs à leur dernier gîte : puis, combien de pauses pour se gorger de *schnapps*! — vilains drôles, qui s'embarrassent autant de

suite. — Qu'avait-on besoin, pour désigner l'école de Lord Byron, du mot *Romantique*? il fallait dire *Dantesque*. Dante, en effet, offre des exemples de toutes les qualités qui distinguent la littérature moderne de celle des anciens. On aurait, par ce moyen, évité bien des querelles de mots.

hundsfot et de *verfluchter* qu'un paratonnerre de la foudre.[1]

72. Avouons que rien autant qu'une course rapide ne ranime nos sens (en gonflant nos veines comme le Cayenne gonfle le cuir). — Qu'importe où les chevaux vous conduisent, pourvu que, pour l'acquit de votre conscience, ils soient à franc étrier. Moins vous aurez de raisons de faire diligence et mieux vous atteindrez ce grand *but* des voyages, — le plaisir de voyager.

73. A Cantorbéry, ils visitèrent la cathédrale : suivant l'usage, un bedeau leur fit remarquer, du même ton d'insouciance et de cérémonie, le heaume du noir Édouard [2] et la pierre rougie du sang de Becket [3]. — C'est encore là de la gloire, bon lecteur! un casque rouillé, un ossement douteux, demi-dissous dans la soude ou la magnésie, voilà l'expression définitive de ce qui forme cette excellente substance, — l'espèce humaine.

---

[1] *Hundsfot* en allemand, coquin; et *verfluchter*, maudit, pendard! Le texte porte :

...... « *Sad dods! whom* hundsfot *or* verfluchter
» *Affect no more than lightning a conductor.* »

M. A. P. a rendu *conductor* par *un de nos cochers*; mais il ne fallait que du bon sens pour voir que ce mot ne peut signifier que le *conducteur du fluide électrique*.

[2] Le prince noir, qui gagna ses éperons à la bataille de Créci, et fit prisonnier, à Poitiers, le roi Jean.

[3] Thomas Becket, archevêque de Cantorbéry, que les philosophes auraient mis au rang des plus généreux patriotes, si l'Église n'en eût fait un saint.

74. L'effet que cette vue produisit sur Juan fut cependant sublime : il se représenta mille champs de Créci ; à l'aspect de ce casque qui ne s'était arrêté que devant le tems. Il éprouva même un sentiment de respect pour la tombe de cet homme d'église, audacieuse et noble victime de sa résistance aux rois qui, du moins aujourd'hui, sont obligés d'articuler le mot *lois*, avant de commander un assassinat. — La petite Leila contemplait cet édifice et demandait dans quel but on l'avait élevé.

75. On lui apprit que c'était *la maison de Dieu* : elle trouva qu'il était bien logé ; mais elle s'étonna qu'il souffrît dans son propre logis ces cruels et mécréans Nazaréens qui avaient renversé ses saints temples, dans les terres données aux vrais croyans. — Le chagrin déposa même son empreinte sur son jeune front, quand elle vint à penser que cette belle mosquée, négligée par Mahomet, était abandonnée comme une perle à des pourceaux.

76. Mais reprenons notre course à travers ces prairies cultivées comme autant de jardins, véritables paradis de houblon, et de productions solides : après plusieurs années de voyage dans des climats plus ardens, mais moins fertiles, le poète, en revoyant ces vertes campagnes, leur pardonne de ne pas lui offrir ces plus sublimes tableaux, dans lesquels se confondent la vigne, l'olivier, les glacières, les précipices, les volcans, les oranges et les glaces.

77. Et quand je pense à un pot de bière : — mais

je ne veux pas pleurer. — Ainsi fouettez, postillons! Pendant que les infatigables piqueurs se donnent carrière, Juan admire les grandes routes de ce pays habité par des millions d'hommes libres; pays, *en tout sens,* le plus cher pour les étrangers et pour ceux qui y sont nés, excepté cependant pour quelques mauvaises têtes qui s'avisent *de regimber sous les coups,* et qui ne gagnent à cela que de nouvelles blessures.

78. Quelle agréable chose qu'une route à barrières! A peine si l'aigle, avec le secours de ses larges ailes, peut fendre les vastes champs de l'air aussi légèrement que l'on y rase la terre. Que ne les connaissait-on du tems de Phaéton! le dieu eût conseillé à son fils de satisfaire son envie par la malle d'York; — mais en avançant davantage, *surgit amari aliquid,* — le droit de péage.

79. Hélas! combien toute espèce de paiement est pénible! Prenez notre vie, nos femmes, tout enfin, excepté notre bourse; car, ainsi que le prescrit Machiavel à ceux qui affectent la pourpre, ce serait le plus court chemin de gagner la haine générale. L'homme déteste un meurtrier bien moins qu'un prétendant à cet or précieux qui fait marcher le monde. — Il pourra vous pardonner d'avoir égorgé sa famille, mais à condition que vous n'essaierez pas de glisser votre main dans ses poches.

80. C'est le Florentin [1] qui l'a dit; et c'est à vous,

---

[1] Machiavel, *le Prince.*

ô rois, d'écouter votre instituteur. — Pour Juan, au moment où le jour commençait à baisser et à s'obscurcir, il se trouva sur la haute montagne qui regarde avec orgueil ou en pitié la grande ville. — Souriez ou tempêtez, si vous l'entendez mieux, vous tous qui avez dans les veines une parcelle du grand cœur des *cockneys* [1]. — Généreux Bretons, nous voilà donc sur *Shooter-Hill* [2] !

81. Le soleil descendit et la fumée s'éleva, comme d'un volcan à demi éteint, sur une étendue qu'on pouvait prendre pour *la salle de réception du diable*, comme quelqu'un a déjà désigné cet endroit merveilleux. Juan n'approchait pas du toit de ses pères, mais, quoique étranger, il ressentit un véritable respect pour le sol, père de ces pieux mortels qui ont parcouru en bouchers la moitié de la terre, et menacé l'autre en fanfarons [3].

82. Un énorme amas de briques, de fumée et de bâtimens maritimes sales, obscurs, mais s'étendant aussi loin que la plus longue vue ; çà et là quelque voile voltigeant, puis revenant se confondre dans une forêt de mâts ; un désert de clochers [4] dont les pointes entr'ouvraient un dais de charbon de terre ;

---

[1] *Cockney*, gobe-mouche, sobriquet particulier aux bourgeois de Londres, comme celui de *badaud* aux bourgeois de Paris.

[2] *Shooter-Hill* (mont du Tireur) est situé à huit milles de Londres.

[3] L'Inde. — L'Amérique.
(*Note de Lord Byron.*)

[4] Il y a dans Londres près de deux cents clochers.

une vaste et sombre coupole [1], semblable à une calotte de papier gris sur la tête d'un fou; — voilà quelle est la ville de Londres.

83. Mais Juan ne la voyait pas ainsi : chaque guirlande de fumée lui semblait la magique vapeur d'une fournaise philosophale où s'élaboraient les richesses du monde (richesses de taxes et de papier). Les épais brouillards qui lui sont imposés comme un joug, et qui éteignent le soleil comme un cierge, n'étaient à ses yeux qu'une atmosphère naturelle et singulièrement salubre, — quoique, à vrai dire, rarement lucide.

84. Il s'arrêta, — et moi je vais l'imiter, comme fait un équipage avant de lancer sa bordée. Encore quelques instans, mes aimables compatriotes, et nous renouvellerons notre vieille connaissance; j'ai du moins l'intention de vous soumettre certaines vérités que, justement comme telles, *vous* ne manquerez pas de prendre pour des mensonges. — Je veux, mistress Fry masculin [2], promener dans vos salons un moelleux balai, et enlever mainte toile d'araignée qui en salit les lambris.

85. O mistress Fry! quel besoin d'aller à New-

---

[1] Sans doute l'église *Saint-Paul*.

[2] Le nom de mistress Fry est vénéré à Londres comme celui du duc de Liancourt l'était en France. Elle a déjà sollicité et fait adopter une foule d'améliorations dans le système des prisons. Tous ses instans sont employés à consoler les prisonniers, et surtout à leur offrir les plus douces et les plus pénétrantes exhortations morales.

Gate[1]? Pourquoi vouloir ramener à la vertu de pauvres coquins, et ne pas d'abord commencer par *Carlton-House* et autres hôtels [2]? C'est contre l'endurcissement de l'impérial [3] pécheur qu'il faudrait essayer votre main. Réformer le peuple, c'est une absurdité, un jargon, un verbiage philanthropique, à moins qu'on ne commence par rendre les *excellences* meilleures. — Fi donc, mistress Fry! je vous supposais plus de religion.

86. Apprenez-leur comment doivent se comporter des sexagénaires; défaites-les de leur manie de *tours* et de costumes hussards et montagnards [4]; dites-leur que la jeunesse une fois passée ne revient plus, et que des *huzzas* [5] soldés ne font pas évanouir la commune détresse; dites-leur que sir W—ll—m C—t—s[6] est un fangeux animal, trop grossier même pour les plus grossiers excès, le stupide Falstaff d'un Hal[7] en cheveux blancs, un fou dont les clochettes ne sonnent plus depuis long-tems.

[1] Porte et prison de Londres.
[2] Carlton-House est le palais habité par Georges IV.
[3] La couronne britannique est dite *impériale*, depuis la réunion de l'Écosse à l'Angleterre. On dit également *le parlement impérial*.
[4] Allusion aux courses fastueuses de Georges IV dans son nouveau royaume de Hanovre et dans les montagnes d'Écosse.
[5] Des *vivat!*
[6] William Curtis, riche banquier qui passe pour confident de toutes les faiblesses du roi.
[7] *Hal*, diminutif de Henri, ou plutôt de *Harry*, d'après la manière de prononcer des enfans. Voyez dans le *Henry IV* de Shakspeare l'excellent personnage de Falstaff, qu'avait choisi pour compagnon de debauches et de vols le jeune prince de Galles Henri, plus tard Henri V.

87. Dites-leur, bien que trop tard peut-être, sur le déclin d'une vie épuisée, blasée et cassée, que le propre d'un bon roi n'est pas d'affecter une vaine grandeur, et que les meilleurs princes ont toujours été ceux qui faisaient le plus d'économies : dites-leur enfin, — mais vous ne direz rien, et j'ai maintenant assez bavardé. Avant peu, je ferai entendre ma voix comme le cor de Roland à Roncevaux.

Chant Onzième.

1. Quand l'évêque Berkeley dit que *la matière n'existait pas* [1], et qu'il le prouva, — on ne l'écouta pas discuter cette *matière* ; car il était, dit-on, inutile de combattre un système trop subtil même pour les têtes humaines les plus aériennes. Cependant, le croirait-on ? je briserais volontiers toute espèce de matière, même le plomb, les pierres ou le diamant, pour me persuader que le monde est tout esprit, et pour porter ma tête en niant que je la porte.

2. N'était-ce pas réellement une découverte sublime de faire, de l'univers un égoïsme universel [2]! et de ce tout idéal, — un *tout nous-mêmes*. Je gagerais le monde (quel qu'il soit) que *cela* n'était pas,

---

[1] Georges Berkeley, évêque de Cloyne en Irlande, publia, en 1770, un livre intitulé : *Principe des connaissances humaines* ; devenu fameux par la force des argumens qu'il contenait en faveur du spiritualisme et contre la réalité de la matière. Buffon, dans ses premiers volumes de l'*Histoire naturelle*, n'a même fait que les répéter. Hume regarde le systématique Berkeley comme celui de tous les philosophes, sans excepter Bayle, le plus propre à conduire au scepticisme. Rien, en effet, n'est plus facile à combattre que l'existence de la matière, et rien n'est plus difficile à croire que sa non-existence.

[2] C'est-à-dire une seule substance.

une hérésie. Maintenant donc, ô doute! — Si toutefois, comme quelques-uns le pensent, tu es un doute, ce dont je doute très-fort, — ô toi le seul prisme des rayons de la vérité, ne va pas me ravir ma potion de spiritualisme! ce brandevin céleste, que pourtant notre tête a de la peine à supporter.

3. Car, de tems en tems, survient dame indigestion (et non le plus *suave ariel* [1]), qui arrête notre noble essor par une autre sorte de difficulté. Ce qui, d'ailleurs, s'oppose à mon enthousiasme [2], c'est que je ne trouve pas d'endroit où le regard de l'homme puisse tomber sans y apercevoir la confusion des races, des sexes, des espèces, des astres, et de cet univers, miracle énigmatique qui, du moins, est une illustre extravagance, —

4. S'il est l'effet du hasard; et, à plus forte raison, s'il fut créé comme l'explique l'ancien texte [3] : — mais pour ne pas le renverser, nous n'attaquerons pas ici l'Écriture; ce serait, au dire d'une foule de personnes, une guerre trop hasardeuse, et ils ont raison : la vie est trop courte pour que nous en perdions une partie sur des questions que personne ne peut de lui-même résoudre; tandis qu'*un jour*, chacun *de nous* les verra *éclaircies*, — ou, du moins, n'aura pas encore cessé de dormir.

5. Ainsi, je ferai trève à toute discussion méta-

---

[1] *Dainty* Ariel, expression de Shakspeare; *la Tempête*, acte v.
[2] C'est-à-dire ce qui *me* fait douter du système de Berkeley.
[3] La *Bible*.

physique, à ce qui n'est ni ceci ni cela ; je consens même que ce qui est, soit ; et c'est, j'ose le dire, faire assez preuve de clarté et de vertu. La vérité est que depuis peu je suis devenu plus phthisique ; j'en ignore la cause : — peut-être l'air. Mais quand j'éprouve des accès de souffrances, je me sens mieux disposé à l'orthodoxie.

6. La première attaque me prouva, d'un seul coup, l'existence de Dieu (mais je n'en avais jamais douté ni de celle du diable) ; la suivante me fit concevoir la mystique virginité de la Vierge ; la troisième, l'origine commune du mal ; la quatrième me démontra toute la Trinité d'une manière tellement inébranlable que, dans ma dévotion, j'eusse désiré que trois fissent quatre, afin de trouver l'occasion d'en croire davantage.

7. A notre sujet. L'homme qui, du haut de l'Acropolis, a abaissé ses regards sur l'Attique ; celui qui a vogué dans le bassin qui borde la pittoresque Constantinople ; celui qui a vu Tombuctou ; celui qui a pris du thé dans la métropole en porcelaine de la Chine aux petits yeux ; enfin celui qui s'est assis sur les briques de Ninive, ne sera pas émerveillé à la première vue de Londres ; — mais au bout d'une année, demandez-lui ce qu'il en pense?

8. Don Juan descendait de Shooter-Hill ; le crépuscule commençait ; la descente aboutissait à cette vallée de bien et de mal où fermentent les rues de Londres. Autour de lui cependant tout était calme

et immobile, si ce n'est le craquement des roues qui tournaient sur leurs pivots [1] — et l'écho, le murmure, le bourdonnement affairé, qui bouillonne et écume toujours au-dessus des villes.

9. J'ai dit que Don Juan, dans un ravissement contemplatif, se promenait derrière sa voiture, sur la hauteur. Ne pouvant contenir son admiration pour un si grand peuple : « C'est là, s'écriait-il, que la » liberté a choisi sa résidence. C'est là que tonne la » voix du peuple, et que ne peuvent la faire expirer » ni les chaînes, ni les tortures, ni l'inquisition. Car » pour lui rendre toute sa force, il suffit d'une réu- » nion ou d'une élection nouvelle.

10. » C'est là que les femmes sont chastes et les » vies pures; c'est là que le peuple ne paie que ce » qui lui plaît, et s'il paie beaucoup, c'est uniquc- » ment parce qu'il aime à prodiguer son argent, et » à faire voir tout ce qu'il a de revenu. C'est là que » les lois sont toutes inviolées; que personne ne tend » des piéges aux voyageurs, que toutes les routes » sont sûres; c'est là. » — Il fut interrompu par un couteau et un *damn your eyes* [2]! *la bourse ou la vie!*

11. Ces mots, dépouillés d'artifice, étaient prononcés par quatre bandits placés en embuscade, et

---

[1] Tous ceux qui sont entrés à Paris, au lever ou au coucher du soleil, se rappelleront sans doute que le craquement monotone et presque continu des roues est aussi le seul bruit qu'on entende à trois ou quatre lieues de la grande ville.

[2] Ou *God damn your eyes* (maudits soient vos yeux).

qui l'avaient aperçu lambinant derrière son équipage; ils avaient, en gens habiles, attendu pour le *reconnaître* l'heure favorable où le voyageur isolé chemine; l'âme remplie d'une funeste confiance, bien que toujours exposé, dans cette île de richesses, à soutenir un combat pour conserver la vie et les culottes.

12. Juan, qui ne comprenait pas un mot d'anglais, sauf leur sibboleth : *God damn!* encore l'avait-il si rarement entendu, qu'il le prenait pour leur *salaam* [1], ou leur *Dieu vous bénisse!* — et il ne faut pas se moquer de lui, car tout demi-anglais que je suis (pour mon malheur), je puis assurer que jamais je n'ai entendu un seul de mes compatriotes vous dire *adieu*, sans prononcer ce mot de *God damn.*

13. Don Juan comprit parfaitement leurs gestes, et comme il était tant soit peu irascible, il tira un pistolet de poche et le déchargea dans le *pudding* de l'un des agresseurs ; — celui-ci tomba comme un bœuf se roule dans sa pâture, et en se débattant dans sa fange naturelle, il mugit ces paroles adressées à son camarade ou valet le plus proche : « Oh ! Jack ! » je suis renversé par ce scélérat de Français ! »

14. Sur quoi Jack et sa bande s'empressèrent de fuir : les gens de Juan, qui se tenaient à quelque

---

[1] *Salam aleïkoûm!* la paix soit avec vous! C'est le salut que les Orientaux font aux vrais croyans. Aux chrétiens, ils disent : *Urlarala*, bon voyage, où *saban hiresem*, bonjour; *saban serula*, bonsoir. (Voyez le *Giaour*.)

distance, accoururent alors, et, en admirant un si bel exploit, offrirent leur aide, comme c'est l'usage, pour ce qui restait à faire. Juan, qui voyait le sang du *mignon de la lune* [1] couler comme si sa vie eût dû s'exhaler avec lui, ne demandait que des bandages et de la charpie, et se reprochait d'avoir été trop pressé de lâcher son coup.

15. « Peut-être, pensait-il, est-ce la mode en ce
» pays d'accueillir les étrangers de cette façon :
» maintenant je me rappelle certains maîtres-d'hô-
» tel qui ne diffèrent de ces gens-ci qu'en volant
» avec des salutations au lieu de voler avec l'épée
» nue ou le front menaçant. Mais que faire à pré-
» sent? Je ne puis laisser cet homme hurler sur la
» route : ainsi, prenez-le ; je vais vous aider à le
» transporter. »

16. Mais avant qu'ils pussent accomplir ce devoir pieux, « Arrêtez! s'écria le moribond ; j'ai gagné
» mon gruau! Oh! que ne puis-je avoir un verre de
» *max* [2]! Nous avons mal choisi notre homme ; lais-
» sez-moi mourir où je suis! » Et comme le feu de la vie s'exhalait de son cœur, comme des gouttes noires et épaisses coulaient de sa blessure, et qu'il

---

[1] Expression de Shakspeare, *Henri IV*, acte 1er, scène II. FALSTAFF. — « Parbleu! donc, mon cher luron, quand tu seras roi, ne nous laisse
» pas appeler *voleurs*....., nous qui sommes les gardes du corps de la
» nuit. — Il faut qu'on nous regarde comme les forestiers de Diane, les
» gentilshommes de l'ombre, *les mignons de la lune*, etc. »

[2] Espèce d'eau-de-vie de genièvre et de grain, dont les boxeurs sont, en général, friands.

rendait péniblement son avant-dernier soupir, il détacha de sa gorge enflée un mouchoir, en s'écriant : *Remettez-le à Sal*[1]; puis il mourut.

17. Don Juan vit tomber à ses pieds la cravate rougie de sang, mais il ne devinait pas pourquoi le défunt l'avait retirée, et ce que signifiait son dernier adieu. Jadis le pauvre Tom avait d'abord été un des incroyables de la ville, un *élégant* plein de grâces, de sentiment et de délicatesse; mais ensuite ses poches s'étaient trouées, et quelque tems après — son corps.

18. Don Juan ayant fait du mieux qu'il pouvait, en pareille circonstance, poursuivit, dès que l'*enquête du coroner* le lui permit, sa route paisible vers la capitale. — Tout en avançant, il se sentait légèrement affligé d'avoir, il n'y avait pas encore douze heures, et en moins de rien, tué un citoyen libre, pour défendre sa propre vie. Cela même le rendit méditatif.

19. Il venait de priver le monde d'un homme qui, pendant certain tems, y avait fait une héroïque figure. Qui savait, en effet, mieux que Tom faire les honneurs d'une partie, boire sec et toujours rire ? qui *empaumait* mieux un nigaud ? qui (en dépit des héros de Bowstreet) pouvait, comme lui, tenir le museau sur l'hypocras épicé ? et qui, près de sa maîtresse, la brave et joyeuse

---

[1] *Sal, Sally*, diminutifs de Sarah.

Sally, était plus ardent, plus vif, plus complaisant, plus infatigable '?

20. Mais Tom n'est plus ; — ainsi laissons en paix Tom. Il faut bien que les héros meurent, et, avec la grâce de Dieu, la plupart d'entre eux ne mettent pas à s'en aller beaucoup de tems. — Salut, Tamise, salut ! Maintenant le char de Juan, roulant comme un tonnerre continu sur tes bords, traverse Kennington et tous les autres *ton* [2] qui font soupirer avec tant d'impatience après la véritable ville.

[1] Les progrès de la science et du langage me dispensent d'expliquer les bonnes et pures expressions anglaises de cette strophe ; elles sont usitées dans toute leur simplicité originale par la *canaille* de distinction et par ses patrons. Voici une stance d'une chanson extrêmement populaire, du moins au tems de ma première jeunesse :

On the high Toby-Spice flash the muzzle,
In spite of each gallows old scout;
If you at the spellken can't hustle,
You'll be hobbled in making clout.
Then your blowing will wax gallows haughty,
When she hears of your scaly mistake,
She'll surely turn snitch for the forty —
That her Jack may be regular weight.

S'il se trouve quelque *merveilleux* assez ignorant pour en demander la traduction, je le renvoie à mon vieil ami et corporel pasteur et maître, John Jackson, esq. professeur de pugilisme, qui, je l'espère, conserve encore la force et les belles proportions de ses membres, ainsi que la bonne humeur et les qualités athlétiques et intellectuelles qui le distinguaient.

(*Note de Lord Byron.*)

[2] *Ton*, désinence de lieux aussi commune en Angleterre que celle de *ville* en France, et qui a à peu près la même signification primitive. Après *Kennington* on passe à Newington, Clayton, Penton, Hampton, Brighton, etc.

21. C'est à travers *Groves* [1], ainsi nommé parce qu'il manque d'arbres (comme *lucus* pour l'absence de lumière); à travers une perspective nommée *Mont-Plaisant*, parce qu'il n'offre pas le moindre agrément, et fort peu d'élévation; à travers de petits réduits, proclamant un *à louer* sur leurs portes, et fermés de briques, pour qu'on y puisse savourer tranquillement la poussière; à travers des avenues modestement appelées *Paradis*, et qu'Ève aurait abandonnées sans un trop douloureux sacrifice;

22. A travers coches, charrettes, barrières encombrées, tourbillon de roues, confusion et mélange de voix rauques; tavernes amorçant les passans avec une pinte de *purle* [2]; malles passant avec la rapidité de l'éclair; têtes de bois garnies de perruques bouclées, à la fenêtre des barbiers; lampistes versant lentement leur infusion huileuse dans le réservoir diaphane (car alors nous n'avions pas encore de gaz).

23. C'est à travers tout cela, et bien d'autres choses, que les voyageurs sont introduits dans la superbe Babylone : qu'ils arrivent à cheval, en chaise ou en coche, toutes les routes, à quelques légères exceptions près, leur offriront les mêmes scènes. Je pourrais fournir de plus longs détails, mais je ne veux pas usurper les droits du *Livre-guide*. Le soleil

---

[1] *Groves*, nom de lieu presque aussi commun en France qu'en Angleterre, et qui signifie *bosquet, petit bois*.

[2] Sans doute en forme d'enseigne. Le *purle* est une bière d'absinthe.

était disparu depuis quelques instants, et la nuit franchissait déjà la limite du crépuscule, quand notre société traversa le pont.

24. Ce qui leur parut plus agréable, ce fut le doux murmure de la Tamise — qui semblait vouloir un instant demander grâce pour ses ondes [1]; — mais à peine l'entendait-on au milieu des *damn* qui retentissaient de tous côtés. La lumière plus régulière des lampes de Westminster, la largeur des pavés, et ce temple [2] où réside la gloire sous la forme d'un spectre, dont le pâle reflet se confond sur le faîte de l'édifice avec ceux de la lune; — tout fait de cet endroit la partie sacrée de l'île d'Albion.

25. Les forêts druidiques sont abattues, et c'est pour le mieux [3]! — Stone-Henge est debout, — mais que diable est-il [4]? — Bedlam existe encore avec ses prudentes grilles, qui empêchent les fous de mordre ceux qui leur rendent visite. Le *Banc du Roi* [5] siége, ou plutôt assiége encore la foule des débiteurs; la *Mansion-House* [6] (en dépit de critiques nombreuses) me semble un édifice, sinon gra-

---

[1] Les eaux de la Tamise sont toujours surchargées de vapeurs épaisses.

[2] L'église de Westminster, sépulture des princes et des grands hommes.

[3] Westminster était autrefois consacré spécialement au dieu celtique Thor, et, par conséquent, environné de forêts.

[4] Masse énorme de pierres carrées dans la plaine de Salisbury, qui semblent avoir servi au culte des dieux celtiques.

[5] Le tribunal du banc du roi connaît en dernier ressort de toutes les affaires civiles. Il rend ordinairement ses arrêts à Westminster.

[6] Demeure du lord-maire.

cieux, du moins imposant. Mais l'abbaye de Westminster seule vaut tout ce que je viens de nommer.

26. La ligne des lumières jusqu'à Charing-Cross, Pall-Mall et encore au-delà, répand une clarté dont l'effet est celui de l'or à côté de la boue, quand on le compare à l'illumination des villes du continent, où jamais la nuit n'emprunte le secours du moindre fard : les Français n'étaient pas encore une nation éclairée de lampes, et quand ils voulurent l'être, — ils suspendirent, au lieu de mèches, de *méchans*[1] patriotes à leurs lanternes.

27. Une raie de gentilshommes suspendus au milieu des rues et des feux de joie faits de maisons aristocratiques peuvent sans doute éclairer le monde, mais l'ancienne méthode est plus à la portée des gens à courte vue. L'autre brille comme le phosphore sur la toile; c'est une espèce d'*ignis fatuus* qui, bien qu'assuré de produire la terreur et l'effroi, a besoin, pour éclairer, de jeter une lumière plus tranquille.

28. Quant à Londres, elle est si bien illuminée, que si Diogène, venant à recommencer sa chasse à l'*honnête homme*, ne le trouvait pas au milieu des variétés d'espèces qui pullulent journellement dans cette énorme cité, ce ne serait pas le défaut de lan-

---

[1] Le jeu de mots existe dans le texte anglais.

Instead of wicks *they made a* wicked *man turn.*

Au lieu de *lumignon* ils firent tourner un *méchant* homme.

ternes qui lui déroberait la découverte de cet introuvable trésor. Ce que je puis dire, c'est qu'ayant tenté la même recherche dans le voyage de la vie, le monde m'a toujours semblé un véritable accusateur public [1].

29. Sur les pavés encore bruissans de Pall-Mall; à travers des foules et des équipages dont cependant le nombre diminue à mesure que le marteau, fortement ébranlé, rompt le charme qui défendait aux importuns l'entrée des portes, et qu'il laisse pénétrer ceux qui, vers la nuit tombante, se présentent pour dîner, — don Juan, notre jeune espion diplomatique, poursuivait sa marche, laissant derrière lui plusieurs hôtels, le palais de Saint-James et les *enfers* [2] de Saint-James.

30. Enfin ils arrivèrent à l'hôtel : aussitôt, de la porte principale, déborda une marée de valets bien vêtus; la populace fit cercle autour des équipages, et l'on put, comme c'est l'ordinaire, remarquer dans le nombre, quelques vingtaines de ces pédestres filles de Paphos qui se répandent dans les rues de la pudique Londres, dès que le jour cesse de luire.

---

[1] *One* attorney.

[2] *Hells*, maisons de jeu. A combien s'élève leur nombre dans cette ville? je l'ignore; avant d'être majeur je les connaissais toutes parfaitement, ceux *d'or* comme ceux *d'argent*. Je fus un jour sur le point de me battre avec une de mes connaissances, parce que m'ayant demandé où je supposais que son âme irait au sortir du monde, je lui avais répondu : *dans l'enfer d'argent*.

(*Note de Lord Byron.*)

Leur métier, immoral sans doute, est pourtant aussi utile que Malthus[1] à la propagation des mariages. — Mais déjà Juan, en descendant de voiture,

31. Se trouve dans un des plus beaux hôtels du monde, surtout pour les étrangers, — et pour ceux qui, bouffis de faveurs ou de richesses, s'embarrassent peu d'acquitter les légers *items* de la carte. C'est dans cet hôtel (antre réservé aux menteurs perdus de la diplomatie) que séjourne ou a séjourné maint envoyé, jusqu'au moment où il lui est permis d'habiter quelques *square*[2] fastueux, et de surcharger ses portes du bronze armorié de ses noms.

32. Chargé d'une commission délicate et intime, bien que d'intérêt public, Juan n'avait pas de titre qui expliquât précisément l'affaire pour laquelle il arrivait. Seulement on savait qu'un étranger de distinction avait favorisé nos rivages de sa présence; qu'il avait une mission secrète; qu'il était jeune, beau, accompli, qu'enfin (ajoutait-on à l'oreille), il passait pour avoir tourné la tête de sa souveraine.

33. Une rumeur, de je ne sais quelles étranges aventures, de ses combats et de ses amours, s'était aussi répandue devant lui; et comme les têtes romanesques voient toujours tout en beau[3], comme sur-

---

[1] Économiste célèbre, qui a essayé de prouver qu'un gouvernement sage doit s'opposer efficacement à la multiplicité des mariages.

[2] *Square*, carré; c'est ainsi que sont désignées les *places* de Londres : la plupart des hôtels d'ambassadeurs sont bâtis sur des *squares*.

[3] Le lecteur se rappellera souvent, en lisant ces strophes, les circon-

tout les dames anglaises sont sujettes aux excursions imaginaires, et ne savent guère dans leurs caprices respecter les bornes de la raison, Juan devint tout d'un coup extrêmement à la mode ; or la mode tient, à nos citoyens penseurs, lieu des passions.

34. Non que je prétende qu'ils n'aient pas de passions, bien au contraire ; mais elles partent chez eux de la tête. Au reste, comme les conséquences de ces passions sont les mêmes que si elles venaient du cœur, peu nous importe de savoir le siége des impulsions féminines ; pourvu qu'elles vous permettent d'arriver sain et sauf au but où vous tendez, quel besoin de vous inquiéter du chemin qui vous y mène?

35. Juan présenta, en tems utile, aux employés chargés de les vérifier, ses lettres russes de créance. Ceux qui gouvernent au mode impératif[1] l'accueillirent avec toute la grimace de rigueur ; en voyant un jouvenceau au visage doux et agréable, ils espérèrent (chose fort essentielle dans les affaires d'état) qu'ils n'auraient pas de peine à *faire* l'innocent écervelé ; ainsi l'épervier couve des yeux, avant de le saisir, le tendre musicien des bois.

---

stances de la vie de Lord Byron. A son retour de l'Orient, 1812, il trouva, comme Juan, tous les salons de Londres curieux et fiers de le posséder ; malheureusement, il ne sut pas imiter la réserve de Juan avec les *blues*.

[1] Manière de parler ridiculement mise en usage par ceux que Rabelais appelle *rapetasseurs de vieilles ferrailles latines*. Ainsi, par exemple, pour se mettre à la portée des enfans, ils disent que « le Que *retranché* gouverne le mode infinitif. »

36. Ils se trompaient dans leurs présomptions ; c'est l'ordinaire des vieillards. Mais nous en reparlerons, ou si nous y manquons, c'est par suite de la mauvaise opinion que nous avons de ces doubles politiques, qui vivent de mensonges et pourtant n'osent tromper avec hardiesse. — Oh ! que j'aime bien mieux les femmes ! elles ne peuvent ou ne veulent jamais se défendre de mentir ; mais leurs mensonges sont si parfaitement arrangés, qu'auprès d'eux la vérité elle-même a l'air de la fraude.

37. Et après tout, qu'est-ce que le mensonge ? Rien que la vérité en mascarade. Je défie héros, historiens, prêtres ou légistes, de raconter un fait sans y ajouter quelque levain de mensonge. L'ombre seule de la *vraie* vérité anéantirait annales, révélations, poésies et prophéties, — à moins, pour ces dernières, que leur date ne devançât de plusieurs années les événemens qu'elles exposent [1].

38. Gloire à tous les menteurs et à tous les mensonges ! Viendra-t-on encore maintenant taxer de misanthropie ma complaisante muse ? Elle entonne le *Te Deum* du monde, et son front rougit pour ceux qui ne rougissent plus. — En gémir serait véritable niaiserie ; songeons plutôt, comme le plus grand nombre, à nous courber, à baiser les mains, les pieds, ou toute autre partie du corps de quelque

---

[1] En effet, les prophètes, ceux même dont l'événement ne réalise pas les prédictions, ne méritent pas la qualification de *menteurs*. Peut-on mentir en narrant des faits non encore advenus ?

majesté; nous avons le bon exemple de la *Verte Erine* qui maintenant trouve son *shamrock* [1] trop vieux pour le porter encore.

39. Don Juan fut présenté : son costume et son maintien excitèrent une admiration générale. — Je ne sais ce qui lui mérita le plus ou le moins d'éloge; mais une chose qui long-tems attira les regards, ce fut un diamant énorme que, dans un moment d'ivresse (alors que fermentaient dans son sein l'amour ou quelque liqueur forte), lui avait donné Catherine, comme personne ne l'ignorait; et, à vrai dire, il l'avait on ne peut mieux gagné.

40. Outre les ministres et leurs confidens, qui par état sont obligés d'être courtois, même à l'égard des diplomates accrédités par les plus chancelans monarques, jusqu'à ce que leur royale énigme ait été débrouillée ; les commis eux-mêmes, — ces excrémens de bureau, semblables aux moucherons engendrés dans la fange par une dégoûtante corruption [2],

---

[1] C'est le court manteau national des Irlandais, ainsi désigné par le poète, à cause de sa ressemblance avec la forme d'un *trèfle*. Byron fait ici allusion aux acclamations achetées ou franches, avec lesquelles les Irlandais venaient d'accueillir Georges IV. — On se rappelle ici involontairement la belle chanson des *Adieux à la gloire*, de Béranger.

[2] Ne pouvant traduire littéralement ce passage, j'ai cherché à rendre fidèlement l'idée de mon modèle. Voici le texte :

The very clerks—those somewhat dirty springs
Of office, or the house of office, fed
By foul corruption into streams, etc.

On sait ce que nos voisins entendent par *la chambre d'office* (*the house of office*).

— les commis furent à peine insolens en demandant leurs gratifications.

41. Et pourtant l'insolence est le principal objet de leur emploi, puisqu'elle forme leur constante occupation dans les coûteuses divisions de la paix et de la guerre. Si vous en doutez, demandez, je vous prie, au premier venu si, quand il a eu besoin d'un passeport, ou de quelque autre entrave à la liberté, il n'a pas trouvé que cette engeance de riches stipendiés étaient, comme les roquets, les moins civils animaux de leur espèce [1].

42. Mais Juan fut reçu avec beaucoup *d'empressement* [2]. — Je suis forcé d'emprunter les expressions raffinées à nos plus proches voisins, chez lesquels, comme pour les pièces du jeu d'échecs, on suit une marche obligée pour la joie ou pour la douleur, non-seulement dans la conversation, mais aussi dans les livres. Dans les îles, il semble que l'homme soit plus franc et plus ingénu que sur le continent, — comme si la mer (témoin Billingsgate [3]) contribuait à mieux délier la langue.

43. Cependant, il y a quelque chose d'attique dans le *damm* britannique; tandis qu'au contraire les *jurons du continent* sont on ne peut plus incontinens. Ils roulent tous sur des idées que rougirait de pro-

---

[1] « *Like Lap dogs, the least civil sons of b——s.* »

[2] Ce mot est en français dans le texte.

[3] *Billingsgate*, quartier de Londres situé sur le bord de la Tamise, et rendez-vous des poissardes et des mariniers.

noncer une bouche aristocratique; je me garderai donc de rien citer *anent* [1] ce sujet; je ne veux pas me faire déclarer hérétique en politesse, en articulant des sons trop incongrus. Pour *damm*, c'est un mot qui, malgré son audace, est vraiment aérien; — c'est un blasphème tout-à-fait platonique, c'est le juron spiritualisé [2].

44. Voulez-vous une franche grossièreté? demeurez chez vous, mes compatriotes; de la vraie ou fausse politesse (et celle-ci même, assez rarement aujourd'hui)? croisez *l'abîme azuré* et *la blanche écume*. Le premier est l'emblème de ce que vous quittez [3]; la seconde, de ce que vous allez avant tout retrouver. Quoi qu'il en soit, ce n'est pas le moment de bavarder sur des sujets généraux. Les poèmes doivent se proposer pour seul but l'*unité*, et c'est aussi là le but du mien.

45. Dans *le grand monde*, — c'est-à-dire, à proprement parler, la partie d'une ville la plus occiden-

---

[1] *Anent* est un mot écossais qui signifie *relativement à*; les nouvelles écossaises l'ont introduit dans notre langage, et comme disent les Français, *s'il n'est pas anglais, il faudra qu'il le devienne*.

(*Note de Lord Byron.*)

[2] Je remarquerai (à la justification de la France) que l'interjection sacramentelle *Damme* ou *Dame* est depuis long-tems française. Nous l'introduisons, à Paris comme à Londres, dans la plupart de nos phrases, aux halles, dans les salons. C'est, je crois, une ellipse de l'ancien juron *par notre dame* (*By our damme*)!

[3] Byron fait sans doute ici allusion aux dangers réels qui menacent l'Angleterre, malgré son apparence de prospérité.

tale ou la plus méprisable [1], abandonnée à deux fois deux mille individus, dont les habitudes ne sont rien moins que sages ou spirituelles, mais dont le constant usage est de se lever quand les autres se mettent au lit, et de contempler en pitié l'univers ; — dans ce grand monde, Juan, tenant à une ancienne famille, ne manqua pas d'être bien accueilli par toutes les personnes de condition.

46. C'était d'ailleurs un jeune bachelier, point important pour la vierge et l'épouse ; la première voit aussitôt réalisées ses espérances d'hymen, la seconde (à moins que l'amour ou l'orgueil ne la retiennent) jugé, en le voyant, convenable de se mettre en garde ; car, pour une femme sentimentale, un jouvenceau est un vif aiguillon. Il exige un certain décorum ; et il peut offrir en perspective l'horrible occasion et qui pis est les suites — d'une nouvelle faute [2].

47. Mais Juan était un bachelier, — ès-arts, ès-

---

[1] Il y a dans le texte anglais un jeu de mots entre occidentale et méprisable. *The west or worst end of a city.* C'est à l'ouest qu'est situé le beau quartier de Londres.

[2] Les cinq derniers vers de cette octave sont pleins de malice ; mais aussi d'obscurité. Je crois être entré dans l'intention du poète en n'éclaircissant pas trop ses idées. Voici les vers originaux :

« *And (should she not hold fast by love or pride)*
» *Tis also of some moment to the latter :*
» *A rib's a thorn in a wed Gallant's side,*
» *Requires decorum, and is apt to double*
» *The horrid suit—and what's still worse, the trouble.* »

talens, ès-cœurs ¹. Il savait danser et chanter, sa physionomie avait quelque chose de sentimental, comme les plus suaves mélodies de Mozart. Il pouvait sans affectation, sans minauderie, être triste ou de bonne humeur quand il le fallait; et, malgré sa jeunesse, il avait vu le monde; — tableau curieux et bien différent de ce que les livres en racontent.

48. Les tendres vierges rougissaient en sa présence; et les dames s'embellissaient de teintes un peu moins passagères; car sur les bords de la Tamise on a le double avantage de trouver du fard et des personnes fardées; la jeunesse et la céruse réclamèrent à l'envi sur son cœur ces droits d'usage que ne peuvent guère s'empêcher de reconnaître les hommes bien élevés. Les demoiselles admiraient son costume, et les compatissantes mères s'informaient s'il avait un riche patrimoine, et s'il n'avait pas de frères.

49. Les modistes qui entretiennent les *misses-drapées* ² pendant l'hiver, dans l'espoir d'être couvertes

---

¹ Le texte anglais offre encore ici un jeu de mots impossible à traduire.

But Juan was a bachelor—of arts
And parts, *and* hearts.

² Les *drapery-misses*. Cette expression n'est sans doute aujourd'hui rien moins qu'un mystère; c'en était pourtant un pour moi à mon premier retour du Levant, en 1811—1812 : elle signifie une jeune demoiselle, jolie, bien née, lancée dans le monde, et bien instruite par ceux qui lui veulent du bien; à laquelle sa modiste fournit à crédit une garde-robe qu'elle s'engage à faire payer, aussitôt son *mariage*, par le futur époux. Cette énigme me fut expliquée par une jeune et belle héri-

de leurs avances, avant que les derniers baisers de la lune de miel n'aient expiré à la lueur d'un soudain croissant, songèrent à ne pas laisser échapper l'occasion des débuts d'un riche étranger. — Elles accordèrent tant de crédits que les futurs époux en jurèrent, en gémirent, et finirent par payer.

50. Les *Bleues*, ces âmes sensibles qui tressaillent à la vue d'un sonnet, et qui tapissent l'intérieur de leurs têtes ou bonnets, des pages de la dernière revue, s'avancèrent dans toute la hauteur de leur teinte azurée; elles lui parlèrent en mauvais français des Espagnols; elles lui firent sur les derniers auteurs une ou deux questions; elles demandèrent quelle était la plus douce, de la langue russe ou de la castillane; et enfin, s'il avait vu la ville de Troie dans ses voyages?...

51. A cet examen, subi devant un docte et spécial jury de matrones, Juan qui était un peu superficiel, et ne se piquait pas d'être, en littérature, un grand

---

tière à laquelle je vantais la *draperie* d'une *intacte*, mais *jolie virginité* * (comme mistress Anne Page) du jour, lequel jour était celui d'*hier*; il y a déjà plusieurs années. — Elle m'assura que rien n'était plus commun à Londres; et comme elle semblait entièrement désintéressée dans la question par sa fortune, sa fraîcheur et la riche simplicité de ses vêtemens, je ne pus m'empêcher d'ajouter foi à ses allégations. S'il fallait donner des autorités, je pourrais nommer les *draperies* et celle qui les portait. Espérons toutefois que cela est passé de mode.
(*Note de Lord Byron.*)

* Expression de Shakspeare. « Il y a une certaine *Anne Page*, la fille de maître Georges Page, qui est une *jolie virginité*. » (*Les joyeuses femmes de Windsor*, act. 1er sc. 1re.)

sire, ne savait vraiment que répondre. Ses travaux guerriers, amoureux et officiels, l'étude approfondie qu'il avait faite de la danse, l'avaient tenu jusqu'alors à une grande distance de la source d'Hippocrène; et il s'étonnait d'en trouver les ondes bleues, et non pas vertes, comme il le supposait.

52. Cependant, au hasard, il répondit avec une modeste confiance et une assurance calme, qui donnèrent le change sur son érudition, et tinrent lieu d'argumens solides. Miss Araminta Smith, ce prodige (qui traduisit, à seize ans, *Hercules furens* en aussi furibond anglais), mit la meilleure volonté du monde à intercaler ses réponses parmi les lieux communs de son *album*.

53. Juan savait plusieurs langues, — il pouvait donc, — et il sut en effet habilement soutenir sa réputation auprès de chacune de ces belles créatures accomplies, qui pourtant regrettaient qu'il ne fît pas de vers. Il ne lui manquait que ce talent pour donner à tous ceux qu'il possédait (à leurs yeux du moins) le cachet du sublime. Lady Fitz-Frisky et miss Maria Manish avaient surtout un grand désir d'être chantées en espagnol.

54. Cependant, il s'en tira fort bien auprès d'elles; on l'admit en qualité d'adepte à toutes les coteries, et dans les grandes assemblées, ou dans les petits comités, il vit, comme dans le miroir de Banquo [1],

---

[1] Shakspeare, *Macbeth*.

passer devant lui les dix mille auteurs vivans : c'est là, je crois, leur valeur numérique; et, de plus, les quatre-vingts *plus grands poètes modernes*, attendu qu'il n'est pas de misérable *magasin* qui n'ait le sien.

55. Pendant deux fois cinq années, il faut que *le plus grand poète vivant*, semblable au héros d'un cercle de boxeurs, soutienne ou présente ses titres à cette suprématie, tout imaginaire qu'elle soit; — et moi-même, — bien que, certes, je n'aie jamais pu ni voulu être roi d'une tribu de lunatiques, je fus pendant long-tems considéré comme le grand Napoléon de l'empire des rimes.

56. Mais *Juan* fut mon Moscou, *Faliero* mon Leipsick, et *Caïn* semble devoir être mon Waterloo. Que maintenant les sots relèvent leur *belle alliance*, longtems réduite au-dessous de zéro : le lion est tombé; mais, du moins, je veux succomber comme a succombé mon héros; ou je régnerai en *monarque*, ou je ne régnerai pas, et je m'en irai dans quelque île solitaire avec Southey tourne-casaque, pour être mon Lowe tourne-clef [1].

57. Sir Walter régnait avant moi [2], Moore et Campbell avant et après; mais à présent, devenues plus saintes, les muses vont folâtrer sur les hau-

---

[1] Guichetier. Cet homme a recueilli en Angleterre encore plus de mépris et d'exécration qu'en France.

[2] Il est possible que cette différence, mise entre sir Walter Scott, Moore et Campbell, ait vivement piqué l'amour-propre du premier.

teur de Sion, avec des favoris à moitié ou tout-à-fait prêtres [1]. . . . .
. . . .

58. . . . .
. . . .
. . . .

59. Vient ensuite mon gentil Euphues [2] qui, dit-on, passe pour une espèce de *moi moral*; peut-être un jour ne lui sera-t-il pas facile de soutenir l'un, ou l'un et l'autre côté de mon caractère. Quelques gens accordent la palme à Coleridge : Wordsworth lui-même a deux ou trois louangeurs ; et il n'est pas jusqu'à la plume du dégoûtant oison Southey qui n'ait été prise pour celle d'un cygne par ce braillard Béotien, le *Sauvage-Landore* [3].

60. John Keats donnait l'espérance de quelque chose de grand, sinon d'intelligible, quand une critique trop amère le fit descendre au tombeau [4]. — Sans savoir un mot de grec, il avait essayé de parler des dieux anciens, en grande partie comme on peut supposer qu'ils auraient parlé eux-mêmes. Le pauvre diable ! sa destinée fut vraiment malheureuse ; et il

---

[1] Je soupçonne encore ici les libraires anglais, plutôt que Lord Byron, d'avoir laissé cette lacune.

[2] Le poète veut sans doute ici parler de James Hogg, qui avait essayé assez heureusement d'imiter son style dans le *Mirror of the Poets*. Hogg est celui que Byron appelle souvent le *berger d'Ettrick*.

[3] Sans doute un critique de la *Bristih*, — ou *Quarterly-Review*.

[4] Auteur du poème d'*Endymion*; il mourut à Rome, du chagrin que lui causa, dit-on, un article de la *Quarterly-Review*.

est étrange qu'un *article* ait eu la propriété d'étouffer en lui cette particule ignée qu'on appelle l'ame [1].

61. Tous les jours grossit la liste des morts ou vifs aspirans à un prix que personne n'obtiendra, — ou dont personne, du moins, ne connaîtra le vainqueur; ce dernier même, quand le tems rendra son arrêt définitif, portera de longues herbes sur sa tête fêlée et ses cendres sèches; mais du reste, autant que je puis conjecturer, je n'ai pas une grande opinion de leurs droits : ils sont en trop grand nombre; semblables à ces trente tyrans postiches qui se disputèrent Rome, quand les annales de l'empire étaient avilies.

62. Nous sommes arrivés au bas-empire littéraire; de nouvelles bandes prétoriennes [2] y décident de tout. — « Cruel métier, comme de recueillir le fe- » nouil de mer [3], » de fléchir et de caresser cette insolente soldatesque avec les sentimens que l'on éprouverait en conjurant un vampire. Ah! si j'étais encore dans mon pays, je rédigerais, dans une bonne satire, mes conclusions contre ces janissaires, et je

---

[1] « *Divinæ particulam auræ.* » (*Note de Lord Byron.*)

[2] Les journalistes.

[3] Shakspeare, *Roi Lear*, acte IV, scène VI. — EDGAR (sur la cime de Douvres) : « Venez, sire, voici l'endroit : — arrêtez-vous. — Oh!
» comme il est terrible et étourdissant de plonger les yeux si bas ! les
» corbeaux et les milans, qui planent au milieu de l'espace, semblent
» gros comme des belettes. A mi-côte est suspendu celui qui recueille
» le fenouil marin, métier dangereux ! etc. »

leur apprendrais comment on soutient une guerre intellectuelle.

63. Je crois savoir un tour ou deux qui leur feraient bien exposer le flanc ; — mais, plutôt, il est indigne de moi de prendre le moindre souci de pareilles balivernes ; je n'ai pas la bile nécessaire. Mon naturel n'est vraiment rien moins que fâcheux ; ma muse ne manifeste sa plus violente indignation que par un sourire ; puis, tirant une courte et modeste révérence, elle glisse ailleurs, certaine de ne pas vous avoir chagriné.

64. J'ai laissé mon Juan dans le plus imminent danger, au milieu des poètes vivans et des ladies bleues : il sut passer à travers ce champ stérile, et non pas même sans en tirer quelque léger profit. Bientôt fatigué, il l'abandonna avant d'avoir eu trop à s'en plaindre ; et, depuis ce moment, il se trouva fort agréablement reconnu pour l'un des plus forts esprits du jour, pour le légitime fils du Soleil ; non la vapeur, mais le lumineux rayon.

65. Il passait ses matinées en affaires ; — ce qui, bien analysé, ne signifie pas le travail, mais une laborieuse inertie qui provoque la lassitude, cette tunique de Nessus, la plus infecte de toutes les robes humaines, qui nous fait retomber sur nos sophas, en exprimant notre horreur de toute espèce de peine, sauf celles que réclamerait l'intérêt de la patrie ; — mais, bien qu'il en soit tems, Dieu merci ! cette patrie n'en va pas mieux encore !

66. Ses après-midi se passaient à rendre des visites, à goûter, flâner ou boxer. A la chute du jour, il faisait à cheval le tour de ces tonnes végétales appelées *parcs*, dont tous les fruits ou fleurs réunis ne justifieraient pas la plus légère piqûre d'abeille. Mais, après tout, ces *berceaux* (comme les appelle Moore) sont les seuls qui puissent donner aux belles fashionables quelque idée d'un air libre et frais[1].

67. Puis, venait l'heure de la toilette, du dîner et du réveil général. Les lampes s'allumaient, les roues s'ébranlaient, les chariots étincelans, et lancés comme des météores harnachés, retentissaient dans les rues et dans les *squares*. Les parquets se couvraient de peintures crayeuses[2], les guirlandes se déployaient; les portes, en faisant retentir leur tonnerre bronzé, ouvraient à mille élus rares et fortunés un paradis terrestre *d'or moulu*.

68. Là se place la noble dame de la maison, que trois mille révérences n'empêchent pas de se tenir debout. Là commence la valse, seule danse qui apprenne les filles à penser, et que, malgré ses défauts, l'on ne peut s'empêcher d'aimer. Salon, première

---

[1] *Green-Park, Saint-James-Park* et *Hyde-Park* sont à peu près contigus; ils ressemblent assez, pour la variété et l'étendue, aux Tuileries, aux Champs-Élysées et au bois de Boulogne: mais on n'y trouve pas un seul bosquet de fleurs comme dans *nos* Tuileries ou *notre* Luxembourg.

[2] C'est l'usage, à Londres, de dessiner sur le parquet des salles de bal des arabesques avec de la craie.

salle, antichambre, tout regorge de monde, et, pendant long-tems, les derniers arrivés font halte au milieu de royales altesses, également forcées de franchir l'escalier de vice force, et d'emporter de tems en tems un pouce sur les degrés.

69. Trois fois heureux celui qui, après une revue de la bonne compagnie, a su gagner un coin, une porte, un boudoir justement placé près de la sortie, où, fixé comme un petit « Jack Horner, » il puisse voir tourner Babel devant lui; satisfaire son envie de gémir, de fronder, d'approuver, ou simplement de regarder, et bâiller quelque peu, à mesure que la soirée se prolonge.

70. Mais on ne peut que rarement espérer tant de bonheur; et celui qui prend comme Juan, dans le monde, une part active, doit avoir soin de s'abandonner à cette mer mobile de pierreries, de plumes, de perles et de soieries, où semble toujours marquée sa place; tantôt s'élançant au mélodieux signal de la valse, tantôt tenant ferme, avec une science vraiment aérienne, à l'endroit où les merveilleux danseurs ont établi leur quadrille.

71. Ou, s'il ne danse pas et qu'il ait de hautes vues sur une héritière ou sur la femme de son voisin, je lui conseille de bien étudier, auparavant, les sentimens de celle dont il recherche les préférences : combien d'amans empressés ne se sont-ils pas repentis de leur brusquerie? l'impatience est un méchant guide chez un peuple cité pour son habi-

tude de réfléchir : il ne faut jamais s'y permettre une folie qu'avec circonspection[1].

72. Si donc vous voulez observer, asseyez-vous à ses côtés pendant le souper, ou, si quelqu'un vous a prévenu, emparez-vous d'une place vis-à-vis, et arrêtez sur elle vos regards. — O vous, doux et ambroisials momens toujours présens à l'esprit! sorte de poids sentimental dont la mémoire est oppressée! ombre des ravissans plaisirs évanouis! les ames tendres savent bien mal exprimer tout ce qu'un jour de bal fait naître ou détruit d'espérances!

73. Au reste, ces conseils prudens ne s'adressent qu'à la foule ordinaire de ceux qui ont besoin de persévérer, de surveiller et de se tenir en garde, dont un mot peut bouleverser tous les plans; et non pas au petit ou grand nombre. (car il varie beaucoup) de ceux qu'une bonne mine, surtout quand elle est singulière, un nom ou une célébrité d'esprit, de bravoure, de raison ou de déraison autorisent; du moins il en était naguère ainsi, à se permettre tout ce qu'ils veulent.

74. Notre héros, en sa qualité de héros et de jeune, beau, noble, riche et célèbre étranger, doit, comme les autres esclaves de son espèce, acquitter la rançon au prix de laquelle il échappera au danger dont tout homme remarquable est environné. Quelques gens regardent indistinctement comme une

---

[1] Le poète fait allusion à son malheureux mariage.

source de malheurs et de tourmens la poésie, la laideur et la faim; — je voudrais qu'ils connussent la vie des jeunes seigneurs.

75. Ils sont jeunes, sans avoir de jeunesse : — elle est déjà anticipée. Ils sont beaux, mais épuisés; riches, mais sans avoir un sou : leur vigueur s'est dissipée successivement dans mille bras; ils doivent leur bourse, ils rendront leur opulence à un juif. Les deux sénats voient leurs votes nocturnes partagés entre la bande du tyran et celle des tribuns. Enfin, après avoir voté, dîné, bu, joué et entretenu des catins, un lord de plus descend dans les voûtes sépulcrales de ses ancêtres.

76. « Où est, à *quatre-vingts* ans, s'écrie Young, » où est le monde au milieu duquel on est né? » Hélas! où est seulement le monde de huit années? Il était là;—je regarde,—il n'y est plus. Véritable globe de verre, il est cassé, brisé et disparu, sans qu'à peine on l'ait remarqué! Un changement silencieux est venu dissoudre sa brillante masse; politiques, grands, orateurs, reines, patriotes, rois, et *dandys*, tout s'est envolé sur les ailes du vent.

77. Où est le grand Napoléon? Dieu le sait; où est le petit Castlereagh? le diable peut nous l'apprendre; où sont Grattan, Curran[1], Shéridan, tous ceux dont la voix magique tenait en suspens le barreau et le sénat? où est la reine infortunée avec tous

---

[1] Fameux avocat de Londres, mort depuis quelques années.

ses malheurs ? et sa fille, que chérissaient tant les îles ? où sont les saints martyrs *cinq pour cent* ? et où sont,—où diable sont les rentes ?

78. Où est Brummel[1] ? abattu ; le long Pole Wellesley[2] ? disparu ; Whitbread ? Romilly[3] ? où est Georges III et son testament (lequel n'est pas près d'être expliqué) ? où est enfin *Fum IV*, notre royal oiseau ? on le croit parti pour l'Écosse, où va le chanter *Sawney*[4] sur son violon. Étrille-moi, je t'étrillerai !—voilà six mois qu'on arrange cette scène de royale démangeaison et de loyal[5] grattement.

79. Où est lord celui-ci ? où milady celle-là, et telles et telles honorables miss ou mistress ? Plusieurs sont, comme un vieux chapeau d'opéra, mises à la réforme, mariées, démariées, remariées (évolutions souvent exécutées de notre tems). Où sont les acclamations de Dublin[6] ?—les huées de Londres ? Que sont les Grenville ? toujours éconduits : et mes amis les whigs ? exactement comme ils étaient.

---

[1] Brummel était le Lovelace moderne ; personne, à Londres, ne boxait, ne buvait et ne s'habillait mieux que lui. Il régna sur les *dandys* jusqu'au moment du retour de Lord Byron, en 1811. Il achève aujourd'hui sa vie à Calais.

[2] Neveu du duc de Wellington.

[3] Sir Samuel Romilly, l'un des patriotes les plus illustres de l'Angleterre.

[4] *Sawney*, sobriquet des Écossais.

[5] *Loyal, loyauté*, se prend spécialement, en anglais, pour *fidèle, fidélité au roi*.

[6] Lors du voyage en Irlande de Georges IV : à son retour à Londres, le prince reçut le plus froid accueil. Ce furent même ces démonstrations défavorables qui décidèrent Georges IV à renoncer au système politique de l'infâme Castlereagh.

80. Que sont les ladies Carolines et Franceses? divorcées ou sur le point de l'être. O vous, brillantes annales qui recueillez la liste des *routs*[1] et des bals, —et toi, *Morning-Post*[2], seul moniteur des selles à dos brisé et de tous les caprices de la mode,—dites quels flots remplissent aujourd'hui ces canaux. Les uns sont morts, les autres sont en fuite; ceux-ci végètent en terre ferme, attendu que le malheur des tems leur laisse à peine *un* fermier.

81. Ceux-là, qui jadis faisaient la révérence à de prudens lords-ducs, s'inclinent maintenant devant leurs plus jeunes frères : quelques héritières ont mordu à l'hameçon d'un adroit pêcheur; quelques vierges sont devenues épouses; d'autres, mères tout simplement, et plusieurs ont perdu la fraîcheur et le charme de leurs regards. En un mot, la liste des changemens est infinie, ce qui n'a rien d'extraordinaire; mais ce qui ne laisse pas de l'être, c'est la rapidité inouïe de ces altérations communes.

82. Ne parlez pas de septante années; seulement en sept j'ai vu assez de changemens, depuis les monarques jusqu'aux plus humbles individus d'ici-bas, pour remplir honnêtement la période d'un siècle. Je sais bien que rien n'est fait pour durer, mais enfin les changemens sont trop continus et ne sont

---

[1] Les grandes soirées anglaises, dans lesquelles la moitié des invités est forcée de faire acte de présence dans l'antichambre et sur les escaliers. *Rout* répond à notre mot *cohue*.

[2] Journal dont plusieurs colonnes sont dédiées aux *fashionables*.

pas assez nouveaux. Tout, en ce monde, change à chaque instant de place, excepté les whigs, qui *n'en* obtiennent jamais.

83. J'ai vu Napoléon, qui semblait un Jupiter, subir la destinée d'un Saturne. J'ai vu un duc (n'importe lequel) montrer, comme politique, plus de stupidité, s'il est possible, que n'en indiquait sa plate physionomie. Mais il est tems de hisser un autre mât et de faire voile dans une autre direction.—J'ai vu, et frémi de le voir,—le roi couvert de huées, puis d'applaudissemens; mais je ne prétends pas décider, de ces deux accueils, lequel était le plus juste.

84. J'ai vu les possesseurs de terres sans un denier;—j'ai vu Johanna Southcote[1];—j'ai vu la chambre des communes transformée en piége à taxes[2];—j'ai vu la malheureuse affaire de la dernière reine;—j'ai vu des couronnes tenir la place de bonnets de fous[3];—j'ai vu un congrès résoudre tout ce qu'il y a de plus ignoble;—j'ai vu quelques nations, semblables à des ânes trop chargés, se câbrer contre leurs fardeaux, — c'est-à-dire les hautes classes;

85. J'ai vu des petits poètes, des grands prosa-

---

[1] Femme qui croyait avoir des révélations, et qui fut admirée par les dévots de la Grande-Bretagne pendant plusieurs mois.

[2] Ou comme disait Courrier de celle d'un pays voisin : En *marmite représentative*.

[3] Par exemple, sur la tête de Georges III.

teurs, d'interminables — bien que non éternels — orateurs;—j'ai vu les fonds en guerre avec les maisons et les terres;—j'ai vu les gentilshommes-fermiers réduits aux abois;—j'ai vu le peuple foulé aux pieds comme du sable par des valets à cheval;—j'ai vu John Bull échanger de généreuses liqueurs contre de l'eau claire;—j'ai vu ledit John à moitié convenir qu'il était vraiment fou.

86. Mais, *carpe diem*; Juan, *carpe*, *carpe*! demain tu verras une autre race également folâtre, également passagère, également victime de la même harpie. « La vie est une pauvre comédie. Ainsi, » remplissez votre rôle, misérables [1]! » et surtout songez bien à être moins scrupuleux sur vos actions que sur vos paroles [2]; soyez hypocrites, défians; en un mot, non ce qu'on vous *verra*, mais ce que vous verrez.

87. Mais comment vais-je raconter, dans les autres chants, ce qu'il advint de mon héros dans un pays qu'un bruit et un mensonge uniformes vantent comme la patrie des mœurs? Je retiens ma plume,

---

[1] Citation.

[2] « Le fait est que, de nos jours, le grand *primum mobile* de l'An» gleterre est la *phraserie*: *phraserie* politique, *phraserie* poétique, » *phraserie* religieuse, *phraserie* morale; mais toujours de la *phra*» *serie*; et j'emploie cette expression, parce que c'est purement une » affaire de mots sans la plus légère influence sur les actions humaines. » Les Anglais n'en sont pour cela ni plus sages ni meilleurs; mais beau» coup plus pauvres, plus divisés entre eux, et plus immoraux qu'ils » ne l'étaient avant l'introduction de ce verbal *decorum*. » — (Lord Byron, *Lettre sur M. Bowle.*)

—et je dédaigne de décrire une Atlantide; mais du moins il faut tenir pour bien entendu que vous n'êtes pas un peuple *moral*; d'ailleurs, vous le savez bien; sans le *memento* trop sincère du poète.

88. Ce que vit et fit Juan; voilà mon thème, avec les restrictions que me recommande une naturelle courtoisie. Surtout ne perdez pas de vue que cet ouvrage est une pure fiction, et que je ne chante rien qui offre quelque rapport à moi ou aux miens, en dépit des allusions que chaque scribe, en détournant la disposition des phrases, pourra laisser entendre contre mon intention. Sachez bien que quand je parle *je ne laisse rien à deviner; je m'exprime toujours franchement*.

89. S'il se maria avec la troisième ou quatrième fille de quelque sage comtesse à la piste d'un mari; ou si quelque vierge mieux partagée (j'entends des matrimoniales faveurs de la fortune) le fit concourir à la multiplication de l'espèce, sous la condition d'un légitime et redoutable hyménée, — ou s'il fut soumis à des dommages-intérêts,—pour avoir donné trop d'extension à ses tendres hommages;.

90. C'est ce qu'il reste à savoir au lecteur. Marche donc en avant, toi, mon poème, que je me propose de soutenir par autant de vers encore[1]. Tu vas devenir l'objet d'aussi vives attaques qu'en ait jamais

---

[1] Byron avait l'intention de faire vingt-deux ou vingt-quatre chants de *Don Juan*.

supporté tout autre sublime ouvrage de la part de ceux qui se plaisent à signaler comme noir ce qui est blanc. Rien de mieux!—Je puis marcher seul, mais je ne sacrifierais pas, pour un trône, l'indépendance de mes pensées.

Chant Douzième.

1. De tous les barbares moyens âges, le plus barbare, sans contredit, est le moyen âge de l'homme, celui, — je le sais vraiment à peine, mais enfin où nous planons entre les fous et les sages, sans connaître au juste ce que nous sommes : — cette période offre quelque ressemblance avec une page imprimée; lettres noires sur papier gris : nos cheveux grisonnent, et nos idées ne sont plus celles d'autrefois ; —

2. Trop vieux pour les plaisirs de la jeunesse ; — trop jeunes, — à trente-cinq ans, pour morigéner les enfans ou thésauriser avec les bons sexagénaires, — je ne conçois pas pourquoi l'on nous laisse sur la terre. Cette époque à peine arrivée, les ennuis se présentent en foule; l'amour balbutie encore, et l'heure de prendre femme est passée. Quant à l'autre amour, les illusions en sont évanouies. Ainsi, l'argent, cette plus pure de nos imaginations, brille seul à travers le prisme radieux que lui-même enfante [1].

---

[1] L'avarice, c'est-à-dire la passion de la propriété, est peut-être aussi naturelle aux jeunes gens qu'aux vieillards; mais les premiers en sont détournés par l'appât des plaisirs et la variété des illusions de la vie,

3. Divin or! pourquoi donc appeler misérables les avares [1]? Leur volupté est à l'abri de la satiété : c'est la meilleure ancre et la véritable chaîne de toutes les autres voluptés, grandes ou petites. Vous qui ne voyez l'homme économe qu'à table, qui méprisez ses frugales habitudes et ne pouvez concevoir comment la richesse peut s'allier à la parcimonie, vous ignorez de quelles joies indicibles une rognure de fromage épargnée peut être la source!

4. L'amour, la débauche nous épuisent, et le vin bien plus encore; l'ambition nous ronge, le jeu nous procure — des pertes; mais le *thésauriser*, d'abord lent, puis plus rapide; le plaisir de toujours accumuler en dépit des accidens publics (qui menacent toutes choses), voilà ce qui bat en ruine l'amour, le vin, le jeton du joueur et les *fumées* de l'homme d'état. Divin or! je te préfère pourtant sous la forme du

---

tandis que les vieillards, n'attendant plus rien des voluptés et n'entrevoyant plus rien sur la terre qui flatte leur pensée, ne peuvent que difficilement résister à ses séductions. Cette passion, du reste, a tous les caractères des autres. « Je voudrais être libre, dit l'un, non pour *user* de la liberté, mais pour avoir *le droit* d'en user. — Je voudrais, dit l'autre, avoir un sérail, non pour caresser mille beautés, mais afin d'avoir *la liberté* de les caresser. — Je voudrais être roi, non pour tout me permettre, mais pour avoir *le droit* de tout me permettre. » — Ainsi l'avare : « Je voudrais être riche, non pour me procurer une foule d'objets commodes ou agréables, mais pour pouvoir penser qu'il ne tiendrait qu'à moi de me les procurer. » Le véritable avare ne songe pas plus que le prodigue au lendemain. Il est, pour cela, trop abîmé dans son bonheur présent, et ce *présent* appartient aux octogénaires comme aux adolescens.

[1] *Why call we* misers *miserables?*

papier, et quand la vertu de la banque t'a donné la rapidité d'un bateau à vapeur.

5. Qui tient la balance du monde? qui domine les congrès, royalistes ou libéraux? qui soulève en Espagne les patriotes sans chemise (qui font eux-mêmes tant hurler et baragouiner les journaux de la vieille Europe)? qui dispense sur les mondes, ancien ou nouveau, la peine et le plaisir? qui décide les politiques à se montrer plus accommodans? qui semble encore l'ombre de la sublime audace de Bonaparte? Roschild le juif, et son confrère Baring [1] le chrétien.

6. Eux et le vraiment libéral Lafitte sont les vrais lords de l'Europe. Chaque emprunt n'est pas seulement une affaire de spéculation, il peut constituer une nation ou relever un trône. Les républiques elles-mêmes sont sujettes aux embarras ; les fonds colombiens ont des assureurs connus à la bourse, et il n'est pas, ô Pérou! jusqu'à ton sol d'argent qui n'ait besoin de l'escompte d'un juif.

7. Pourquoi appeler l'avare misérable? disais-je tout à l'heure. Sa vie a cette frugalité que l'on a toujours vantée chez les saints et les cyniques : jamais ermite n'obtint la canonisation en se mortifiant davantage. D'où vient donc que l'on dénigre les austérités de l'opulence? Rien, dites-vous, ne l'oblige à cette retenue? — Elle n'en a que plus de mérite.

---

[1] Baring et compagnie, l'une des plus fortes maisons de banque de l'Europe, et l'un des soutiens de la légitimité européenne.

8. L'avare est votre seul poète; — une exaltation pure, et toujours renouvelée de monceaux en monceaux, le saisit à la vue de cet or qu'il *possède*, tandis que le *seul espoir* de le posséder entraîne les peuples au-delà des mers. De sa mine obscure jaillissent en lingots des rayons d'or : sur lui réfléchissent les brillans éclairs du diamant; et cependant les nuances de la tendre émeraude se chargent de neutraliser l'effet des autres pierres, dont le trop vif éclat fatiguerait ses yeux enchantés.

9. Sur l'un et l'autre continent, la terre est à lui; les vaisseaux lui rapportent les odorans produits de Ceylan, de l'Inde et du Cathay; à sa voix les chars de Cérès surchargent les routes, et les celliers rougissent comme les lèvres de l'Aurore. Ses caves même seraient un séjour digne des rois, tandis que lui, dédaignant toutes les tentations, et maître intellectuel de l'univers, vit heureux dans la contemplation de son pouvoir.

10. Il peut nourrir dans son cœur de grands projets; la construction d'un collége, la fondation d'un haras, d'un hôpital, d'une église; il peut songer à ériger un dôme surmonté de sa maigre figure. Peut-être veut-il affranchir le genre humain avec l'or même qui l'a asservi, ou devenir le plus riche citoyen de sa patrie, ou s'abandonner enfin au doux plaisir de calculer.

11. Que l'avare ait chacun, un seul, ou nul de ces motifs d'accumuler, le fou n'en traitera pas moins

de faiblesse sa manie : — mais voyons la *sienne*; — examinons chacune de *ses* habitudes : des combats, des festins, des amours ? — Mais tout cela procure-t-il vraiment plus de bonheur que le tranquille soin de méditer sur les plus minimes *fractions* ? tout cela est-il plus utile au genre humain ? Ah ! maigre avare, laisse les héritiers du prodigue demander aux tiens — lequel de vous deux fut le plus sage [1] !

12. Qu'ils sont beaux, qu'ils sont ravissans les rouleaux, les coffres de lingots, les sacs de dollars, les coins, non de ces vieux conquérans dont la tête et le casque ne valent pas le peu d'or qui colore leur effigie [2]; mais d'or fin et intact, où lourdement repose, dans un large cercle radieux, quelque moderne, régnante et stupide effigie. — Oui, la monnaie courante, voilà la lampe d'Aladin !

13. L'amour commande au camp, au bocage, à la cour ;
Car l'amour est le ciel, et le ciel est amour [3].

Voilà ce que dit le barde, et ce qu'il serait fort

---

[1] Les économistes demandent : *Quel est le plus utile à la société, du prodigue ou de l'avare ?* et résolvent tous cette question en faveur du dernier. — Il ne faut pas oublier qu'en traçant ce séduisant éloge de l'avarice, Byron s'occupait lui-même de thésauriser; mais c'était au profit des Grecs. Ses ennemis ne devinèrent pas le sens de la strophe précédente. (Voyez *Vie de Byron*, page 54.)

[2] Les monnaies d'or anciennes, surtout celles de Darius, de Philippe et d'Alexandre, sont, en général, fort petites et de la forme d'un centime ou d'un franc.

[3] *Love rule the court, the camp, the grove,*
And men below, and saints above;
For love is heaven, and heaven is love.
(W. Scott, *Lay of last ministrel*, ch. III.)

difficile de prouver. (La poésie et la logique vont, au reste, assez mal ensemble.) Peut-être se trouve-t-il quelque rapport, ne fût-ce que de rime, entre *grove* et *love* [1] ; mais je n'ose garantir (plus qu'un propriétaire ses rentes) que la *cour* et les *camps* aient un aspect aussi sentimental.

14. Mais ce que l'amour ne fait pas, l'argent, et l'argent seul, le fait. L'argent gouverne et souvent met à bas les *bocages* ; sans argent, les *camps* se désertent et les *cours* s'évanouissent ; sans argent, Malthus vous crie : *Ne vous mariez pas* [2]. Ainsi, l'argent maîtrise l'amour, ce souverain maître (et sur son propre terrain), aussi impérieusement que la vierge Cynthia [3] maîtrise les marées ; et si *le ciel est amour*, c'est à condition que la cire sera le miel ; car ce n'est pas l'*amour*, c'est le mariage qu'on trouve dans le ciel.

15. L'amour n'est-il pas réprouvé partout ailleurs que dans le *mariage* ? Sous un certain point de vue, ce dernier est encore de l'*amour*, mais peu de personnes appliquent le même sens aux deux mots. L'amour peut, et même *doit* toujours exister *avec* le mariage ; mais il peut arriver aussi que le mariage se passe de lui, et l'amour, sans publications de bans ;

---

[1] L'amour et le bocage.
[2] Voyez la strophe 30 du chant XI (*note*).
[3] La lune. Diane était surnommée *Cynthia*, de la montagne de Cynthia, où elle était née, dans l'île de Délos.

est un péché, une infamie : il devrait être flétri d'un tout autre nom.

16. Partant, si le *camp*, le *bocage* et la *cour* ne se recrutent pas d'époux constans et toujours éloignés de convoiter la moitié de leurs voisins, je dis que ce vers ¹ est un *lapsus* de plume — étrange, dans mon *buon Camerado* Scott, si vanté pour sa morale; Scott, que mon ami Jeffery me recommande pour modèle; — et voilà pourtant un exemple de ses principes ².

17. Eh bien, moi, si je ne réussis plus, *j'ai du moins réussi*; cela me suffit : j'ai réussi dans ma jeunesse, le seul tems où l'on ait sujet de le désirer. Le succès m'a procuré ce dont j'étais surtout avide; je n'ai plus besoin de plaider ma cause : — quelle qu'elle fût, le résultat m'en a été favorable. J'ai reçu, il est vrai, dernièrement la peine de mon triomphe; mais je n'ai pas appris à regretter ce que j'avais fait.

18. Cette sorte de *chancéllerie* ³, à laquelle tant

---

¹ Celui de W. Scott, cité strophe 13.

² Les critiques anglais, entre autres ceux de l'*Edinburgh* et de la *Quarterly-Review*, tout en reconnaissant les grandes beautés des ouvrages de Byron, lui reprochaient d'avoir une teinte d'immoralité, et, citant l'exemple du tory anglican W. Scott, déclaraient que le seul moyen d'aller à la postérité était de respecter la *morale*, c'est-à-dire — (dans leur langage) — les institutions et préjugés de la mère-patrie. Voilà les reproches tant soit peu hypocrites sur lesquels le poëte s'égaie à plusieurs reprises.

³ La haute cour de *chancellerie* a, en Angleterre, les attributions de notre Cour royale et de notre Conseil d'État. Elle a le droit de réformer les jugemens des autres cours et tribunaux; elle peut même donner

de gens ont recours; cet appel aux non-nés, que, dans notre confiance procréative, nous baptisons du nom de *postérité* (ou limon futur), — me semble un roseau trop flexible pour que je vienne jamais à compter sur son appui. Il en est trop que la postérité ne connaîtra pas mieux qu'ils ne la connaissent eux-mêmes.

19. Je suis la postérité, — et vous aussi. Eh bien, que nous rappelons-nous? pas une centaine de noms; et si de chacune de nos mémoires on éliminait tous les noms chimériques, il ne resterait pas un dixième ou un vingtième de véridiques souvenirs. Les Vies de Plutarque n'avaient tiré de l'oubli qu'un petit nombre de personnages; nos modernes historiens foudroient leur authenticité; et, dans le dix-neuvième siècle, voilà que Mitfort, avec une *vérité grecque* [1], s'imagine de taxer le bon vieux Grec de mensonge [2].

---

aux lois des interprétations toutes nouvelles. Voilà pourquoi Byron appelle *procès en chancellerie* les appels des vivans aux âges futurs.

[1] Byron fait ici allusion au titre de l'ouvrage de Mitfort, *Græcia verax*, et en même tems il indique le peu de cas que l'on doit faire des démentis de cet historien.

[2] Voyez *la Grèce* de Mitfort. Son grand plaisir est de louer les tyrans, de quereller Plutarque, d'orthographier bizarrement et d'écrire élégamment. Après cela, ce qu'il y a d'étrange, c'est que son ouvrage est l'histoire de la Grèce la meilleure que nous possédions en aucune langue moderne, et lui-même est peut-être le meilleur de tous les modernes historiens. J'ai cité ses défauts, je ne puis taire ses qualités : la science, le travail, les profondes recherches, la passion — et la partialité. — J'appelle celles-ci des qualités, parce qu'elles donnent de la chaleur au style de l'écrivain.

(*Note de Lord Byron.*)

20. Or, sachez, bonnes gens de toutes les classes, agréables lecteurs, et désagréables auteurs, que dans ce douzième chant je me propose d'être grave comme si ma plume se trouvait entre les doigts de Malthus ou de Wilberforce [1]. Ce dernier a rendu la liberté aux nègres; il vaut mieux qu'un million de batailleurs : cependant, Wellington a forgé des chaînes aux blancs, et Malthus a fait tout le contraire de ce qu'il a écrit [2].

21. Me voilà sérieux : — sur le papier, il n'est personne qui ne le soit. Pourquoi donc ne tenterais-je pas aussi ma spéculation, et n'éléverais-je pas mon petit flambeau au soleil? Justement, à cette heure, le genre humain est dans une rage méditative à propos de constitutions et de bateaux à vapeur; de leur côté, les sages écrivent contre tout homme qui s'expose à *procréer,* avant de calculer s'il peut entretenir, après le sevrage, un futur marmot.

22. Que cela est noble! que cela est romanesque! Pour ma part, je pense que la *philogénésie* (voilà bien un mot selon mon cœur! il en est bien un plus court, mais la décence me l'interdit; je suis déterminé à ne jamais la blesser); il me semble, dis-je, que la *philogénésie* avait droit à plus d'indulgence de la part des hommes.

23. Maintenant à l'ouvrage. — Te voilà donc à

---

[1] Voyez la note de la page 297, tome I.

[2] Sans doute il est devenu époux, ou du moins père.

Londres, mon gentil Juan? dans cet agréable séjour où sont brassées toutes les infamies que peut craindre l'ardente jeunesse dans sa course fougueuse. Tu n'entres pas, il est vrai, dans la carrière pour la première fois, et tu ne suis pas en novice la périlleuse route de la jeunesse; mais tu es dans un lieu dont les étrangers ne pourront jamais se former une juste idée.

24. En ayant tant soit peu égard à la différence de climat, chaud ou froid, brûlant ou tempéré, je pourrais, comme un primat, lancer un manifeste contre chacune des autres sociétés européennes; mais tu es, ô Grande-Bretagne, la véritable pierre de touche de la poésie. Tous les pays, sans doute, ont leurs *lions*, mais chez toi l'on ne voit qu'une magnifique ménagerie [1].

25. Mais je suis las de la politique. Commençons, *paulo majora*. Juan, toujours indécis, glissait sur la

---

[1] C'est-à-dire, je crois : « Il y a des bêtes curieuses dans tous les pays, mais en Angleterre il n'y a que des bêtes curieuses. » J'ai déjà remarqué que le titre de *lion* se donne, en Angleterre, aux plus illustres *dandys* de la haute société. Le poète joue ici sur ce mot. Le premier traducteur, M. A. P. semble croire, dans une note, que Lord Byron veut ici se moquer de la ménagerie de Londres, *qui*, dit-il, *vaut à peine une ménagerie ambulante à enseignes peintes*. Ce n'est pas là l'idée que les voyageurs modernes nous donnent de la *grande royale ménagerie nationale* (*the royal Grand National menagerie*). « C'est, dit également Britton, la plus vaste et la plus curieuse collection d'animaux » vivans de l'univers. Elle renferme un éléphant mâle, de dix pieds de » haut; *plusieurs lions et lionnes*, une tigresse royale du Bengale, des » panthères, etc. » (*Picture of London*, 1826.)

voie des *égarés* avec la rapidité d'un patineur sur la glace; et quand il était las de ce jeu, il allait innocemment badiner auprès de ces beautés qui se font un point d'honneur d'être *tantalisées*, et qui ne recherchent du vice que sa réputation.[1]

26. Mais il en est peu de cette espèce, et elles-mêmes finissent par quelque diabolique escapade, ou conversion; qui nous montre bien que les plus pures créatures peuvent s'égarer jusque dans les candides et primitifs sentiers de la vertu : alors, les gens s'étonnent; il semble qu'un autre âne vient de parler à Balaam, et bientôt de la langue se glisse jusqu'à l'oreille un léger frémissement argentin qui (remarquez-le bien) finit toujours par ce charitable *Ainsi-soit-il* : « Dieu! qui jamais l'aurait pu croire! »

27. La petite Leila, ses yeux orientaux et ses taciturnes dispositions asiatiques (qui lui faisaient regarder tous les objets d'Occident sans surprise, à la grande surprise de ces gens de naissance, toujours persuadés que la nouveauté est un papillon qu'il faut poursuivre comme le plus naturel aliment de la nullité), sa ravissante figure et ses aventures romanesques, tout l'entourait d'une sorte de mystère, et contribuait à lui donner la vogue.

28. Les femmes n'étaient pas d'accord, — c'est l'ordinaire entre personnes du sexe, sur les grands

---

[1] C'est-à-dire « qui détestent le vice, mais qui aiment les hommes devenus fameux par leurs vices. »

ou minimes sujets. Mais, ô belles créatures! n'allez pas penser que je veuille vous diffamer. — Non; je vous ai toujours mieux aimées que je ne l'ai dit : seulement, puisqu'il me faut faire de la morale, je suis bien obligé de vous reprocher quelques dispositions à l'incontinence de langue, et justement alors, l'éducation de Leila faisait, parmi vous, une sensation générale.

29. Vos avis furent unanimes sur un seul point, — et vous aviez raison : c'est que cette jeune fille des grâces, belle comme sa délicieuse terre natale, et, qui plus est, le dernier rejeton de sa famille, serait bien mieux élevée (quand même notre ami Don Juan pourrait commander à ses désirs pendant cinq, trois ou deux années) sous l'œil des pairesses, dont l'âge avait fait éclore la sagesse.

30. Il s'éleva donc une généreuse émulation; puis une commune envie de concourir à l'éducation de l'orpheline. Mais comme Juan était une personne de rang, on aurait craint de l'insulter en émettant l'avis d'une supplique ou d'une souscription. Il fut décidé que seize douairières et dix sages virginités (dont l'histoire appartenait au *moyen âge* d'Hallam [1]),

31. Ajoutons, une ou deux dolentes épouses, séparées avant qu'un bouton eût ranimé leurs tiges flétries, — demanderaient la permission de former la

---

[1] L'*Histoire du moyen âge*, par Hallam, a été traduite en français, 4 vol.

jeune enfant et de la *présenter* dans le monde.—Aujourd'hui, on arrange tout avec ce dernier mot; il désigne l'instant où, pour la première fois, une vierge vient rougir dans un *rout*, et déployer savamment toutes ses perfections. Les femmes ont vraiment, à leur première *saison* [1], un délicieux miel de virginité (surtout quand elles ont de la fortune).

32. Voyez-vous tous les honorables *misters* [2] dans le besoin; les pairs, dont les coudes sont à jour; les *dandys* sans ressource; les mères vigilantes et les sœurs attentives (avec un peu d'adresse ces dernières sont plus à même que leurs fils ou frères d'arranger un mariage, quand c'est l'or qui le fait désirer); les voyez-vous, comme des mouches autour d'un morceau de candi, bourdonner autour de *la fortune*, et disposer leurs meilleures batteries de manière à lui tourner la tête à force de valses et de flagorneries?

33. Chaque tante, chaque cousine a ses vues particulières; les femmes mariées elles-mêmes montrent tant de désintéressement dans leurs amitiés, que j'en ai vu courtiser une héritière au profit de leurs propres amans. *Tantæne!* Voilà jusqu'où vont les vertus de la haute société dans l'île regrettable que bornent les murs de Douvres! et cependant la pauvre riche héritière, objet de tous ces empressemens, aurait

---

[1] C'est-à-dire l'hiver dans lequel les jeunes personnes sont présentées dans le monde.
[2] Masculin de *mistress*. On appelle ainsi les nobles qui n'ont pas de coronets.

sujet de reprocher à ses parens de ne pas lui avoir donné de frères.

34. Quelques-unes sont bientôt embauchées, mais d'autres en éconduisent plus de trente : il est alors amusant de les voir distribuant les refus et les dures confidences à chacun des cousins (amis du prétendu) qui, dans leur indignation, se mettent aussitôt à débiter leurs plaintes. « Si miss (en blanc) ne voulait » pas donner sa main au pauvre Frédéric, pour- » quoi donc recevait-elle ses billets? pourquoi val- » sait-elle avec lui? pourquoi, s'il vous plaît, sem- » blait-elle, la nuit dernière, accorder un *oui*, et » a-t-elle aujourd'hui dit *non*?

35. » Pourquoi? pourquoi? Frédéric d'ailleurs » lui était réellement *attaché*, non pour sa fortune, » — il n'en a pas besoin. Un jour viendra, sans » doute, qu'elle se reprochera de n'avoir pas saisi » une si belle occasion ; — mais elle est dupe des in- » trigues de la vieille marquise, comme je le dirai à » Aurea au rout de ce soir : et, après tout, le pauvre » Frédéric n'est pas en peine de trouver mieux. — » Savez-vous ce qu'elle a répondu à sa lettre? »

36. De présomptueux uniformes, et de sémillans coronets [1] sont tour à tour repoussés, jusqu'à ce que l'heure de la victime ait sonné, après une triste perte de tems, d'affections et de gageures, en faveur de quelque rafleur de femmes *substantielles*; et quand

---

[1] Les *coronets* sont les couronnes de comte, de duc, de marquis ou de baron.

le choix de la jolie créature est ainsi tombé sur un militaire, un auteur ou un trafiquant, le dolent escadron des éconduits trouve toujours un motif de consolation dans le mauvais choix qu'elle n'a pas manqué de faire.

37. En effet, fatiguée d'importunités, elle accepte un ancien prétendant, ou bien elle tombe (les exemples de cette espèce sont plus rares peut-être) dans le lot d'un homme qui l'avait à peine recherchée. Et pour citer quelque trait, un veuf grisonnant n'a quitté les *quarante* [1] que dans l'espoir de faire une bonne prise; mais bien qu'il soit agréé, je n'y trouve rien de plus extraordinaire qu'à l'autre loterie.

38. Moi-même, pour ma part (encore *un exemple moderne, vraiment cela est fâcheux, véritablement fâcheux* [2]), je fus choisi parmi une vingtaine de poursuivans, dans un âge, il est vrai, plus ordinairement consacré aux folies qu'à la discrétion. Bien que j'eusse appelé la réforme à mon secours, quand nous devînmes *un* quelque tems avant de redevenir *deux*, je ne démentirai pas la généreuse opinion publique : la jeune lady avait fait un choix monstrueux [3].

39. Oh! pardonnez-moi les digressions, — ou du moins lisez-les, car je ne disserte jamais que dans

---

[1] Cet endroit embarrassera les commentateurs plutôt que les contemporains.

(*Note de Lord Byron.*)

[2] Citation.

[3] Voyez la *Vie de Lord Byron.*

un but moral ; ce sont mes *grâces* avant le repas [1]. Telle qu'une vieille grand'mère, un fâcheux ami, un tuteur rigide ou un prêtre zélé, ma muse, à toute heure et en tout lieu, voudrait, à force d'exhortations, réformer les hommes ; voilà ce qui jette mon Pégase dans d'aussi tristes routes.

40. Mais à présent je vais devenir immoral : je prétends peindre les choses exactement comme elles sont, non comme elles devraient être ; car, j'en conviens, tant que nous n'aurons pas observé les lieux par nous-mêmes, c'est en vain que nous pousserons notre vertueuse charrue ; elle n'effleurera que la surface, et elle sillonnera à peine la noire argile que le vice prépare depuis long-tems à recevoir le mauvais grain.

41. D'abord, nous allons nous défaire de la petite Leila, car elle est jeune et pure comme le premier rayon du jour, ou, pour me servir d'une vieille comparaison, comme la neige, cette substance aussi pure que déplaisante, ainsi qu'on pourrait le dire de bien des personnes connues [2]. Don Juan était ravi de ménager une bonne sauvegarde à sa jeune pupille, la vertu de celle-ci ne pouvant s'arranger d'une liberté sans bornes.

42. D'ailleurs, il reconnaissait qu'il n'était pas né

---

[1] Les Anglais nomment également *les Grâces* la courte prière qui précède et celle qui suit le repas.

[2] Le poëte semble ici vouloir rappeler le caractère de sa vertueuse femme.

tuteur (pourquoi faut-il que certains autres [1] n'aient pas été du même avis!); il désirait rester neutre en pareille affaire, attendu que les gardiens répondent toujours des sottises de leurs pupilles. Ainsi, quand il vit chaque vieille dame s'offrir à l'envi pour adoucir la rudesse de sa petite Asiatique, il laissa tomber son choix (après avoir dûment consulté la *société pour la suppression du vice* [2]) sur lady Pinchbeck [3].

43. Elle était vieille,—mais elle avait été fort jeune; elle était vertueuse,— et je suis persuadé qu'elle l'avait toujours été, bien que le monde eût la méchanceté de dire que,—mais à Dieu ne plaise que ma chaste oreille reçoive le plus léger écho de médisance! Rien, en vérité, ne me cause de douleur comme ces caquetages, détestable pâture ruminée par les troupeaux d'hommes.

44. En outre, j'ai remarqué (et cependant j'étais autrefois un observateur fort superficiel), ainsi chacun, à moins d'être un sot, peut également le faire, qu'indépendamment de leur expérience du monde et des suites d'un égarement, les dames, dont la jeu-

---

[1] C'est-à-dire le comte de Carlisle et sa femme, qui se chargeaient alors d'élever la petite *Ada*.

[2] *La société pour la suppression du vice* fut fondée en 1802, sous l'influence des torys et des anglicans exagérés. Son objet est de poursuivre les vendeurs de livres obscènes et impies, et tous ceux qui portent atteinte à la religion et à la décence.

[3] Le mot *pinchbeck*, en français *pimbèche* (étymologie *pince-bec*), s'emploie, en Angleterre, pour désigner, du nom de l'inventeur, le métal composé que nous appelons *similor*.

nesse n'a pas été sans plaisirs, savent mieux inspirer l'horreur des passions que celles dont l'ame froide n'en a jamais connu le danger.

45. Tandis que la prude rigide, pour indemniser sa vertu, accable de railleries une passion enviée et inconnue; tandis qu'elle songe bien moins à nous sauver qu'à nous insulter, et ce qu'il y a de pis, à nous faire passer de mode;—celle-là, vétéran de l'amour, se concilie notre cœur en usant de douces paroles, en nous exhortant à prévenir le moment d'éclat, en nous donnant le mot de l'énigme et en nous exposant le début, le milieu et la conclusion de l'amoureuse épopée.

46. Mais, soit qu'elles aient plus de talent, ou que, sachant mieux ce qu'il est à propos de faire, elles montrent plus de vigilance, je n'en reste pas moins convaincu que si vous examinez la plupart des familles et les filles de celles qui connaissent le monde plutôt par expérience que par lecture, vous trouverez que les dernières font bien plus d'effet parmi les vestales destinées à garnir le marché aux épouses, que les élèves de ces prudes auxquelles la nature oublia de donner un cœur[1].

47. J'ai dit que lady Pinchbeck avait exercé les

---

[1] Il faut ici citer le texte :
You'll find, from many a family picture,
That daughters of such mothers as may know
The world by experience rather than by lecture,
Turn out much better for the Smithfield Show

langues; et de quelle femme, jeune, jolie, ne parle-t-on pas? maintenant, elle n'éveillait plus la moindre ombre de scandale; on la regardait simplement comme une personne aimable et spirituelle, et l'on colportait de maison en maison ses meilleurs *bons mots* : maintenant, elle se consacrait aux devoirs de la charité et de la commisération, et passait (dans ces dernières années de sa vie) pour mener la vie la plus exemplaire.

48. Altière dans les cercles de haut ton, affable dans le sien, il n'était pas un jeune homme qu'elle ne censurât doucement toutes les fois,—c'est-à-dire tous les jours,—qu'il montrait quelque funeste inclination au mal. On ne connaissait pas tout le bien qu'elle faisait, ou du moins le détail en rendrait trop longs mes chants. Bref, la petite orpheline orientale lui avait inspiré un intérêt toujours croissant.

49. Juan aussi était en quelque sorte son favori; elle lui croyait le cœur bon, un peu vicié, il est vrai, mais pur dans le fond : et c'était une chose merveilleuse, si l'on songeait bien à toutes ses aventures et aux épreuves inouies par lesquelles il avait passé. Elles en eussent corrompu mille autres, il n'en avait

Of Vestals brought into the marriage mart,
Than those bred up by prudes without a heart.

Le marché de Smithfield, auquel le poète fait ici allusion, est l'un des plus considérables de Londres. On y vend presque continuellement, mais surtout le lundi, toute espèce de bestiaux.

été qu'effleuré ;—car sa jeunesse avait vu trop de changemens pour qu'il pût se laisser aveugler par quelque chose.

50. Ces vicissitudes sont, pour les jeunes gens, la meilleure des écoles; mais dans un âge plus avancé, les hommes sont enclins à accuser la destinée et la sagesse de la Providence. L'adversité est la première route de la vérité : ayez dix-huit ou quatre-vingts hivers, si vous avez fait la guerre, ou supporté la fureur des élémens ou des femmes, vous aurez la même dose de cette expérience regardée comme si précieuse.

51. A quoi sert-elle ? c'est une autre question.— Notre héros déposa avec plaisir sa petite charge entre les mains sûres d'une lady dont la dernière fille était depuis long-tems mariée, et dont, par conséquent, les mille perfections pouvaient se transmettre à une nouvelle-venue, comme la barque du lord maire[1], ou,—pour parler plus poétiquement, —comme la conque de Cythérée.

52. J'ai parlé de *transmission* : il existe, en effet, une certaine balance flottante de belles qualités qui, dans les familles, passent de miss en miss, et varient suivant la tournure des esprits et des corps. Les unes valsent, les autres dessinent; celles-ci plongent dans

---

[1] La barque d'honneur (*the state-barge*) dans laquelle le lord maire gagne le rivage de Westminster, le jour de son élection, doit servir à chacun de ceux qui le remplaceront, comme elle avait servi à chacun de ses prédécesseurs.

l'abîme de la métaphysique; celles-là se contentent d'être musiciennes. Les moins exigeantes sont citées pour leur esprit, les autres ont le génie des vapeurs.

53. Mais que l'esprit, les vapeurs, la harpe, la théologie, les arts ou les adroits corsets soient, avec une naissance illustre, l'hameçon qui devra prendre les *gentlemen* ou les lords; ce sont les vieilles vies qui transmettent ces agrémens aux plus nouvelles; c'est toujours la même élégance *restaurée* qu'offrent aux regards des hommes les jeunes vestales,—créatures toutes incomparables, et qui pourtant désirent toutes de s'apparier[1].

54. A présent je commence mon poëme. Peut-être est-il inusité, ou même entièrement nouveau de ne l'avoir pas encore fait depuis le premier chant jusqu'à celui-ci. Ces douze premiers livres ne sont que des accords et des préludes pour essayer une ou deux cordes de ma lyre, ou pour mieux en affermir les chevilles. Cela fait, nous vous ferons entendre l'*ouverture*.

55. Mes muses se soucient, comme d'une pincée de résine, de ce que l'on appelle succès ou non-succès; car de telles pensées sont au-dessous du ton qu'elles ont adopté : elles ne veulent que débiter une *grande leçon morale*. Je croyais, en commen-

---

[1] *All* matchless *creatures and yet* bent on matches.

Ce jeu de mots, détestable en français, est fort piquant en anglais, à cause des différentes significations de *matches*.

çant, pouvoir m'arrêter après deux douzaines de chants ; mais, à la prière d'Apollon et si mon Pégase n'est pas trop affaissé, je pourrai gracieusement aller jusqu'à la centaine.

56. Don Juan vit ce microcosme [1] sur échasses, appelé *le grand-monde*, et le moins important, bien que le plus élevé ; mais de même que les glaives ont des gardes qui en augmentent la puissance homicide dans les duels ou les batailles ; ainsi, du nord au sud et de l'est à l'ouest, il faut que le bas-monde reçoive l'impulsion du plus élevé ; c'est là sa poignée, son soleil, sa lune, son gaz, son lumignon.

57. Juan avait maints amis qui avaient maintes femmes : il était bien accueilli des deux côtés ; et il donnait et recevait tous ces témoignages d'amitié qui n'entraînent pas de graves conséquences. Il ne faut que se tenir toujours disposé à diriger sa voiture vers les grands hôtels, et à la mettre la nuit en mouvement quand on a reçu quelque billet d'invitation. Durant le premier hiver, à peine si, en dépit des bals, des fêtes et des mascarades, on s'est aperçu qu'une telle vie était fort ennuyeuse.

58. Un jeune homme à marier, possesseur d'un beau nom et d'une grande fortune, n'a pas un rôle facile à jouer ; car la bonne société n'est qu'un jeu, *un royal jeu de l'oie*, dirais-je, où chacun a une intention, une marche, une position séparées. — Les

---

[1] Petit monde.

demoiselles travaillent à secouer le joug du célibat, et les dames mariées à servir les intérêts des demoiselles [1].

59. Je ne prétends pas que cela soit général; mais on pourrait en citer quelques exemples particuliers; on trouve des dames qui maintiennent leur *perpendiculaire*; comme des peupliers dont la tige aurait pour racines de bons principes. Il en est aussi dont la méthode est plus *réticulaire* [2], — et qui, *semblables aux sirènes*, avec leurs lyres suaves, vont à la *pêche des hommes*. Essayez de parler six fois de suite à une dame à marier, et je vous conseille de commander vos habits de noces.

60. Peut-être aurez-vous reçu une lettre de la mère, qui vous déclarera que les sentimens de sa fille ont été *surpris*. Peut-être aurez-vous la visite d'un frère bien pincé, à la démarche et aux moustaches imposantes, qui voudra savoir *quelles sont vos intentions*. — D'une ou d'autre manière, le tendre cœur de la vierge n'attend que votre main, et dans votre compassion pour ses tourmens et pour les vô-

---

[1] Toutes ces peintures de mœurs n'ont rien d'exagéré sous leur point de vue satirique. En Angleterre, les demoiselles des hautes classes usent de la liberté, de l'abandon que l'on ne pardonne, en France, qu'aux dames mariées. Elles étalent dans le monde avec affectation tous leurs avantages, et leurs regards semblent toujours dire aux célibataires : *Demandez ma main*. C'est ce qu'il ne faut pas oublier en lisant ces derniers chants.

[2] Captieuse, de *retis*, piége, filet.

tres, vous consentez à augmenter la liste des *matrimonicures*.

61. J'ai vu une douzaine d'unions ainsi formées, quelques-unes même dans le plus grand monde. Je connais aussi des jeunes gens, — malgré la peine qu'ils éprouvaient à contester des prétentions auxquelles ils n'avaient jamais rêvé, — que n'effrayèrent ni les féminines protestations ni les fraternelles moustaches, et qui, restés célibataires, vécurent, ainsi que leurs belles trop sensibles, plus heureux que s'ils avaient accouplé leurs destinées.

62. Il est encore, la nuit, un autre péril pour les non-initiés, — moins grand sans doute que l'amour ou le mariage, mais loin cependant d'être à mépriser. C'est, — il m'en coûte d'arracher le voile de vertu que prend même le vice, — car il lui donne du moins une grâce extérieure, — mais il faut que je dénonce cette espèce amphibie de prostituées *couleur de rose*[1] qu'il est si difficile de définir.

63. Telle est cette froide coquette qui ne peut dire *non*, et ne veut pas se résoudre à dire *oui*; qui, vous retenant sans défense à une légère distance du rivage, jusqu'au moment où l'orage vient à souffler, contemple ensuite le naufrage de votre cœur avec une secrète joie. Oh! c'est ainsi qu'elle ouvre un abîme d'infortunes sentimentales, et fait descendre au tombeau de nouveaux Werthers : pourtant ce n'é-

---

[1] En français.

tait qu'un innocent badinage ; non pas un adultère, mais une *adultération* [1].

64. « Dieux ! je deviens bavard [2] ! » Continuons cependant ; le dernier, et pourtant le plus redoutable des dangers, c'est quand, en dépit de *l'Église et du monde*, une femme mariée fait ou se laisse faire l'amour dans toute sa violence. Partout ailleurs il est peu de femmes pour lesquelles cela serait une affaire (c'est là, ô voyageur, une des vérités que tu t'empresses de nous apprendre); mais, dans la vieille Angleterre, une jeune femme s'égare-t-elle? pauvre créature ! la honte d'Ève est une bagatelle, comparée à celle qui la menace,

65. Car c'est le pays des bassesses, des journaux, des niaiseries et des procès ; il n'est pas un seul couple de même âge qui puisse éprouver quelque réciprocité de tendresse, sans que le monde ne s'en irrite. Bientôt intervient le lourd et maudit expédient des dommages-intérêts ; un verdict, — redoutable fléau de ceux qui l'occasionèrent, — formé le triste contre-poids des romanesques déclarations ; sans parler des concilians discours des avocats et des preuves palpables dont on régale les lecteurs.

66. Mais ceux qui subissent de pareils affronts ne sont que de pauvres novices, car la moindre étincelle d'hypocrisie naturelle garantit de toute atteinte

---

[1] Une conduite remplie de duplicité.

[2] Citation.

l'honneur d'un millier de brillans pécheurs, aimables oligarques de notre gynocratie [1]. Vous les voyez à tous les bals, à tous les dîners; parmi nos plus robustes vertus aristocratiques, on les cite pour leurs grâces, leur amabilité, leur indulgence, leur chasteté, — et tout cela, parce qu'ils ont toujours agi avec autant de prudence que de *licence* [2].

67. Juan, qui n'était plus dans la catégorie des novices, avait encore une autre sauvegarde : il était malade, — non, ce n'est pas *malade* que je voulais dire, mais il avait précédemment ressenti trop d'amour pour être capable de tant de faiblesse. — Mais n'appuyons pas trop sur ce point, afin de ne pas déprécier les rivages des montagnes et des épaules blanches, des yeux bleus, des *bas* plus *bleus* encore, des dîmes, des taxes, des créanciers et des portes à doubles marteaux.

68. Après avoir vu des contrées et des mœurs romanesques, où l'on risque sa vie et non des procès par amour, où l'amour lui-même est une espèce de frénésie, Juan, arrivé dans un pays où l'amour semblait à peine une affaire de mode, le trouvait à demi mercantil et demi-pédantesque; mais il n'en estimait pas moins la *moralité* nationale : ajoutons (il faut, hélas! plaindre et excuser son mauvais goût) que d'abord il ne trouva pas les femmes jolies.

---

[1] Aréopage féminin.

[2] *And all by having* tact *as well as* tast.

CHANT DOUZIÈME.

69. Je dis *d'abord*, — car il finit, mais par degrés, par les trouver bien préférables aux radieuses beautés que le destin a soumises à l'influence des étoiles orientales. Raison de plus pour ne jamais se hâter de juger. Cependant on n'accusera pas de son mauvais goût son inexpérience : — la vérité, si les hommes voulaient être de bonne foi, c'est que les choses nouvelles *plaisent* toujours moins qu'elles ne *frappent*.

70. J'ai voyagé, et pourtant je n'ai pas eu le bonheur de visiter ces nègres rusés qui séjournent sur les bords du Nil ou Niger, et dans cette inabordable ville de Timbuctou [1], dont personne ne peut rendre le service aux géographes de déterminer précisément la position. — En effet, l'Europe ne pénètre dans l'Afrique que comme le *bos piger* [2]. Mais si j'avais été à Timbuctou, j'aurais dit certainement que le noir était le vrai beau.

71. Et cela est effectivement; non que je veuille jurer que le noir est le blanc, mais je soupçonne fort que, dans le fond, le blanc est noir, et que toute l'erreur vient de notre coup d'œil. Interrogez un aveugle, c'est le meilleur juge. Mais peut-être attaquerez-vous ma proposition? — J'ai cependant raison, ou, si j'ai tort, je ne me rendrai pas sans combat. — Il n'y a pour lui ni soir ni matin, et

---

[1] Ou Tumbut, ou Tombouctou.
[2] Le bœuf paresseux.

tout lui semble évidemment ténébreux. Vous, que prétendez-vous voir? seulement une lueur *incertaine*.

72. Mais je reviens à la métaphysique, labyrinthe dont le fil conducteur est aussi sûr que les remèdes contre la phthisie, ce brillant insecte qui toujours escorte une flamme mourante; et cette réflexion me ramène à la simple physique et à la beauté des dames étrangères, comparée à celle de nos blanches et précieuses perles, véritables étés polaires, les unes *tout* soleil, et quelques autres *tout* glace.

73. Si vous l'aimez mieux, ce sont de vertueuses sirènes dont la tête est belle, et les parties inférieures celles d'un poisson [1], — non pas qu'elles n'aient, en général, pour leurs propres désirs, tous les égards convenables; mais, de même que les Russes se jettent dans la neige en sortant d'un bain chaud [2], ces créatures, vertueuses dans le fond, même alors qu'elles se montrent vicieuses, s'abandonnent avec ardeur aux plus grands écarts, puis tiennent en réserve le remords, pour s'y plonger ensuite.

74. Au reste, cela n'a rien de commun avec leur extérieur. J'ai dit que d'abord Juan ne les avait pas trouvées jolies; une belle Anglaise en effet dissimule,

---

[1] *Desinit in piscem mulier formosa supernè.*

(Horace, *De Arte poet.*)

[2] On sait que les Russes se jettent dans la Néva en quittant leurs bains chauds; singulière antithèse d'habitudes, qui ne paraît leur faire aucun mal.

(*Note de Lord Byron.*)

— sans doute par charité, — la moitié de ses appas. Elle aime mieux insensiblement glisser dans les cœurs que violemment y pénétrer, comme un ennemi dans une ville ennemie ; mais, sauf le premier instant (si vous en doutez, faites-en l'épreuve), elle ne manque pas de se conduire, à votre égard, en alliée sincère.

75. Elle n'a pas la démarche du cheval arabe ou de la jeune Andalousienne quand elle revient de la messe ; elle n'a pas, dans son costume, la grâce d'une Française, ou dans ses regards la flamme des filles d'Ausonie ; sa voix, bien que douce, n'est pas faite pour moduler ces airs de *bravoure* (dont je suis encore à concevoir le charme, et pourtant j'habite l'Italie depuis sept ans, et j'ai ou j'ai eu une oreille capable d'apprécier toute espèce de sons [1].)

76. Elle ne peut faire ces choses, et une ou deux autres, avec l'aisance et la vivacité qui nous séduisent et servent si bien la cause du diable ; elle n'a pas un sourire fripon ; elle ne sait pas trancher en une seule entrevue toutes les incertitudes (talent précieux pour sauver le tems et les peines) ; mais, en dépit des longueurs et des ennuis qu'elle vous donne à supporter, soignez-la, et vous serez payé au centuple de vos avances.

77. Et si réellement elle se prend d'une *grande passion*, c'est vraiment bien alors pour tout de bon.

---

[1] Voyez la note du poète sur la strophe 46 du chant XVI.

Neuf fois sur dix, c'est affaire de mode, de caprice ou de coquetterie ; c'est pur désir de se mettre en vue ; ravissement d'un enfant qui se voit paré d'une nouvelle ceinture, ou espérance de faire saigner le cœur d'une rivale ; mais la dixième fois sera un ouragan : on ne peut prédire ce qu'elle fera ou songera à faire.

78. La raison en est simple. — Si le scandale intervient, elle se voit déshéritée de sa *caste*, comme un autre Paria ; et quand la susceptibilité des lois a rempli les papiers publics d'un millier de commentaires, la société, cette porcelaine sans défaut, s'empresse (l'odieuse hypocrite!) de la bannir et de la reléguer, comme Marius, parmi les ruines de sa vertu ; car l'honneur est une Carthage qu'on ne reconstruit pas de sitôt.

79. Peut-être cela est-il pour le mieux, — peut-être est-ce l'interprétation du texte de l'Évangile : *Ne péchez plus, vos péchés vous sont remis.* — Mais laissons aux dévots le soin de faire eux-mêmes leurs comptes. Dans les autres pays, bien que sans doute fort à tort, la femme qui s'est égarée trouve toujours ouverte — la porte qui peut la ramener à la *vertu*. — Ainsi nomme-t-on la dame qui ne devrait jamais quitter le logis de personne.

80. Pour moi, je laisse la question au point où je l'ai trouvée ; seulement je sais que, grâces à la rigueur de notre morale, les gens oublient dix fois plus volontiers ses préceptes, et ne redoutent plus

— le crime, mais le scandale du crime. Quant à la chasteté, ce ne sont pas toutes les lois que rappellent vos plus sévères légistes, qui pourront la comprimer. Vous n'avez pu prévenir le délit, et voilà que vous l'aggravez en ne laissant que le désespoir à ceux qui voudraient se repentir.

81. Mais Juan n'était pas casuiste ; il s'était peu appliqué à l'étude morale du genre humain : d'ailleurs, sur plusieurs centaines de dames, il n'en trouvait pas une seule à son goût, un peu *blasé*, il est vrai. Il ne faut pas être étonné de l'écorce tant soit peu dure de son cœur : ses succès passés, sans lui donner trop d'orgueil, avaient cependant émoussé sa sensibilité.

82. Son attention était aussi distraite par le parlement et toutes les autres *houses* [1] ; souvent il venait s'asseoir, de nuit, sous la *galerie* [2], pour entendre les mémorables débats qui appelaient alors (et non plus, appellent) l'attention du monde : véritable tonnerre septentrional, dont les carreaux éclairaient

---

[1] Le parlement se compose de *the house of lords* (la chambre des lords), et *the house of commons* (la chambre des communes). Il y a de plus, à Londres, une foule d'édifices qui portent le nom de *house*, comme *Carlton-House*, *Mansion-House*, etc.

[2] *La galerie* où se placent les étrangers qui veulent assister aux séances de la chambre des communes peut contenir cent trente à cent quarante personnes : elle est placée en face du fauteuil de *l'orateur* (le président). Elle n'est ouverte que de nuit à ceux qui ont obtenu des billets de faveur. Les réglemens de la chambre défendent, même rigoureusement, à tout étranger de pénétrer dans le lieu des séances, mais ce réglement n'a jamais été bien exécuté.

jusqu'aux lieux où paissent les *musk-bulls*[1]. Juan s'était arrêté un instant derrière le trône, — mais Grey ne l'avait pas encore approché, et Chatham venait de le quitter [2].

83. Cependant, à la fin de la session, il vit ce noble spectacle (quand une nation est *réellement* libre) d'un roi élevé sur un trône constitutionnel, trône le plus glorieux de tous, en dépit de la terreur de ces despotes — dont l'éducation ne sera jamais complétée que par les conquêtes de la liberté. Ce n'est pas la splendeur seule qui pénètre de respect les yeux et le cœur, — c'est la sécurité publique.

84. Il vit aussi (n'importe ce qu'il est aujourd'hui) un prince [3], le prince des princes, riche d'espérances comme les premiers jours du printems, et dont le regard seul avait un charme magique. Le seing de la royauté était imprimé sur son front, et cependant il avait *alors*, et sans aucun alliage de

---

[1] Le *musk-bull*, taureau à musc, habite les régions polaires et les natives contrées des *aurores boréales*. On peut en voir la description et la figure dans le *Voyage de Parry à la recherche d'un passage nord-ouest*.

(*Note de Lord Byron.*)

[2] A l'époque du voyage de Don Juan, la tribune anglaise jetait, en effet, le plus vif éclat. A lord Chatham, l'illustre père de Pitt, venaient de succéder les Burke, les Sheridan, les Fox, les Wilberforce, etc.

Lord Grey, l'un des plus éloquens défenseurs des libertés anglaises, mais que l'on soupçonne de politique apostasie, depuis la mort de Castlereagh.

[3] Le prince de Galles, aujourd'hui Georges IV.

fatuité ou d'affectation ; la grâce, si rare en tout pays, d'un cavalier accompli de la tête aux pieds.

85. Comme nous l'avons dit, Juan fut donc admis dans la meilleure société. Là, je crains bien que, malgré son éducation et son bon naturel, il ne lui soit arrivé ce qu'on voit arriver le plus souvent ; — car son esprit, son enjouement et son air distingué l'exposaient aux plus fréquentes tentations, en dépit de ses efforts pour les éviter.

86. Mais auxquelles, où, avec qui, quand, et comment? voilà ce que je me garderai d'exposer à la hâte. Mon but (en dépit de tout ce qu'on peut dire) est uniquement la *morale*; je ne sais si le moment n'est pas arrivé d'humecter les paupières de mes lecteurs et d'épuiser tout ce qu'ils ont de sensibilité ; je voudrais édifier au pathétique un monument aussi colossal que la statue que le fils de Philippe pensait faire avec le mont Athos [1].

87. Ici finit le douzième chant de notre introduction. Quand nous en serons au corps de l'ouvrage, vous le verrez tout autre que ce qu'en conjecturent déjà certaines gens. Le plan n'est encore qu'en fermentation; il m'est donc impossible, lecteur, de commencer à l'étendre : c'est votre affaire et non la

---

[1] Un sculpteur avait formé le projet de transformer le mont Athos en une statue d'Alexandre, avec une ville dans une main, un fleuve, je crois, dans son gousset, et divers autres attributs du même genre. Alexandre n'est plus, mais l'Athos subsiste encore pour contempler avant peu, je l'espère, une nouvelle génération d'hommes libres.

(*Note de Lord Byron.*)

mienne. Le vrai talent ne doit rechercher ni craindre vos dédains.

88. Et si mon tonnerre ne gronde pas toujours, rappelez-vous, du moins, que je vous ai déjà donné la plus horrible tempête et la plus belle bataille qu'on ait jamais obtenues des élémens ou des glaives : ajoutez le plus sublime des — ma foi je ne sais quoi. — Qu'exigerait de plus un usurier ? et pourtant, mon plus beau chant, après celui qui traitera de l'astronomie, est celui que je consacrerai à l'*économie politique*.

89. Ce sujet est la condition de la popularité. Aujourd'hui, quand il reste à peine une seule barrière à la liberté publique, il est d'un bon patriote d'indiquer le meilleur moyen de la briser. Ainsi, *mon plan* (à moins que par singularité je ne le mette en réserve) ne peut manquer d'être adopté. En attendant, lisez tous les *amortisseurs* de la dette nationale, et venez me dire ce que vous pensez de nos fameux penseurs.

Chant Treizième.

1. Maintenant, j'entends être sérieux : — il le faut, puisque le rire lui-même devient une affaire sérieuse, et que maintenant la vertu juge criminel, et la critique dangereux, de tourner le vice en ridicule. D'ailleurs, la tristesse est une source de sublime (un peu fatigante, il est vrai, quand elle se prolonge), et telle qu'un vieux temple appuyé sur une seule colonne, ma lyre ne va plus moduler que des accords graves et solennels.

2. Lady Adeline *Amundeville* (vieux nom normand que peuvent retrouver dans les généalogies ceux qui aiment encore à consulter ces derniers restes de la puissance féodale) avait une haute naissance ; elle était riche par la *grâce* dernière de son père, et belle, même dans un pays où les beautés sont extrêmement communes ; — la Grande-Bretagne (c'est du moins l'avis des véritables patriotes) étant le sol le mieux partagé en corps et en ames.

3. Je ne leur riposterai pas, ce n'est pas là ma *reprise*[1] ; je leur laisse leur goût, sans doute excellent.

---

[1] Dernier mot que prononce un acteur, et qu'attend l'interlocuteur pour reprendre.

Un œil est un œil ; qu'il soit bleu ou noir, peu importe ; commençons donc par déclarer absurde toute dispute sur les couleurs : — il ne faut s'inquiéter que des bonnes qualités ; car le beau sexe ne peut pas cesser d'être *beau*, et nul homme, avant trente ans, ne devrait supposer qu'il existât une seule femme *ordinaire*.

4. Mais une fois arrivée l'époque calme et tant soit peu insipide où notre lune cesse d'être dans son plein, et où commence pour nous une série de jours plus paisibles, nous acquérons le droit de critique et de louange. L'indifférence a déjà assoupi nos passions ; nous entrons dans les voies de la sagesse, puis notre visage et toute notre figure nous avertissent qu'il est tems de céder la place à de plus jeunes.

5. Je sais bien que plusieurs, mécontens, comme un homme en place, d'abandonner leur poste, emploient tous les moyens pour éloigner cette ère nouvelle. Efforts chimériques ; pour toujours ils ont passé la ligne équinoxiale de la vie ; mais il leur reste le Bordeaux et le Madère pour humecter l'aride déclin de leurs années. Les réunions de comté, le parlement, la dette publique, et je ne sais quoi encore, peuvent aussi leur apporter des consolations.

6. Et n'ont-ils pas la religion, la réforme législative, la paix, la guerre, les taxes, ce qu'on appelle la *nation*, et enfin l'espoir de devenir le pilote du vaisseau en tems d'orage ? N'ont-ils pas les spéculations immobilières et financières ? Au lieu des joies

de l'amour, illusion trop frivole, celles d'une haine mutuelle ne peuvent-elles entretenir la chaleur de leur sang ? La haine est, sans contredit, le plus durable des plaisirs : on aime pour un jour, et c'est à loisir qu'on déteste.

7. L'austère Johnson, ce grand moraliste, faisait un aveu sincère : c'est qu'il *aimait un homme sincèrement vindicatif*[1]. Voilà, depuis mille ans ou plus, la seule vérité qu'on ait eu le courage de professer; mais peut-être le vieux malin bonhomme la disait-il en plaisantant. — Pour moi, simple spectateur, je regarde les palais ou les chaumières, à peu près de l'œil du Méphistophélès de Goethe [2].

8. Mais je n'aime ni ne hais avec beaucoup d'excès : autrefois, il en était autrement. Si de tems en tems il m'arrive de ricaner, c'est que je ne puis faire moins, ou c'est que l'épigramme est utile à mes rimes. J'aurais été fort enclin à redresser les erreurs humaines et à prêcher le monde au lieu de le fustiger; mais Cervantes, dans son trop véridique roman de *Don Quichotte*, m'a trop bien montré l'extravagance de pareilles tentatives.

9. De tous les romans c'est le plus désolant; —

---

[1] « Monsieur, j'aime un homme qui hait franchement. » (Voyez la *Vie du docteur Johnson*, etc.)
(*Note de Lord Byron.*)

[2] Bien des personnes feront un crime à Lord Byron de cet aveu : dans le monde, il n'y a que les dupes ou les victimes des injustices sociales qui pardonnent à ceux qui témoignent leur mépris pour la société.

d'autant plus désolant, qu'il nous fait sourire. Son héros est honnête : il ne cesse de poursuivre la justice. — Terrasser les félons, voilà son but ; combattre les méchans, telle est sa récompense : c'est la vertu seule qui cause sa folie. — Mais que ses aventures sont douloureuses à suivre ! — Plus douloureuse encore est la grande leçon morale que tirent ceux qui réfléchissent de ce véritable poème épique.

10. Redresser les torts, venger les opprimés, secourir les dames et détruire les méchans, affronter seul les puissances réunies, et délivrer ses concitoyens asservis du joug de l'étranger : — faut-il, hélas ! reléguer tous ces nobles projets parmi les rêves illusoires de notre imagination ? Serait-il ridicule de courir après la gloire en dépit de tous les obstacles ? Et Socrate lui-même ne serait-il donc que le Don Quichotte de la sagesse [1] ?

11. Un sourire de Cervantes anéantit la chevalerie espagnole : d'une simple épigramme il rompit le bras droit de sa patrie. — L'Espagne, à compter de ce jour, n'enfanta plus que rarement des héros ; mais

---

[1] On pourrait soutenir avec avantage que les livres les plus pernicieux et les plus immoraux sont ceux qui, sous prétexte de châtier un ridicule, s'attaquent à l'excès même de la vertu ; car cet excès lui-même est encore respectable. Le *Misanthrope* de Molière, le *Don Quichotte* de Cervantes, le *Candide* de Voltaire, ont peut-être puissamment contribué à réduire le monde à cette habitude d'égoïsme et d'insouciance que l'on ne saurait trop déplorer aujourd'hui ; et du moins conviendra-t-on que l'effet de ces trois désolans chefs-d'œuvre n'est pas celui que produisent les *Satires de Juvénal*, *Tartuffe*, *Turcaret*, les *Lettres persanes*, ou même le *Don Juan*.

quand les romans la charmaient, le monde entier s'ouvrait devant ses brillans guerriers; tel fut l'effet du génie de Cervantes, et toute sa gloire, comme écrivain, devait être le prix de la ruine de sa patrie.

12. Je reprends *mes vieilles lunes* [1]; les digressions, et j'oublie lady Adeline Amundeville : de toutes les beautés que Juan avait vues, elle fut la plus fatale à son repos, et cependant elle n'était pas coupable et ne cherchait pas à lui nuire. Mais l'amour, mais la destinée (cette dernière est la meilleure excuse de nos sentimens intimes.), tendirent un filet sous leurs pas, et finirent par les y prendre. — Je voudrais bien les empêcher d'y tomber, mais la vie est un sphinx, et je ne suis pas un OEdipe.

13. Je dis l'histoire telle qu'elle est, et je ne puis hasarder une autre solution : *Davus sum* [2]. J'arrive maintenant au couple. Dans la ruche du beau monde, l'aimable Adeline était la reine-abeille et le miroir de tout ce qu'il renfermait de *beau*. Ses charmes obligeaient tous les hommes à parler, toutes les femmes à se taire. Or, c'était bien un miracle que ce dernier effet; ainsi le jugea-t-on dans le tems, et depuis, oncques ne s'est-il reproduit.

14. Elle était chaste, au désespoir de la médisance, et elle avait épousé celui qu'elle aimait le mieux, — un homme connu dans les conseils pu-

---

[1] Citation.

[2] Horace, satire VII, liv. II.

blics de sa patrie, froid, véritable Anglais, imperturbable, et pourtant capable d'agir avec feu dans l'occasion; fier de lui-même autant que d'elle; l'un et l'autre défiant la critique du monde, et paraissant se confier entièrement, elle dans sa vertu, lui dans sa *hauteur*.

15. Il advint que des questions diplomatiques relatives aux affaires publiques devinrent l'occasion de plusieurs conférences, dans leurs hôtels respectifs, entre lui et Don Juan. Malgré sa réserve et son habituelle défiance des spécieux dehors, il ne tarda pas à remarquer la grande jeunesse, la patience et les talens de Juan; ces qualités devinrent, dans son esprit altier, la base d'une véritable estime, et donnèrent naissance à ce sentiment mutuel qu'en style de cour on décore du nom d'*amitié*.

16. Ainsi, lord Henry était défiant autant qu'on pouvait l'attendre de sa réserve et de sa fierté habituelles; il ne se hâtait pas de juger un homme, — mais une fois qu'il avait arrêté son jugement, bon ou mauvais, avantageux ou défavorable, il le maintenait avec cette opiniâtreté orgueilleuse dont le flux impérieux n'admet pas de décroissance. Dans ses haines ou ses affections, il eût rougi de prendre un guide, parce que c'était à *son bon plaisir* qu'il appartenait d'en décider.

17. Voilà pourquoi ses amitiés et ses répugnances, quoique souvent bien fondées (et cela ne faisait que confirmer ses préjugés), ressemblaient aux lois des

Mèdes et des Perses : elles né pouvaient abroger ce qu'elles avaient précédemment résolu. Ses sentimens n'avaient pas les accès étranges et, pour ainsi dire, intermittens des volontés ordinaires ; il ne se chagrinait pas de ce qui aurait dû l'égayer ; — il laissait aux autres hommes cette inconsistance, véritable alternative de frisson et de transpiration brûlante.

18. « Il n'est pas au pouvoir des mortels de com-
» mander le succès ; mais *fais mieux*, Sempronius,
» *ne le mérite pas*[1]. » Et que l'on suive mon conseil, on ne s'en trouvera pas plus mal. Soyez circonspect, ayez égard au tems et sachez toujours vous en servir. Éloignez-vous de bonne grâce, si la presse est trop forte, et, quant à votre conscience, songez à la corroborer. — Semblable au maître d'équitation ou de pugilisme, elle fera, si vous l'y habituez, les exercices les plus difficiles, sans la moindre gêne.

19. Lord Henry aimait aussi à faire sentir sa supériorité ; grands ou petits, c'est la passion de tous les hommes : le plus humble trouve encore, du moins le croit-il, un plus humble qu'il soumet à son ascendant. Il n'est rien peut-être de plus insupportable que le fardeau d'un amour-propre solitaire, et les hommes se montrent toujours généreux dans sa répartition : quand ils se courbent, ils voudraient voir d'autres se traîner.

[1] Citation.

20. Juan, son égal en naissance, en fortune et en rang, ne lui permettait d'exiger aucune espèce de distinction. Mais il avait sur lui le désavantage des années, et celui non moins grand, à son avis, de la patrie; — car les fiers Bretons ont cette liberté de langue et de plume que réclament vainement aujourd'hui toutes les autres nations modernes. Lord Henry était d'ailleurs un orateur infatigable, et peu de membres du parlement quittaient la salle des séances plus tard que lui.

21. C'était bien là des supériorités, et alors il se disait, — c'était son faible, mais nullement son malheur, — que personne mieux que lui n'était peut-être au fait des secrets de la cour, attendu que lui-même avait été ministre. Il se plaisait à faire part de son expérience; surtout il brillait dans les momens de troubles. En un mot, il cumulait les qualités qui procurent le plus de faveur : il n'avait pas cessé d'être patriote, et avait été quelquefois en place.

22. Le gentil Espagnol lui plaisait à cause de sa gravité : il considérait aussi beaucoup en lui l'air docile et gracieux avec lequel, malgré sa jeunesse, il se rendait à ses raisonnemens, ou la fière humilité qu'en d'autres cas il montrait en le contredisant. Henry connaissait le monde; il ne voyait pas de dépravation dans des fautes qui souvent, comme des herbes parasites, attestent la fertilité d'un terrain : il faut pourtant que la première moisson les fasse à

jamais disparaître; — autrement elles deviennent trop difficiles à extirper.

23. Ils parlaient donc ensemble de Madrid, de Constantinople et d'autres semblables lieux éloignés, où les peuples suivent toujours les ordres qu'on leur donne, ou bien ont besoin de l'intervention étrangère pour s'en dispenser. Ils causaient aussi *chevaux* : Henry était un bon écuyer, comme la plupart des Anglais; il aimait les coursiers de race, et Juan, en digne fils de l'Andalousie, conduisait un cheval aussi facilement que les despotes conduisent un Russe.

24. Leur intimité se fortifiait dans les *routs* de grand ton, dans les dîners diplomatiques et ailleurs encore; — car Juan, comme un des premiers frères de la franc-maçonnerie, se trouvait partout à sa place. Henry avait la plus haute idée de ses talens, et ses manières annonçaient assez la noblesse d'extraction de sa mère. Or, tout le monde accueille avec empressement celui dont l'éducation n'est pas inférieure à la naissance.

25. *Blank-Blank*[1] *Square*; — car je ne veux pas, en désignant les rues, mettre sur la voie du *square*; les hommes, médisans comme ils sont, et toujours prêts à mêler leur ivraie au froment des auteurs, pourraient m'accuser d'avoir fait de scandaleuses allusions (auxquelles je n'ai jamais songé) à des aven-

---

[1] C'est-à-dire *tel et tel, anonyme*. Le premier *blank* remplace le nom de la rue; le second, celui du *square*.

tures amoureuses divulguées, ou qui doivent bientôt l'être. — Je commence donc par déclarer que *Blank-Blank* est le square où se trouvait l'hôtel de lord Henry.

26. Il *est* encore un autre charitable motif[1] pour conserver l'anonyme aux squares et aux rues. Dans la capitale il se passe rarement une saison sans que l'honneur de quelque illustre maison ne reçoive de graves et intestines atteintes, — dont la médisance s'empresse de faire son profit. Je pourrais trébucher, sans le savoir, sur une de ces maisons, à moins de m'être provisoirement enquis des squares les plus chastes.

27. Il est vrai que je pourrais choisir Piccadilly[2], endroit où l'on ne connaît pas les *peccadilles;* mais, bons ou mauvais, j'ai des motifs pour me tenir éloigné de ce chaste sanctuaire. Ainsi, je ne veux nommer rue, place ou *square,* tant que je n'en aurai pas découvert une à laquelle on ne puisse rien repro-

---

[1] Byron emploie ici le vieux mot *bin,* troisième personne du présent du verbe *to be* (être), qu'on retrouve dans un charmant couplet du *Cymbeline* de Shakspeare, acte II, scène 3. « Écoutez! écoutez! L'a» louette chante aux portes du ciel, et Phébus se lève pour rafraîchir » ses coursiers dans les sources qu'épanche le calice des fleurs. La mar» guerite commence à montrer ses yeux d'or; éveillez-vous, ma douce » lady, avec tout ce qui est beau dans le monde. Éveillez-vous, éveil» lez-vous! »

With every thing that pretty bin
My lady sweet, arise.

[2] Piccadilly est l'une des plus longues rues de Londres, et par conséquent de celles où les allusions indirectes seraient le plus équivoques.

cher; en un mot, un temple virginal de l'innocence de cœur. Telle est — Ma foi j'ai perdu mon plan de Londres.

28. Dans cet hôtel de lord Henry, à *Blank-Blank Square*, Juan était un hôte *recherché*[1] et toujours bienvenu ; le même accueil se faisait à plusieurs autres jeunes gens de famille, à quelques-uns qui n'avaient pour armoiries que leur mérite ou leurs richesses, passeport toujours excellent. D'autres encore devaient leur recommandation (la meilleure de toutes,) à la mode. Souvent il suffit d'un habit bien fait pour obtenir la préférence sur tous les autres.

29. Puisque *le salut est dans la multitude des conseillers*, comme l'a dit Salomon, ou quelqu'un pour lui, dans un moment de sagesse et de gravité, — et chaque jour nous en fournit bien la preuve dans le parlement, le barreau, les discussions verbales ; en un mot, partout où se peut déployer la sagesse collective. C'est même la seule cause qu'on puisse donner de l'opulence et de la félicité actuelle de la Grande-Bretagne. —

30. Mais de même que, pour les hommes, *le salut est enté sur le nombre des conseillers*, — pour les dames, une société nombreuse est la sauve-garde de la vertu ; ou si, du moins, elles viennent à chanceler, l'embarras du choix augmente alors leur indécision ; — la variété même leur présente un obstacle. L'as-

---

[1] En français.

pect d'une multitude de rochers *nous* met plus en garde contre les naufrages : il en est ainsi des femmes ; et dussent quelques personnages s'en irriter, une réunion de sots est la mère de la sûreté.

31. Mais Adeline n'avait pas besoin d'un pareil bouclier, qui réellement ne laisse plus rien à faire à la pure vertu ou à la bonne éducation. Sa principale ressource était dans la force de son ame, qui lui faisait toujours apprécier la juste valeur de chaque homme. Quant à la coquetterie, elle dédaignait d'en faire usage ; sûre d'être admirée, elle écoutait avec indifférence les éloges : c'était pour elle un tribut de tous les jours.

32. Pour tous, elle se montrait polie sans ostentation ; pour quelques-uns, elle témoignait cette sorte d'attention, flatteuse il est vrai, mais dont la flatterie ne peut porter la moindre atteinte à la dignité de l'épouse ou de la jeune fille. — C'était une aimable, une naturelle et expressive déférence pour ceux qui étaient ou passaient pour être des esprits supérieurs, — et qui n'avait d'autre but que de consoler ces soucieuses illustrations d'être illustres [1].

33. C'est, à dire vrai, sous tous les rapports et à

---

[1] Je ne puis m'empêcher de relever ici M. A. P. Il traduit ce vers

Just to console sad glory for being glorious

par : « Courtoisie suffisante pour consoler *de* la triste gloire d'être glo- » rieuse, » ce qui est inintelligible. Puis, en note, il prétend qu'il y a une *intention ironique dans ce pléonasme.* Il n'y a, dans ce vers, ni ironie ni même pléonasme : il n'y a qu'une belle pensée.

quelques exceptions près, un pénible et redoutable apanage. Examinez le maintien de ces personnages distingués qui furent ou sont aujourd'hui le point de mire des louanges, louanges de persécution ; examinez le plus vanté lui-même : dans le cercle lumineux qui éclaire ce vivant laurier, que reconnaissez-vous ? — un sombre nuage recouvert d'or.

34. Adeline possédait encore cette sérénité patricienne, polie dans ses formes, et qui ne dépasse jamais la ligne des expressions naturelles. C'est ainsi qu'un mandarin ne semble jamais trouver rien de beau ; — du moins se garde-t-il toujours de paraître agréablement surpris de quelque chose. — Et il se peut faire que nous ayons pris ce genre des Chinois, —

35. Ou peut-être bien d'Horace : son *nil admirari* était ce qu'il appelait *l'Art du bonheur*, art sur lequel ne sont pas d'accord les artistes, et qu'ils n'ont pas encore exploité avec grand succès. Quoi qu'il en soit, il faut user de circonspection : on n'a rien, certes, à redouter de l'indifférence, tandis que dans la bonne société un naïf enthousiasme est vraiment une morale ivrognerie [1].

36. Mais Adeline n'était pas indifférente, car (employons un lieu commun), de même que la lave d'un volcan recouvert de neige est plus brûlante, — *et*

---

[1] *A moral imbriety.* Notre mot *ivresse*, se prenant plus souvent sous un point de vue moral, n'aurait pas complètement rendu l'idée originale.

cætera. Continuerai-je? — Non ; je déteste de suivre à la piste une métaphore usée, et j'abandonne celle d'un volcan, trop fréquemment employée. Pauvres volcans ! combien ne vous avons-nous pas, moi et d'autres, réveillés, jusqu'au point de nous perdre entièrement dans vos fumées !

37. Un moment ! et je vous offrirai une autre figure. — Une bouteille de Champagne; qu'en dites-vous ? Refroidie en glace vineuse, il ne reste plus dans le centre que quelques gouttes, un verre à peu près, d'une immortelle rosée ; mais cette rosée est au-dessus de tout prix, et c'est la plus généreuse qu'on ait jamais exprimée de grappes généreuses.

38. C'est toute la matière spiritueuse réduite elle-même en quintessence. Ainsi que les plus froids dehors peuvent concentrer dans leur glace apparente un secret nectar; et tels sont bien des gens, — quoique pour le moment j'aie seulement en vue celle qui va offrir à ma muse l'occasion toujours désirée de débiter ses leçons de morale, — vos gens froids sont inappréciables une fois que vous avez rompu leur maudite glace.

39. Mais, après tout, cette apparente froideur est le passage nord-ouest qui conduit aux brûlantes Indes de l'ame [1]. Tant que les bons vaisseaux chargés de le découvrir n'auront pas exactement reconnu le

---

[1] Les fameux voyages du capitaine Parry à la recherche de ce passage fixent, depuis plusieurs années, l'attention de l'Europe. Jusqu'à présent le succès est loin d'en être incontestable.

pole, il en résultera (malgré les favorables présages que fournissent les efforts de Parry) que les explorateurs pourront fort bien échouer sur un banc ; et si le pole, au lieu de s'ouvrir devant eux, est entièrement fermé de glaces (chance fort possible), c'est un voyage ou un équipage perdus.

40. Et tandis que les jeunes novices feraient mieux (ainsi que ces navigateurs) de croiser d'abord paisiblement sur l'océan féminin : ceux qui n'en sont plus à leur début devraient avoir assez de bon sens pour rentrer au port avant que le tems n'ait arboré, devant leurs yeux, le signal de son grisonnant pavillon. Il faut savoir décliner le passé, le terrible *fuimus* de toutes les choses humaines, quand le dernier fil de la trame de la vie est prêt à se rompre entre l'héritier et la goutte dévorante.

41. Mais il faut bien que le ciel s'amuse : ses amusemens sont parfois, il est vrai, assez inhumains. —Il n'y faut pas réfléchir.—Le monde, après tout, justifie parfaitement (ne serait-ce que pour nous rendre courage) l'assertion que tout est bien comme il est ; et d'ailleurs cette doctrine diabolique des Persans sur les deux principes, enfante autant de doutes que toute autre doctrine qui jamais ait plaidé pour ou contre la foi.

42. L'hiver anglais,—finissant en juillet pour recommencer en août,—était maintenant écoulé. C'est le paradis des postillons : les roues s'ébranlent ; on les voit voler sur toutes les routes, à l'est, au sud,

à l'ouest ou au nord. Mais qui s'intéresse le moins du monde aux pauvres chevaux de poste? L'homme réserve sa sensibilité pour lui-même ou pour son fils, si toutefois ledit fils n'a pas augmenté, au collége, ses dettes plus que ses connaissances.

43. L'hiver de Londres! finit en juillet,—un peu plus tard quelquefois. Ici, vous pouvez m'en croire, mettez-moi sur le dos toutes les bévues qu'il vous plaira, je soutiendrai toujours qu'en ce moment ma muse a l'infaillibilité d'un tuyau thermométrique[2]. Notre baromètre, en effet, n'est-il pas le parlement? Laissons les radicaux attaquer chacun de ses actes, les sessions n'en sont pas moins notre seul almanach.

44. A peine son mercure est-il descendu à zéro, —allons! coches, chariots, suite, bagage, équipages! les roues tourbillonnent de Carlton-Palace à Soho[3]; heureux ceux qui ont pu trouver des chevaux à louer! Les chemins à barrière sont déjà surchargés de poussière, les *parcs* jaunissans respirent soulagés de notre chevaleresque et brillante génération.-Pour les industriels aux longs *mémoires*, et aux figures plus longues encore, ils soupirent—en voyant les postillons atteler les chevaux.

45. Eux et leurs mémoires, *Arcadiens tous deux*[4],

---

[1] C'est-à-dire les sessions du parlement. Le grand monde ne quitte la capitale qu'après la fin des débats parlementaires.

[2] *A glass of Weatherology.*

[3] *Soho Square*, environ à un demi-mille du palais de Carlton.

[4] *Arcades ambo.*

sont remis aux calendes grecques d'une autre session. Privés d'argent comptant, quelle espérance, hélas! leur reste-t-il? eh! bien, la jouissance entière de l'*espérance*, ou quelque généreux *bon*, accordé comme une faveur, à longue date,—époque où ils pourront le renouveler—et le passer, moyennant un grave ou léger escompte.—Ils peuvent encore se consoler au moyen de quelque surcharge.

46. Mais ce ne sont que des niaiseries. Déjà milord, assis les yeux fermés en face de milady, donne de la tête à droite et à gauche. « Allez! allez! des » chevaux! » Tels sont les mots que l'on prononce, et les coursiers sont changés aussi vite qu'après le mariage nos sentimens : déjà l'aubergiste complaisant a rendu de la monnaie ; les postillons n'ont pas à se plaindre du *pour-boire* ; seulement, avant que les roues graissées ne recommencent leurs révolutions, le garçon d'écurie sollicite un léger souvenir.

47. On le lui accorde, et le valet de chambre, ce gentilhomme des gentilshommes et des lords[1], monte sur le coussin de derrière avec la gentilfemme de milady, adroitement mais plus modestement parée que la plume d'un poète ne pourrait le peindre. *Cosi viaggiano i ricchi*[2]. (Excusez, par-ci, par-là, un petit salmigondis étranger ; je veux vous rappeler seule-

---

[1] La première fois, gentilhomme, *gentleman*, doit se prendre pour maître ; la seconde, pour citoyen anglais. Tout le monde s'intitule, en Angleterre, *gentleman*.

[2] Ainsi voyagent les riches.

ment que j'ai voyagé; car à quoi bon voyager si ce n'est pour apprendre à critiquer et à citer?)

48. L'hiver de Londres et l'été de campagne touchaient à leur terme. Il est fâcheux, peut-être, quand la nature revêt la mieux faite de ses robes, de passer dans une assommante ville les plus beaux mois de l'année; il est fâcheux que le rossignol gazouille ses derniers chants avant que les patriotes, attentifs à d'ennuyeux et pénibles débats, puissent songer à leur véritable *contrée*¹ ;—mais aussi pourquoi ne peut-on chasser (si ce n'est aux alouettes) avant septembre?

49. J'ai fini ma tirade. Tout le monde est parti; les deux fois deux mille individus pour qui la terre a été faite ont disparu, afin de pouvoir, comme ils disent, être seuls,—c'est-à-dire, avec une trentaine de domestiques, pour l'étiquette, et autant ou plus encore de visiteurs attendus journellement par autant de couverts bien servis. Gardons-nous d'accuser la vieille Angleterre de manquer aux lois de l'hospitalité! chacun s'y trouve bien accueilli, pourvu seulement qu'il soit homme de qualité.

50. Ainsi que le reste de leurs compères (ceux de la pairie²); lord Henry et lady Adeline quittèrent Londres : ils se rendirent à un superbe manoir, go-

---

¹ *Country*, campagne et patrie.
² *Like the rest of theirs compeers*
The Peerage.

thique Babel d'un millier d'années[1]. Nul ne pouvait plus qu'eux se glorifier d'une ancienne origine; le tems avait marché à travers les héros et les beautés de leur race: des chênes aussi vieux que leur généalogie rendaient encore témoignage de leurs ancêtres, et chacun de ces arbres signalait une tombe refermée.

51. Chaque journal fit sur leur départ un alinéa, et voilà la gloire de nos jours : il est triste qu'elle ne puisse rien obtenir de plus qu'un *avertissement* ou chose semblable[2]. Le bruit en est apaisé avant que l'encre n'en soit desséchée. — Le *Morning-Post*[3] en fit le premier l'annonce : « Aujourd'hui, départ
» de lord H. Amundeville et de lady A. pour leur
» résidence de campagne. »

52. « Nous entendons dire que les illustres hôtes
» se disposent à recevoir, cet automne, une partie
» nombreuse et choisie de leurs nobles amis. Nous
» savons même de bonne source que dans ce nombre
» devront être le duc de D., qui y passera le tems
» des chasses; plusieurs autres personnages favoris
» de la mode et de la fortune ; et, de plus, l'envoyé

---

[1] C'est-à-dire monument gothique qui rappelait l'histoire variée de mille ans.

[2] Je défie un Français ou un Anglais, quel qu'il soit, d'obtenir, à Paris ou à Londres, une réputation de vertu, de science ou de mérite littéraire, sans l'assistance préalable des journaux : je le défie encore d'obtenir, dans ces feuilles, la moindre mention honorable, si lui, ses amis ou ses cliens, ne l'ont long-tems, humblement et assidûment sollicitée. *Voilà la gloire de nos jours. Such is modern fame.*

[3] *Le Courrier du matin*, journal favori des salons.

» secret de la cour de Russie, étranger de la plus
» haute distinction. »

53. Nous voyons donc,—comment, en effet, douter du *Morning-Post*? (dont les paragraphes ressemblent aux *trente-neuf* articles de foi, toujours solennellement jurés à ceux qui y croient le plus [1]) ;— nous voyons que notre aimable Hispano-Russe devait briller parmi ceux qui allaient réfléchir les rayons lumineux de lord Henry, et qui, suivant l'expression de Pope, *avaient le courage de grandement dîner* [2], expression bizarre, mais juste.—Durant la dernière guerre, les papiers citaient plutôt les dîners de cette espèce que les tués ou les blessés.—

54. Ainsi, par exemple : « Jeudi il y eut un grand
» repas auquel assistèrent lords A. B. C. » — (Ici chaque comte ou duc se trouve désigné par ses noms, aussi pompeusement que s'il avait remporté quelque victoire.) Et plus bas, dans la même colonne, date de Falmouth : « Nous avons eu dernièrement le
» régiment *Slap-Dash* [3], si bien connu de la renom-

---

[1] La différence essentielle qui existe entre les diverses communions protestantes et la communion catholique, c'est que les premières ne reconnaissent aucune humaine autorité en matière de foi : mais, par une contradiction bizarre, l'église anglicane exige des luthériens, des calvinistes, etc., un serment de croyance aveugle à trente-neuf articles de foi, et ceux qui refusent de jurer sont dépouillés de la jouissance de tous les droits civiques.

[2] *Greatly daring dine.*
(Pope, *Satire*.)

[3] Ce nom revient assez bien, ici, à celui de *brise-tout, frappe-partout,* etc.

» mée. Il a fait, dans la dernière action, des pertes
» que nous regrettons. Les places vacantes sont rem-
» plies.—Voyez la *Gazette*. »

55. Le noble couple se dirigeait vers *Norman-
Abbey* [1], vieux, très-vieux monastère autrefois, et
maintenant manoir plus vieux encore. Son architecture offrait un rare et pompeux mélange de gothique,
et tous les artistes trouvaient fort peu de monumens
qui lui fussent comparables. Peut-être était-il situé
sur un terrain trop bas, mais les moines aimaient
mieux se placer devant, que *sur* une montagne,
afin de mieux mettre à l'abri des vents leur dévotion.

56. Il s'élevait au sein d'une vallée heureuse, couronnée par de hautes forêts où, semblable à Caractacus ralliant son armée [2], le chêne druidique dres-
sait contre les éclats de la foudre ses grands bras
étendus. De ces ombrages on voyait s'élancer les divers habitans des bois,—et, au lever du jour, le cerf
aux rameaux altiers descendait, suivi de toute sa
famille, et venait se désaltérer dans une source dont
le murmure ressemblait au gazouillement des oiseaux.

57. Devant le manoir reposait un lac profond,
vaste, limpide et sans cesse renouvelé par un ruisseau qui doucement se frayait un chemin à travers
l'onde endormie. L'oiseau sauvage y cachait son nid

---

[1] Sous ce nom, le poète va décrire l'*Abbaye de Newsteadt*.

[2] Voyez Tacite, *Annales*, liv. XII, 23-24.

dans les joncs et les fougères ; il venait confier sa couvée à ce lit humide, et des taillis inclinés sur les bords tenaient leurs vertes figures fixées sur le liquide cristal.

58. Le ruisseau se précipitait ensuite en cascade prolongée, et faisait jaillir des flocons d'écume, jusqu'à ce que, calmant ses plus bruyans échos, — semblable à l'enfant qu'on apaise, — il se perdit en chutes moins violentes, et enfin en paisible filet. Ainsi tempéré, il poursuivait son cours tantôt à découvert et tantôt cachant à travers les bois ses sinuosités : là, son onde était diaphane ; ici, elle semblait azurée, suivant la manière dont le ciel projetait les ombres.

59. Une haute voûte qui jadis (au tems de l'Église romaine) recouvrait la plus grande partie d'une aile, présentait, maintenant à l'écart, un imposant débris d'architecture gothique. Malheureusement pour l'art, l'aile n'était plus debout et cette voûte s'inclinait déjà, mais sans rien perdre de son orgueil, vers la terre. En contemplant cette ruine vénérable, le cœur le plus dur se sentait ému et déplorait involontairement le pouvoir du tems et des tempêtes.

60. Dans une niche, non loin du faîte, étaient jadis douze saints en pierre sainte ; mais ils étaient tombés, non pas quand tombèrent les moines, mais plus tard, durant la guerre qui précipita Charles de son trône. Alors, chaque maison était une forteresse, — comme nous l'apprennent les annales de tant de

familles éteintes dans la personne de ces braves *cavaliers* [1] qui combattirent vainement pour ceux qui ne savaient abdiquer ni régner.

61. Mais dans une niche plus haute encore, isolée, mais défendue par une couronne, la Vierge, mère du Fils de Dieu, regardait à l'entour, en tenant dans ses bras bénis son divin enfant. Je ne sais par quel hasard elle s'était maintenue quand tous les autres simulacres avaient été renversés, mais elle semblait métamorphoser en terre sainte le sol qu'elle dominait. C'est là peut-être une superstition vaine ou grossière; mais les derniers vestiges du temple, quel qu'en soit le dieu, inspirent toujours je ne sais quelles pensées religieuses.

62. Creusée dans le centre, une immense fenêtre bâillait maintenant désolée, et dépouillée des vitraux de mille couleurs qui jadis n'ouvraient passage qu'à ces larges éclats de lumière directement émanés du soleil, comme les ailes brillantes des séraphins. A travers ses ciselures, gémissaient les vents, tantôt furieux, tantôt caressans [2] ; et souvent le hibou venait chanter son antienne à la place où le chœur en-

---

[1] *Cavaliers* était, sous Charles Ier, le sobriquet des royalistes, et *têtes rondes* celui des indépendans.

[2] Byron consacrait ces derniers accens de sa muse au souvenir inspirateur de sa chère abbaye de Newsteadt. Si l'on vient à comparer la première pièce des *Heures d'oisiveté* à ces admirables strophes, on trouvera que le talent du poète s'était perfectionné, mais que son ame était restée la même.

tonnait des *alleluias*, maintenant étouffés comme la flamme sous les cendres.

63. Mais quand la lune était à la moitié de son cours, et que le vent traversait les cieux dans une seule direction, un murmure étranger à la terre, — un accent mélodieux, — un son mourant glissait à travers l'énorme voûte, se ranimait, puis expirait encore. Quelques-uns le prenaient pour l'écho lointain de la cascade, réveillé par la nuit et accordé par les murailles de l'ancien chœur;

64. D'autres pensaient qu'il fallait attribuer à quelque artifice d'architecture, ou bien aux accidens de la destruction, le don fait à cette ruine grise d'une voix mélodieuse : elle n'était pas comparable à celle qui sortait de la statue de Memnon, dès qu'elle était échauffée par les rayons du soleil égyptien ; mais triste, et cependant sereine, elle se prolongeait sur les arbres et sur la tour. Moi, j'en ignore la cause, je ne veux pas même la chercher; tel est le fait : — je l'ai, jadis, — et peut-être, hélas! trop entendue.

65. Au milieu de la cour murmurait une fontaine gothique, régulière, mais ornée de curieuses découpures; — c'étaient des figures bizarres comme celles d'hommes masqués : ici, une espèce de monstre, et là, un personnage canonisé. L'eau sortait de bouches grimacières faites en granit, et ce petit torrent soulevait, en tombant dans un bassin, un millier de bulles semblables à notre gloire frivole et à nos chagrins plus frivoles encore.

66. Quant au manoir lui-même, il était vaste, imposant, et offrait plus de traces monacales qu'ailleurs on n'en a su maintenir. Les cloîtres [1], les cellules et, je pense, le réfectoire, étaient encore debout. Une petite chapelle parfaitement conservée, et d'un goût exquis, n'avait pas été jugée indigne d'embellir l'ensemble : quant au reste, il avait été réformé, détruit ou reconstruit, et il parlait maintenant des barons plutôt que des moines.

67. De hautes salles, de longues galeries et des chambres spacieuses, dont l'art n'avait pas toujours légitimé la réunion, pouvaient, sans doute, choquer le goût d'un connaisseur ; mais quand l'œil les examinait réunies, cet ensemble, malgré l'irrégularité de toutes ses parties, faisait la plus forte impression, du moins sur l'esprit de ceux dont les yeux adhèrent au cœur. Un géant nous émerveille par sa taille, et nous ne songeons pas, du premier abord, à examiner s'il a bien toutes les proportions de la nature.

68. Parfaitement conservés, on voyait briller sur les murs des barons de fer transformés, à la génération suivante, en rangs soyeux de comtes galans et parés de la jarretière. Des lady Mary, aux tendres et pudiques couleurs, aux beaux et longs cheveux, conservaient aussi leurs siéges auprès de comtesses

---

[1] Toutes les éditions de la traduction de M. A. P. mettent *cloches* au lieu de *cloîtres*. C'est évidemment une faute d'impression, mais les éditeurs auraient dû la corriger dès la seconde édition.

plus âgées et plus richement vêtues, et non loin de quelques beautés de sir Peter Lely¹, dont les draperies justifient du moins une admiration désintéressée.

69. On y voyait encore des juges en hermine formidable, et dont le front ne semblait pas fortement inviter les accusés à espérer autant de leur justice que de leur pouvoir; des évêques qui n'avaient pas laissé un seul sermon; des avocats généraux au regard sévère, et plus amis, si j'en crois mon jugement, de la *chambre étoilée* que de l'*habeas corpus*;

70. Des généraux armés de pied en cap, qui combattaient dans ces vieux siècles de fer, où le *plomb* n'était pas encore le souverain arbitre; d'autres, avec la perruque des braves compagnons de Marlborough, épaisse comme douze de celles de nos tems dégénérés; des courtisans avec une baguette blanche ou une clef d'or; de nouveaux *Nemrodes*², dont la toile avait à peine pu retracer les coursiers; et, çà et là, quelque patriote intègre et austère, n'ayant pu obtenir la charge qu'il avait péniblement sollicitée.

71. Mais, pour distraire la vue, fatiguée de tant de gloire héréditaire, on trouvait çà et là un *Carlo Dolce*, un Titien, ou un groupe heurté du sauvage Salvator Rosa : là folâtraient les enfans de l'Albane; ici la mer brillait des lumières océaniques de Vernet,

---

¹ Sir Peter Lely, peintre du dix-septième siècle, a fait les portraits de toutes les dames de la cour de Charles II.

² De *violens* chasseurs.

et, plus loin, l'histoire des martyrs vous glaçait d'effroi, comme si, pour les peindre, L'Espagnollet eût plongé sa brosse dans tout le sang de tous les béatifiés.

72. De ce côté s'étendait délicieusement un paysage de Claude Lorrain ; de cet autre, l'obscurité de Rembrandt luttait contre la lumière elle-même, sans désavantage ; ou la couleur sombre du sombre Caravage venait brunir quelque maigre et stoïque anachorète. — Mais que vois-je ? c'est un Teniers qui essaie d'offrir à nos yeux des tableaux plus séduisans : son gobelet au large bord m'a vraiment rendu aussi altéré qu'un Danois [1] ou un Hollandais. — Holà ! qu'on m'apporte un flacon de vin du Rhin.

73. Oh ! lecteur, si tu as bien voulu lire, — et si tu sais qu'il ne suffit pas d'épeler, ou même lire, pour mériter le nom de lecteur, mais qu'il est d'autres

---

[1] Si je ne me trompe, *vos Danois* sont un des peuples cités, par Iago, *pour exceller dans l'art de boire* *.

(*Note de Lord Byron.*)

* Voyez *Othello*, act. II, sc. 3, non pas dans la traduction de Letourneur, qui a *décidé* que le passage auquel Lord Byron fait allusion n'avait *aucun sens*, et en conséquence n'a pas jugé à propos de le traduire, mais dans le texte original. — CASSIO (après avoir entendu chanter Iago) : « Par le ciel, voilà une » excellente chanson. — IAGO : Je l'ai apprise en Angleterre, où vraiment sont » les plus *forts* buveurs du monde. Vos Danois, vos Allemands et vos gros ven- » tres de Hollandais (à boire donc !) ne sont rien près des Anglais. — CASSIO : » Comment ! les Anglais sont si bons buveurs ? — IAGO : Ils vous *avaleraient* » avec facilité les Danois ivres-morts ; ils mettraient à bas les Allemands en un » tour de main, et ils feraient rendre gorge aux Hollandais avant qu'on n'eût » rempli une quatrième pinte..... Oh ! le bon pays que l'Angleterre ! »

On sent que de pareilles tirades devaient exciter les gros éclats de rire de John Bull.

vertus dont nous avons tous deux également besoin : la première, c'est de commencer par le commencement, — condition fort dure à la vérité ; la seconde, c'est de continuer ; la troisième, c'est de ne pas commencer par la fin, — ou, dans ce dernier cas, de finir au moins par le commencement. —

74. Lecteur! tu viens de montrer bien de la patience, pendant que, sans les moindres remords de rime ou de crainte, j'ai construit un édifice et l'ai si minutieusement détaillé, que Phébus doit me prendre pour un véritable crieur d'enchères. Que dans les tems les plus reculés les poètes aient eu la même habitude, c'est ce dont on peut se convaincre par le *Catalogue de vaisseaux* que nous a donné Homère ; mais il faut à un simple moderne plus de modération, — ainsi je vous fais grâce des meubles et de la vaisselle.

75. Le mûrissant automne arriva ; avec lui, et pour jouir de ses douceurs, arrivèrent les hôtes attendus. Les épis sont tranchés, les domaines sont pleins de gibier. Déjà le chien d'arrêt furète et le chasseur en veste rousse bat les champs ; — son œil a la précision de celui du lynx ; sa carnassière se gonfle ; il fait des coups *magnifiques*. Ah ! perdrix grises ! ah ! glorieux faisans ! ah ! surtout vous, méchans braconniers ! — ignorez-vous donc qu'il n'est pas de *chasse* [1] pour les paysans ?

---

[1] *'Tis no sport for peasants. Sport* signifie en même tems *chasse*, et toute espèce de plaisirs.

CHANT TREIZIÈME.

76. L'automne anglais n'offre pas, il est vrai, des sentiers bordés de vignes et de ces longues guirlandes chères à Bacchus, où s'entrelacent des grappes vermeilles comme dans les pays chéris du dieu de la poésie et de la lumière; mais il présente un choix des vins les plus choisis et les plus chèrement payés, tels que le Bordeaux léger ou le vigoureux Madère. Si la Grande-Bretagne se plaignait de ses frimas, nous pourrions donc lui dire qu'après tout la meilleure des vignes est la cave.

77. D'ailleurs, si elle n'a pas cet aspect serein qui, dans le midi, donne aux derniers jours d'automne l'air d'annoncer un second printems, et non un hiver refrogné, — l'Angleterre est du moins alors une mine de jouissances intérieures : — elle a l'avantage de brûler les premiers charbons *de mer*[1] de l'année, et, à l'extérieur, ses fruits parviennent à une complète maturité; ils gagnent même en jaune tout ce qu'ils perdent en vert.

78. Et pour ce qui regarde la *villeggiatura*[2] efféminée, — plus peuplée d'animaux encornés[3] que de chiens courans, elle a les plaisirs de la chasse, plaisirs si vifs, qu'ils seraient capables de décider

---

[1] Le charbon de terre, ainsi appelé parce que l'Angleterre le reçoit du continent.

[2] Les campagnes. Le poète leur donne ici l'épithète d'*efféminées*, parce qu'il n'y voit que les châteaux des nobles propriétaires et les plaisirs dont ils deviennent le centre pendant l'automne.

[3] Non-seulement les bestiaux ruminans, mais surtout les cerfs, les chevreuils, etc.

un saint à jeter là son rosaire pour se joindre à la joyeuse troupe des chasseurs. Nembrod lui-même eût quitté les plaines de Dura [1] pour venir endosser nos vestes d'automne. — En un mot, si l'on n'y voit pas de sangliers, on y trouve, en revanche, une réserve de *porcs* [2] apprivoisés, auxquels on devrait bien donner la chasse.

79. Les nobles hôtes rassemblés à l'abbaye étaient (le beau sexe d'abord) la duchesse de Fitz-Fulke, la comtesse Crabby, les ladies Scilly et Busey, — miss Eclat, miss Bombazeen, miss Mackstay, miss O'Tabby et mistress Rabbi, la femme du riche banquier : — ajoutons l'honorable mistress Sleep, qu'on eût prise pour un agneau blanc, et qui n'était qu'une brebis noire ;

80. Et d'autres comtesses de... *néant*, — mais de rang [3], en même tems la *lie* et l'élite des sociétés : elles s'y glissaient, comme l'eau filtrée dans une citerne, entièrement pure et déchargée de ses ordures primitives; ou comme le papier converti en argent par la banque. N'importe comment ni pourquoi, le même *passeport* garantissait les *passées* et le passé ; car le beau monde n'est pas moins cité pour sa tolérance que pour sa piété ;

---

[1] Ou *Dara*, plaine d'Assyrie, où plus tard Nabuchodonosor fit placer la statue d'or que ne voulurent pas adorer les trois jeunes Hébreux. (Voyez Daniel, ch. III, v. 1.)

[2] Le mot *bore*, porc, sert à désigner, en Angleterre, ceux qu'en France nous appelons plus volontiers *ânes*.

[3] *Of* blank, — *but rank*.

81. C'est-à-dire, jusqu'à un certain point, et ce point est de la plus difficile ponctuation. Il semble que les apparences forment le gond sur lequel roule la haute société. Jamais on n'y entend l'explosion : *Sors d'ici, sorcière*[1] ! Chaque Médée a, pour la défendre, un Jason ; et pour revenir au *point*, avec Horace et le chantre de *Morgante* : *Omne tulit punctum quæ miscuit utile dulci*[2].

82. Je ne puis tracer avec exactitude leur système de justice, mais il offre certainement quelques rapports avec la loterie. J'ai vu une femme vertueuse écrasée par le pur effet des intrigues d'une coterie[3], et, dans une autre occasion, une matrone telle-quelle[4] défendre hardiment et heureusement sa place honorable dans le monde, y briller comme la *Siria*[5] de cette sphère, et échapper, avec un peu d'adresse, aux plus légères railleries.

83. Et j'en ai vu plus que je n'en dis : — mais voyons ce que va devenir notre *villeggiatura*. La réunion peut se composer de trente-trois personnes de la plus haute classe, — les véritables bramins du ton. J'en ai déjà cité un petit nombre, non pas dans

---

[1] *Witch*, sorcière, se prend aussi pour *trompeuse, femme qui en impose.*

[2] *Celle-là réussit de tout point, qui mêle l'utile à l'agréable.*

[3] Toutes les éditions de la première traduction portent *loterie* au lieu de *coterie*. (Voyez la note de ce chant, str. 66.)

[4] *A so-so matron.*

[5] Féminin forgé de *Sirius*, ou le *Grand chien*, la plus brillante des constellations.

l'ordre de leur rang, mais suivant les inspirations du hasard ou de la rime. Dans le nombre se trouvaient, par voie de contraste, quelques Irlandais *absens* [1].

84. Là se trouvait encore *Parolles* [2], duelliste légal, qui borne le théâtre de ses exploits au sénat et au barreau : si vous l'appelez dans une autre lice, vous le trouverez beaucoup plus friand des débats que des combats. Il y avait le jeune poète Bach Rhyme, dont le nom était récemment célèbre, et qui brillait comme une étoile de six semaines. Il y avait lord Pyrrhon, ce fameux indépendant, et sir John Pottle-Deep, cet excellent buveur.

85. Le duc de Dash, qui était un duc *bien complètement duc* [3]; — douze pairs, comme à la cour de Charlemagne, — si bien pairs de corps et d'esprit, qu'il n'y avait pas d'œil ou d'oreille qui pût les prendre pour des *commoners* [4]; les six misses Rawbolds,

---

[1] *Absentees.* Ce mot s'applique spécialement aux personnes qui négligent de paraître dans les réunions où les appellent leurs fonctions. Byron ici fait allusion aux lords qui quittèrent l'Irlande en assez grand nombre, pendant le dernier voyage de Georges IV dans cette île, afin de se dispenser de lui faire leur cour.

[2] Byron semble vouloir ici désigner le fameux Brougham, membre du parlement, rédacteur de la *Revue d'Édimbourg*, à l'époque des démêlés du poète avec ce journal. (Voyez aussi la strophe 15 du ch. x.)

[3] *Duke* ou *duche* répond aussi, en anglais, à notre mot *canard*; c'est cette double signification que le poète applique ici à milord *Dash.*

[4] Le mot *commoner* se dit quelquefois de tous les citoyens qui ne sont pas pairs de la Grande-Bretagne, mais plus spécialement des membres de la chambre des communes. On sait que Pitt, avant de consentir à recevoir le titre de lord Chatham, se glorifiait de celui de *grand*

— chères et jolies créatures, tout gosier et sentiment, dont le cœur aspirait moins après un couvent qu'après quelque coronet;

86. Quatre honorables misters dont l'*honneur* précédait beaucoup plus qu'il ne suivait les noms [1]; le chevalier de la Ruse, que la France et la fortune avaient daigné jeter sur nos rivages, et qui avait, pour amuser la société, un talent incomparable; mais les clubs trouvaient trop que sa gaîté était son affaire sérieuse, car, — telle était la magie de son amabilité, — les dés eux-mêmes semblaient charmés par l'effet de ses reparties :

87. Dick [2] Dubious, ce métaphysicien, amant de la sagesse et de la bonne chère; Angle, le soi-disant géomètre; sir Henry Sylver-Cup, le grand vainqueur aux courses de chevaux; le révérend Rodomont Précisien, moins ennemi des péchés que des pécheurs; et lord Auguste Fitz-Plantagenet, capable de tout, et surtout de faire des gageures :

88. Puis Jack Jargon, le gigantesque officier aux gardes; le général Fire-Face, célèbre dans les camps, grand tacticien, et non moins grand homme de guerre, le même qui, dans la dernière guerre, avait

---

commoner, et qu'il se repentit bien amèrement, par la suite, de l'avoir perdu.

[1] C'est-à-dire plus honorables de nom que d'effet. — Le titre de *mister*, immédiatement au-dessous de celui de sir, répond assez bien à notre vieux *messire*.

[2] Pour Rich, Richard, comme prononcent les enfans.

tué moins d'*yankees*¹ qu'il n'en avait mangé ; cet amusant juge de Galles, Jefferies Hardsman, si profondément pénétré de la gravité de son office, que jamais, lorsqu'un accusé venait recevoir sa condamnation, il ne manquait de lui dire, pour le consoler, le petit mot pour rire².

89. La bonne compagnie est vraiment un échiquier : — on y voit des rois, des reines, des évêques³, des cavaliers, des filous⁴ et des usuriers⁵. Le monde lui-même est un jeu, et n'était que les marionnettes y dansent avec les fils de leur choix, je lui trouverais beaucoup de rapports avec les tours du joyeux Polichinelle. Vous voyez que ma muse est un léger papillon sans dard et sans dessein de nuire : elle voltige dans les airs, et ne se pose que rarement. — Si elle était un frélon, elle verrait peut-être des vices qui l'irriteraient.

90. J'oubliais, — mais j'avais tort, — un orateur, le dernier de la session⁶, qui avait convenablement

---

¹ Quand les Anglais abordèrent pour la première fois en Amérique, les Indiens prononçaient leur nom *Yonguish* au lieu de *English*. De là vient le sobriquet *Yankees*, donné aux Anglo-Américains.

² Le fameux Jefferies, dont le nom est devenu une cruelle injure, avait la même habitude, et les accusés n'eurent jamais un juge plus plaisant que lui.

³ La pièce que nous appelons *fou*, les Anglais l'appellent *bishop*, évêque.

⁴ *Rook* signifie un *fripon* et une *tour*. C'est un vieux mot français qu'on trouve encore dans Brantôme.

⁵ *Pawns*, chez nous les *pions*.

⁶ C'est-à-dire celui qui avait prononcé le dernier discours de la session.

débité un beau discours d'apparat, sa première, sa virginale tentative de discussion. Les journaux retentissaient encore de ce début[1]; il avait fait une vive impression; on le comparait à tous ceux qui, chaque jour, sont considérés comme *le meilleur premier discours qu'on ait jamais fait.*

91. Fier de ses *écoutez!* fier de son vote et de la perte de sa virginité oratoire; fier de son savoir (justement assez étendu pour lui fournir des citations), il se complaisait dans sa gloire cicéronienne. Il avait, pour apprendre des mots, une mémoire excellente; il possédait tout l'esprit nécessaire pour tramer un calembourg ou conter une histoire : doué, d'ailleurs, d'un léger mérite et d'une énorme effronterie, il venait maintenant, *orgueil de sa contrée*, visiter lui-même la contrée[2].

92. Il y avait encore deux beaux-esprits d'une réputation universelle; c'était Longbow d'Irlande, et Strongbow de Tweed[3], tous deux légistes et tous deux ayant reçu une excellente éducation. L'esprit de Strongbow était plus raffiné; Longbow était doué

---

[1] Toutes les éditions de la première traduction portent *débat* au lieu de *début* ; c'est encore une faute d'impression. Nous ne remarquons quelques-unes de ces grossières négligences typographiques que pour apprendre au lecteur à ne pas trop se fier aux pompeuses *annonces* des gazettes.

[2] Jeu de mots sur *country*, campagne et patrie.

[3] Grande rivière d'Écosse. Lord Byron veut évidemment peindre ici, sous le nom de Longbow et de Strongbow, Thomas Moore et Walter Scott.

d'une imagination riche, belle et fougueuse comme un coursier indompté, mais quelquefois trébuchant sur une pomme de terre [1] ; — mais les excellentes productions de Strongbow n'auraient pas été indignes de Caton.

93. Strongbow ressemblait à un clavecin nouvellement accordé ; Longbow avait les caprices d'une harpe éolienne qui, touchée par les vents du ciel, fait entendre une mélodie, tantôt vulgaire et tantôt ravissante. Jamais vous n'auriez voulu changer un mot aux conversations de Strongbow ; vous pourriez, au contraire, critiquer quelques phrases de Longbow : mais tous deux avaient un esprit supérieur ; — l'un par sa nature, l'autre par son éducation ; celui-ci par son ame, — et son rival par sa tête.

94. Si cette masse vous semble trop hétérogène pour l'agrément de la même maison de campagne, n'oubliez pas du moins qu'une réunion d'originaux vaut bien mieux qu'un monotone et ennuyeux tête à tête. Ils ne sont plus, hélas ! ces beaux jours de la comédie, qui réunissaient les *fous* de Congrève aux *bêtes* de Molière [2]. La société s'est perfectionnée au

---

[1] C'est-à-dire se laissant égarer par les préjugés de son pays (voyez la note de la strophe 7, chant IX). Moore a fait beaucoup de prose et de vers à la gloire de l'Irlande : on l'accuse d'avoir trop peu respecté les lois de la décence, si rigoureuses en Angleterre.

[2] Les travers dont Congrève s'est moqué dans ses comédies ne sont pas généraux et de tous les tems, comme la plupart des ridicules exploités par Molière. Congrève, aujourd'hui surtout, ne semble s'être moqué que des *fous* ; mais Molière a mis en scène, de préférence, de bons et crédules personnages toujours dupés par les fripons. M. Auger n'a pas man-

point de ne pas laisser plus de variété dans les mœurs que dans les costumes.

95. Les ridicules sont maintenant laissés en paix, — non qu'ils aient disparu, mais parce qu'ils sont trop insipides : les professions ne sont plus caractéristiques ; on ne trouve plus rien à exprimer du fruit de la folie, et bien qu'il y ait abondance de sottises, elles sont si fades qu'elles ne valent pas la peine d'être relevées. La société est devenue une horde policée divisée en deux grandes tribus, les *ennuyeux* et les *ennuyés* [1].

96. Mais nous voici, de fermiers, devenus glaneurs, et ce sont les épis rares, mais parfaitement cultivés, de la vérité que nous glanons. Puissiez-vous, dans ce cas, gentil lecteur, être l'opulent Booz, et moi — la modeste Ruth. Je pousserais plus loin mes citations, si l'Écriture ne me le défendait. Dans ma jeunesse, je fus fortement frappé de cette sentence de mistress Adams : « Hors de l'église on ne peut, sans blasphème, citer l'Écriture [2]. »

---

qué d'indiquer cette différence entre le premier auteur comique de l'Angleterre et le premier auteur comique du monde. (Voyez l'excellent *Discours sur la comédie*, qu'il a placé en tête de sa grande édition de Molière.)

[1] *The* bores *and* bored. La signification spéciale du mot *bore* répond, comme je l'ai déjà remarqué, à celle de *porc*; mais il se dit aussi fort bien des *sots*, des lourdauds et des fâcheux. Quant à l'adjectif *bored*, il signifie aussi *percé de part en part*, et peut servir à désigner ceux que nous appelons *des paniers percés* : dans cette dernière intention, les *bores* seraient les gros propriétaires, et les *bored* le reste du peuple.

[2] *Mrs. Adams répliqua à M. Adams que c'était un blasphême de*

97. Mais, dans ce vil siècle de paille, nous glanons ce que nous trouvons, quand même nous ne pourrions espérer de le moudre. — Il ne faut pas oublier ici l'aimable bavard, le fameux discoureur Kit-Cat qui, dans son livre de lieux communs, préparait chaque matin ce qu'il devait dire le soir. De grâce, *écoutez, ô écoutez-le — pauvre ombre, hélas* [1]! A combien de contre-tems ne sont pas sujets ceux qui étudient leurs *bons mots!*

parler de l'Écriture hors de l'Église (Joseph Andrews, derniers chapitres). Ce dogme était enseigné à un homme — le meilleur chrétien d'aucun livre.

(*Note de Lord Byron.*)

[1] Ici Byron, se représentant tous les accidens qui peuvent assaillir les conteurs de bons mots et de calembourgs, commence par citer plaisamment deux vers de la scène v d'*Hamlet*, premier acte. Nous sommes obligés de reproduire ici ce passage pour l'éclaircissement de notre texte.

L'OMBRE. — « Regarde-moi.

HAMLET. — » J'obéis.

L'OMBRE. — » L'heure va sonner où je serai forcé de retourner au » milieu des flammes sulfureuses et dévorantes.

HAMLET. — » *Pauvre ombre, hélas!*

L'OMBRE. — » Ne me plains pas, mais prête une oreille attentive à ce » que je vais te révéler..... Je suis l'esprit de ton père, condamné à » errer pendant un certain tems de la nuit, et le jour à être la proie des » flammes. S'il ne m'était pas défendu de raconter les secrets de ma pri- » son, je te ferais un récit dont le moindre mot déchirerait ton ame, » glacerait ton jeune sang, ferait que tes yeux, semblables à des étoiles, » sortiraient de leur orbite, et que les tresses bouclées et arrangées de ta » chevelure se hérisseraient sur ton front comme les dards du porc-épic; » mais ces éternelles souffrances ne doivent pas être portées à des oreilles » de chair et de sang. *Écoute, écoute, ô écoute!* Si jamais tu as été

98. D'abord il faut, à force de détours, qu'ils amènent la conversation à leur calembourg; secondement, ils doivent être sans cesse à la piste de l'occasion, ne jamais laisser passer un seul *pouce sans prendre aussitôt une aune* [1], — et, s'il est possible, faire une grande sensation; troisièmement, ils doivent craindre de reculer devant les malins causeurs qui veulent se mesurer avec eux, et toujours avoir soin de saisir le dernier mot, qui certainement est le plus important.

99. Les hôtes étaient donc lord Henry et sa dame; les conviés, ceux que nous venons de dépeindre. Leur table aurait engagé les ombres à passer le fleuve du Styx pour venir assister à des repas plus substantiels; mais je ne veux pas m'endormir sur les rôtis ou les ragoûts, bien que toutes les histoires du monde attestent que pour l'homme, — ce dévorant pécheur, — le vrai bonheur, depuis qu'Ève s'est avisée de manger une pomme, dépend beaucoup du dîner.

100. Témoin la terre où coulaient *des ruisseaux de lait et de miel,* et qui fut accordée aux faméliques

---

» l'amour de ton cher père, etc. » — Cette scène est si belle, que je suis fâché de ne pouvoir justifier une plus longue citation.

[1] *Nor* bate *(abate) theirs hearers of an* inch *.*
But take an ell. —

Byron donne ici un exemple de calembourg. *Inch* exprime plutôt ici *la plus petite chose, le plus petit mot;* mais il fallait conserver le jeu de mots.

Hébreux. Depuis, à cette passion nous avons ajouté celle de l'or, seul plaisir qui satisfasse notre attente. La jeunesse s'évanouit et emporte avec elle le soleil de nos jours; maîtresses et parasites, tout cesse bientôt de plaire; mais ô toi! coffre-fort ambrosial, qui jamais consentirait à te perdre, à l'âge où nous ne pouvons plus user ni même abuser de toi?

101. Les hommes partaient de bonne heure pour la chasse; les jeunes gens, parce qu'un fusil est, après le jeu et les fruits, la première chose que les enfans aiment; et les hommes d'un âge mûr, pour abréger la longueur du jour, car l'*ennui*[1], quoique sans nom dans notre idiome, est une plante d'origine anglaise. — Au lieu du mot nous avons la chose, et nous laissons aux Français le soin de désigner ce redoutable bâillement qu'il n'appartient pas au sommeil de détruire.

102. Les vieillards se promenaient dans la bibliothèque; feuilletaient les livres et discutaient le mérite des tableaux; ils faisaient piteusement un tour de jardin et donnaient divers avis sur la disposition des serres; ils montaient les bidets dont le trot leur semblait le moins dur; ils lisaient les papiers du matin; ils attachaient sur leur montre un regard impatient, et, à soixante ans, soupiraient, chaque jour, après le retour de la sixième heure[2].

---

[1] En français.

[2] Jeu de mots entre *sixti*, soixante, et *six*, six.

103. Mais personne n'était *géné*[1]. La grande heure de la réunion était sonnée par la cloche du dîner : jusqu'à ce moment, tous étaient maîtres de leur tems. — Ils pouvaient, en commun ou dans la solitude, essayer, à leur guise, de tromper les ennuis du jour, secret connu de bien peu de monde. Chacun se levait, s'habillait quand il le jugeait à propos, et déjeunait quand, où et comment il l'entendait.

104. Les dames, — les unes *rougies*, les autres un peu pâles, disposaient toutes de l'emploi des matinées. S'il faisait beau, elles caracolaient ou se promenaient; si le tems était contraire, elles lisaient, contaient des histoires, chantaient ou répétaient la dernière contre-danse parvenue du continent, raisonnaient de la mode qui devait le plus probablement venir et de la meilleure manière de porter les bonnets; ou bien encore, elles exprimaient d'un griffonnage de douze pages une petite lettre, qui allait rejeter sur chacun de leurs correspondans le fardeau de la première dette à acquitter.

105. Quelques-unes avaient des amans, toutes des amis, dont elles étaient éloignées. Il n'est rien sur la terre, et presque dans le ciel, — attendu qu'il est infini, de comparable aux épîtres des dames : j'aime beaucoup, je l'avoue, les mystères du missel féminin ; tel qu'un *credo*, jamais il ne développe ce

[1] En français.

qu'il expose, et il est fertile en ruses comme le sifflet d'Ulysse, quand il égara le pauvre Dolon. — C'est à vous de bien peser vos réponses à de pareilles lettres[1].

106. On trouvait aussi des billards, des cartes, mais pas de dés, — les gens d'honneur ne jouant que dans les clubs ; — des barques quand l'eau n'était pas emprisonnée, des patins quand la glace la recouvrait et que la rigueur du froid faisait perdre la piste du gibier. On pouvait encore goûter les plaisirs de la pêche à la ligne[2], ce vice solitaire, quoi qu'en ait dit ou chanté Isaac Walton. Je voudrais qu'à son tour le vieux, cruel et raffiné maraud eût eu dans la mâchoire un hameçon tiré par quelque pauvre petite truite[3].

107. Avec le soir arrivaient le banquet et le vin, la conversation, les duos, modulés par des voix plus

---

[1] Voyez, au dixième livre de l'*Iliade*, comment Ulysse parvient à arracher à Dolon le secret des projets d'Hector.

[2] M. A. P. a négligé de traduire le mot *angling* (à la ligne).

[3] Au moins cela lui aurait donné une leçon d'humanité. Cet impitoyable sentimental, qu'il est aujourd'hui de bon ton de citer (dans les romans), afin de faire preuve de véritable goût pour les innocens plaisirs et les vieilles ballades, nous apprend à coudre des grenouilles et à leur casser les os, comme des moyens de perfectionner l'art de la ligne, le plus cruel, le plus insipide et le plus stupide de tous les prétendus plaisirs. Ils nous parlent des charmes de la nature, mais le pêcheur de cette espèce n'a en vue que son plat de poisson : il n'a pas le loisir de perdre un instant de vue la surface de l'eau, et une seule *morsure* vaut mieux pour lui que le plus beau paysage du monde; d'ailleurs, il y a plusieurs sortes de poissons qui ne mordent que pendant les tems de pluie. La pêche de la baleine, du requin et du thon offre en elle-même quelque chose de noble et de hasardeux; celles du filet et de la nasse

ou moins divines (ce souvenir fait encore aujourd'hui tressaillir mon cœur ou ma tête). Quatre miss Rawbolds brillaient dans les allégros ; les deux plus jeunes couraient, de préférence, à la harpe, — parce qu'au charme de la musique elles joignaient celui de la posé gracieuse de leurs cous, de leurs bras et de leurs mains ravissantes.

108. De tems en tems (mais rarement les jours de sortie, les hommes étant alors trop fatigués.) la danse faisait voltiger quelques jolies sylphides. On se pressait d'échanger de petits mots ; on raillait, — mais sans oublier les convenances ; on applaudissait avec mesure à des charmes qu'il était impossible ou possible de ne pas admirer, et cependant les chasseurs poursuivaient encore, dans leurs récits, le fin renard; puis discrètement se retiraient — à dix heures.

109. Dans un coin écarté, les politiques raisonnaient de l'univers et fixaient la marche de toutes les sphères : les plaisans guettaient l'instant de montrer leur savoir-faire et de glisser adroitement leur *bon*

---

sont plus humaines et plus utiles ; — mais la ligne ! Un pêcheur à la ligne ne saurait être un bon homme.

« *Un des meilleurs hommes que j'aie connu*, — *d'un esprit aussi*
» *humain, aussi délicat, généreux et excellent qu'homme du monde,*
» *était pêcheur à la ligne : mais il faut ajouter qu'il péchait avec des*
» *mouches peintes, et qu'il était incapable d'adopter les extravagantes*
» *idées d'I. Walton.* »

Cette note est d'un de mes amis auquel j'avais donné à lire mon manuscrit. — *Audi alteram partem.* Je la laisse pour modifier ma propre observation.

(*Note de Lord Byron.*)

mot. Ils ont vraiment bien peu de repos, les faiseurs d'esprit; souvent ils gardent une simple malice des années entières avant de trouver l'occasion de la placer, et même alors il suffit d'un lourdaud pour la leur ôter [1].

110. Mais, dans notre société, tout était aristocratique et de bon ton ; tout était civil, froid, inanimé comme une figure de Phidias, tirée d'un marbre antique. Nous n'avons plus de ces *squire* Western [2] du bon vieux tems, mais nos Sophie, si elles sont moins romanesques, sont aussi belles ou même plus belles à voir. Nous n'avons plus des lurons [3] aussi accomplis que Tom-Jones, mais en revanche, des *gentlemen* à corsets, droits comme des pieux.

111. On ne se séparait jamais tard, c'est-à-dire jamais après minuit, — le midi de Londres. A la campagne, les dames gagnent leur lit avant que la lune ne commence à pâlir. Paix et sommeil à chaque fleur refermée ! — et puisse bientôt la rose retrouver au fond d'une alcove ses véritables couleurs ; le long repos sait le mieux nuancer les belles joues, et — du moins, pour quelques hivers, il peut ôter au fard de son prix.

---

[1] Ou bien encore, comme nous disons en France, *elle va mourir dans l'oreille d'un sot.*

[2] *Squire*, écuyer. — Nous connaissons tous le bon *Western* et l'aimable *Sophie* de Tom-Jones.

[3] *Black-guard* (mot à mot noire-garde) répond assez bien à notre mot *luron* ou *polisson*. Je crois que c'est de lui que vient le mot *blagueur*, fort usité dans la dernière classe du peuple.

Chant Quatorzième.

1. Seulement, si, de l'immense abîme de la nature ou de nos pensées, nous pouvions tirer une seule certitude, le genre humain peut-être découvrirait le fil qui le fuit sans cesse;—mais alors il bouleverserait plus d'une excellente philosophie, car les systèmes se dévorent les uns les autres. Ils ressemblent au vieux Saturne, — qui digérait même des pierres quand, au lieu de ses enfans, sa pieuse moitié lui en présentait à ses repas.

2. Mais tout système offre l'inverse des déjeuners de Titan; il dévore ses grands parens, malgré la difficulté d'une pareille digestion. Et, je vous prie, après toutes les recherches nécessaires, avez-vous jamais arrêté, sur un seul point, votre conviction? Révenez donc sur l'histoire du passé, avant de prendre fait et cause pour une démonstration, avant de la déclarer la meilleure de toutes. L'une des plus évidentes vérités, c'est qu'il ne faut pas se confier au témoignage de nos sens : or, quels sont vos autres moyens de certitude [1]?

---

[1] *L'autorité*, répond M. de La Mennais; cette doctrine, si révoltante au premier abord, est pourtant susceptible de la même démonstration que

3. Pour moi, je ne sais rien ; mais aussi je ne nie, n'admets, ne rejette ou ne méprise rien. *Vous*, dites ce que vous savez, si ce n'est peut-être que vous êtes né pour mourir? et même, après tout, l'un et l'autre peuvent cesser d'être vrais : un âge peut venir, source d'éternité, où rien ne distinguera plus la vieillesse de la jeunesse. Quant à la mort, du moins ce qu'on appelle ainsi, elle fait trembler tous les hommes, et cependant le sommeil emporte toujours un tiers de la vie.

4. Un sommeil sans rêves, après un long jour de fatigue, est ce que nous désirons le plus au monde; cependant, quel effroi n'inspire pas à la chair la vue d'une chair mieux assoupie [1] ! Le suicide lui-même, qui s'acquitte de sa créance avant qu'on ne la réclame de lui (vieille manière de payer ses dettes, fort regrettée des créanciers), rend avec impatience le dernier soupir, moins par ennui de la vie que par crainte de la mort.

5. Il la voit autour et près de lui ; ici, là, partout : c'est avec un courage né de la crainte, et de

---

celle qui voit tous les caractères de la vérité dans le témoignage des *sens réunis*. Chaque sens ou chaque homme est également trompeur, mais tous les sens ou tous les hommes proclament la vérité, *enarrant Deum*; ce qui revient à peu près à cette autre proposition : chaque homme est bavard, mais tous les hommes réunis sont muets; chaque femme est laide (c'est une supposition), mais toutes les femmes réunies composent ce qu'on appelle le beau sexe. Pourquoi faut-il que Pilate, après avoir demandé *quid est veritas?* n'ait pas attendu la réponse de l'Homme-Dieu ! (Voyez Évangile saint Jean, ch. XVIII.)

[1] C'est-à-dire combien les vivans ont peur des morts.

tous peut-être le plus désespéré, qu'il fait, pour la *connaître*, la dernière tentative: — Quand les montagnes hérissent leurs pointes au-dessous de vos pieds mortels, que de là vous plongez sur un abîme et voyez bâiller entre les rochers un gouffre terrible, — vous sentez bientôt naître le violent désir de vous y précipiter [1].

6. Vous ne le faites pas, il est vrai; — vous reculez, pâle et rempli de terreur : mais réfléchissez sur vos impressions et vous y trouverez (non sans frissonner au souvenir de vos propres idées) un entraînement involontaire, et salutaire ou trompeur, vers l'inconnu; une secrète envie de vous jeter, malgré toutes vos craintes.... — mais où? vous l'ignorez, et voilà pourquoi vous le faites (ou ne le faites pas).

7. Mais à quoi tend ce discours, direz-vous, ami lecteur? A rien. C'est une simple méditation que je ne puis justifier qu'en disant : Telle est mon allure. Tantôt à propos et tantôt hors de propos, j'écris sans délai tout ce qui me vient en tête; car je n'ai pas entrepris ce récit dans le but de vous faire un récit; c'est une base purement aérienne et fan-

---

[1] Une chose remarquable encore, c'est que le seul désir constant et par conséquent raisonné des malheureux aliénés, est de se précipiter au fond d'un puits ou du haut des fenêtres. Chose singulière, que le premier mouvement des hommes raisonnables, à l'aspect d'un précipice, soit celui qui domine continuellement les fous. Je définis la folie : *le désespoir de se sentir vivant*, et je pense que la véritable inhumanité est d'empêcher de mourir ceux qui en sont atteints.

tastique, destinée à supporter, à l'aide de lieux communs, des idées communes.

8. Vous savez, ou vous ne savez pas, ce que disait l'illustre Bacon : *Jetez dans l'air une paille, et vous pourrez voir d'où vient le vent.* Comme cette paille, la poésie, fille de l'esprit humain, suit toujours l'impulsion du souffle intellectuel. C'est un cerf-volant qui voltige entre la vie et la mort ; une ombre qui suit les pas des ames sublimes [1] : mais, pour la mienne, c'est une bulle que l'envie de plaire n'a pas enflée. Je ne la forme que pour jouer un instant, comme les enfans, avec elle.

9. Tout le monde est là devant moi, — ou derrière, car j'en ai déjà vu une partie, et bien assez pour en garder mémoire. — Pour ce qui est des passions, j'en ai assez éprouvé pour recueillir beaucoup de blâme, à la grande satisfaction de mon ami le genre humain, toujours ravi de mêler quelque alliage à la gloire ; car je fus célèbre dans mon pays, jusqu'au moment où je vins à le fatiguer de mes vers.

10. J'ai soulevé contre moi ce monde et même l'autre, c'est-à-dire les gens d'église, — qui ont lancé toutes leurs foudres sur ma tête, dans de pieux et nullement rares libelles. Mais enfin je ne puis me

---

[1] « *A shadow which the outward soul behind throws.* » M. A. P. traduit : « Une ombre que l'ombre laisse après elle, » ce qui est du pur galimatias. Plus haut il rend *a paper-kite* par « un cerf-volant *de papier.* » C'est un pléonasme ridicule. L'ame, un cerf-volant *de papier!*

tenir de griffonner une fois par semaine ; j'ennuie mes vieux lecteurs, et je n'en gagne plus de nouveaux. Jeune, j'écrivais par surabondance d'idées ; maintenant c'est parce que je sens que je deviens lourd.

11. « Mais alors pourquoi publier ? Quand on en» nuie le monde, on ne peut guère espérer de re» cueillir gloire ou profit. » A mon tour je demanderai : Pourquoi jouez-vous aux cartes, buvez-vous, lisez-vous ? — sans doute pour abréger l'ennui du tems. Eh bien, moi, je me distrais à reporter mes regards sur ce que j'ai vu ou médité de triste ou d'agréable, et je livre au courant les vers que j'écris ; ils surnagent ou s'engouffrent : — ils n'ont pas moins fait le sujet d'un de mes rêves.

12. Je ne sais si, même étant assuré du succès, je pourrais maintenant me résoudre à changer de manière [1] : j'ai tellement l'habitude du combat, qu'une seule défaite ne me déciderait pas à rompre avec les muses. Peut-être est-il malaisé d'exprimer ce sentiment, mais je proteste qu'il n'est nullement affecté ; quand vous jouez, vous avez l'alternative de deux plaisirs ; — c'en est un de gagner, c'en est un autre de perdre [2].

---

[1] M. West, dans le journal qu'il a publié de son séjour auprès de Lord Byron en Italie, raconte que le poète répondait souvent à la Guiccioli, quand elle l'engageait à s'occuper d'un autre poème que *Don Juan* : « *Je ne sais ce que je ferais sans mon cher Don Juan ; je ne* » *puis plus faire autre chose.* »

[2] Les véritables joueurs ne quitteraient pas la partie quand même ils auraient quatre-vingt-dix-neuf chances sur cent contre eux.

13. Et d'ailleurs ma muse n'est pas à la piste des fictions; elle recueille un répertoire de faits et (quelquefois avec des réserves et de légères restrictions) elle ne chante que les objets et les événemens qui peuvent intéresser l'homme. — C'est même la cause des contradictions qu'elle souffre, car, du premier abord, la vérité n'offre rien d'attrayant. Mais si ma muse se proposait pour but ce qu'on appelle la gloire, elle vous ferait avec moins de peine une toute autre narration.

14. Des amours, de la guerre, une tempête, — voilà pourtant de la variété. Ajoutez-y un assaisonnement de légères rêveries, une vue rapide de ce désert appelé la société, un coup d'œil jeté sur les hommes de toutes les conditions; que si vous ne voyez rien de plus, au moins devez-vous avouer que vous avez la satiété en réalité et en perspective, et, quoique ces dernières feuilles ne soient bonnes qu'à bourrer des valises, elles se vendront tout aussi bien que celles des premiers chants.

15. La fraction de ce monde que j'ai prise pour sujet du présent sermon est une de celles dont nous n'avons pas de description récente; il est facile d'en déterminer la raison : malgré l'éclat et la séduction des dehors, ses pierreries, ses hermines, ont une uniformité fatigante, et tous les individus qui la composent offrent une lourde et héréditaire identité vraiment peu favorable à l'inspiration poétique.

16. Ils ont tout pour tenter, peu de chose pour

exalter, et rien de ce qui parle à tous les hommes de
tous les tems. Une sorte de vernis recouvre chacun
de leurs défauts; leurs crimes eux-mêmes sont des
espèces de lieux communs. Passions factices, esprit
faux, absence totale de cette naïveté naturelle qui
donne à la vérité une expression sublime, insipide
monotonie de caractère (chez ceux du moins qui en
ont un), telles sont les qualités distinctives de la
haute société.

17. Quelquefois, il est vrai, semblables aux soldats après la parade, ils rompent leurs rangs et mettent avec joie de côté la discipline; mais bientôt le rappel les force à revenir effrayés : il faut que de nouveau ils reprennent ou paraissent reprendre leurs entraves. Je conviens que c'est une mascarade brillante; mais, quand vous avez bien à votre aise promené sur eux vos regards, vous vous fatiguez, — du moins a-t-il produit sur moi cet effet, — de ce paradis de plaisirs et d'ennui.

18. Quand une fois nous avons fait notre cour, joué notre jeu, mis notre habit, voté, brillé, et peut-être quelque chose de plus, dîné avec les *dandys*, entendu les pairs déclamer, vu des beautés livrées par vingtaines au plus offrant, et de pitoyables roués devenus de chastes maris plus pitoyables, nous n'avons plus, croyez-moi, d'autre alternative que d'être *assommés* ou *assommans* : témoins ces *ci-devant jeunes hommes*[1] qui luttent contre le cou-

---

[1] En français.

rant, et ne savent pas quitter un monde qui les quitte.

19. On dit, — on se plaint même généralement, — que personne n'a trouvé l'art de peindre le monde exactement tel qu'il devait être peint. Ce n'est, ajoute-t-on, que par l'indiscrétion des portiers que les auteurs ont pu soupçonner quelques légers scandales bien singuliers, bien élégans, qui ont fait le sujet de leurs railleries morales : leur style d'ailleurs est du plus mauvais ton ; c'est le langage de milady, surpris dans la bouche de sa femme de chambre.

20. Mais aujourd'hui cela ne peut plus être vrai : les écrivains sont devenus une partie prépondérante du beau monde ; je les ai vus balancer le crédit des militaires quand surtout, point fort essentiel, ils étaient jeunes. Comment donc se fait-il qu'ils aient également échoué dans ce qu'ils jugent eux-mêmes l'article d'importance, c'est-à-dire le *vrai* portrait de la classe supérieure ? En vérité, c'est qu'il y avait à en retracer trop peu de chose.

21. « *Haud ignara loquor* [1] ; » ce ne sont que des « *nugæ quarum pars parva fui* [2], » mais pourtant vive et active. Maintenant j'esquisserais beaucoup plus aisément un harem, une bataille, un naufrage ou une histoire attendrissante que de pareils objets. Aussi bien, je désire pouvoir m'en dispenser, pour des

---

[1] Je ne dis rien que je ne sache.

[2] Bagatelles auxquelles j'ai moi-même pris une courte part, il est vrai, mais, etc.

CHANT QUATORZIEME.

raisons que je ne veux pas dire. *Vitabo Cereris sacrum qui vulgaret* [1], c'est-à-dire le vulgaire ne doit pas être initié dans ces mystères.

22. Ce que j'en vais dire sera donc imaginaire, — gâté, dénaturé, comme ces histoires de franc-maçonnerie, qui ont autant de rapports avec la réalité que les voyages du capitaine Parry avec ceux de l'argonaute Jason. Il n'appartient pas à tous les hommes de voir le grand *arcanum* : ma musique aura donc quelques diapasons mystiques, et elle présentera un grand nombre de sons que ne pourra jamais apprécier l'oreille d'un profane.

23. Hélas! les mondes se perdent, — et la femme, depuis qu'elle a perdu le monde (tradition plus vraie que galante, mais strictement conservée), n'a pu s'affranchir de la tyrannie des formes. Pauvre esclave de l'usage! subjuguée, oppressée, victime dès qu'elle a tort, martyr quand souvent elle a raison, condamnée aux douleurs de l'enfantement, — de même que, pour leurs péchés, les hommes sont forcés de promener le rasoir sur leurs mentons ;

24. Tourment quotidien qui, dans son ensemble, compense celui de la *délivrance*. Mais, du reste, qui peut concevoir les véritables souffrances des femmes? Si l'homme prend à leur sort quelque intérêt, c'est surtout par défiance et par égoïsme ; et leur amour, leur vertu, leur éducation, leur beauté ne servent

---

[1] Je fuirai celui qui divulguerait les mystères de Cérès.

qu'à former de bonnes femmes de ménage et des nourrices [1].

25. Tout cela est fort bien, et ne peut même être mieux ; mais cela même est, Dieu le sait, fort difficile : dès sa naissance elle est assiégée de tant d'inquiétudes ! il lui est si difficile de distinguer ses ennemis de ses amis, et ses fers perdent sitôt la dorure qui les recouvre que, — mais seulement, demandez à la première femme venue (c'est-à-dire prenez-la à trente ans) ce qu'elle aurait préféré, de naître femme ou homme, écolier ou reine?

26. *L'influence du cotillon* est une grande injure, et ceux même qui s'y soumettent voudraient passer pour la fuir comme la carpe fuit le vorace brochet. Mais enfin c'est sous lui que nous sommes tous jetés sur la terre par les différens cahots du fiacre de la vie [2]. Je porte donc, pour ma part, une grande vénération au cotillon.—Quel qu'il soit, de bure, de soie ou de basin, c'est un vêtement mystérieux et céleste.

27. Je respecte beaucoup, et dans ma jeunesse j'ai souvent adoré ce voile chaste et divin qui, semblable au coffre de l'avare, renferme un trésor, et qui surtout nous enchante par ce qu'il dérobe à nos regards. — Fourreau d'or, qui recouvre une épée de damas ; lettre d'amour, dont le cachet est mystérieux ; préservatif de la douleur, — car quels ennuis

---

[1] Les dames anglaises vivent beaucoup plus retirées que nos Françaises.
[2] Il y a ici un peu d'obscurité ; les dames me pardonneront de ne pas la faire disparaître. M. A. P. n'a pas entendu ce passage.

seraient à l'épreuve d'un jupon court et d'une transparente cheville?

28. Et quand le jour est lourd et nébuleux, quand, par exemple, on sent glisser le souffle du siroco[1], que la mer fait jaillir au loin son écume d'un air menaçant, et que la rivière coule avec un rauque murmure, et que les cieux nous présentent cette vieille teinte grise, chaste et triste antipode des brûlans désirs, — eh bien, il est doux (s'il y a quelque chose de doux encore) d'entrevoir même une jolie paysanne.

29. Nous avons laissé nos héros et nos héroïnes dans ce pays dont la beauté, peu poétique il est vrai, ne vient pas du climat[2], et est entièrement indépendante des signes du zodiaque : son soleil, ses étoiles et tout ce qui pourrait y jeter de l'éclat, ses montagnes et tout ce qui s'y élève, offrent, en effet, la monotonie et l'aspect sombre d'un *créancier.* — Ciel ou industriel *gris*, c'est tout un[3].

30. Les détails de la vie intérieure sont moins inspirateurs ; mais, en plein air, ma muse se trouverait assiégée de pluies, de brouillards et de giboulées, qui contrarieraient singulièrement un plan pastoral. Quoi qu'il en soit, c'est au poète à vaincre

---

[1] Vent du sud-est qui, sur les bords de la Méditerranée, est le présage des orages.

[2] M. A. P. traduit : *Dans cette charmante atmosphère qui ne dépend pas du climat*, et le reste de la strophe d'une manière aussi intelligible.

[3] Jeu de mots sur *dun*, qui se dit pour *gris* et pour *créancier*.

toutes les difficultés, grandes ou légères ; à gâter ou à perfectionner ses plans, et à pénétrer hardiment au milieu de la matière, bien que souvent embarrassé, comme les esprits, par le contact du feu et de l'eau.

31. Juan, — semblable aux saints, du moins sous ce rapport, — prenait toutes les habitudes des gens divers avec lesquels il vivait : il était également heureux dans les camps, les vaisseaux, les chaumières ou les cours. — Doué de cet heureux caractère qui rarement se plaint et se décourage, et prenant toujours avec retenue sa part des plaisirs ou des peines, il pouvait réussir auprès des dames, sans tomber dans l'insipide fatuité de certains *damerets* [1].

32. La chasse au renard est un exercice peu familier aux étrangers, et c'est de plus pour eux l'occasion d'un double péril ; le premier, de tomber, et le second, de prêter à rire aux mauvais plaisans. Mais Juan sut bientôt parcourir les lieux sauvages aussi rapidement qu'un Arabe sait se venger, et son cheval, quel qu'il fût, bête de somme, de chasse ou de louage, sentait toujours qu'il avait un maître sur le dos.

33. Dans cette nouvelle lice le voilà maintenant, et non sans gloire, franchissant haies, fossés, pieux et doubles barrières, ne tâtant [2] jamais, faisant ra-

---

[1] *Without the coxcombry of certain* she—men.

[2] *Craning, to crane.* (faire la grue), est une expression employée pour peindre un homme qui avance le cou sur une haie *afin de mesurer*

rement des faux pas, ne s'irritant que lorsqu'on perdait la trace du gibier. Il est vrai qu'il ne respecta pas tous les statuts du code des chasseurs, — la jeunesse la plus sage est fragile ; il lui arriva quelquefois de courir sur les chiens, et même sur maint *gentleman* de campagne ;

34. Mais, à tout prendre, lui et son cheval remplirent leur tâche à l'admiration générale. Les *squires* s'émerveillaient qu'un étranger pût avoir tant de mérite ; les *ganaches* s'écriaient : « Diable ! qui l'aurait jamais pensé ! » — Sires les Nestors de la génération chasseresse prodiguaient les jurons louangeurs, et prenaient de lui occasion de rappeler leurs anciens coups ; il n'y avait pas jusqu'au conducteur de la meute qui ne lui accordât une grimace favorable et ne le jugeât presque digne d'être piqueur.

35. Tels étaient ses trophées : — non des lances ou des boucliers, mais des fossés, des ornières franchies, et de tems en tems des queues de renard. Cependant, je l'avouerai, — il le faut, et je ne puis ici me défendre, en bon citoyen anglais, d'une rougeur patriotique, — il était, au fond, de l'avis de

---

la distance avant de la franchir : cette courte halte dans sa *voltigeante ardeur* ne manque pas de faire tarder et pester ceux qui suivent immédiatement le temporiseur cavalier. « Monsieur, disent-ils alors, si vous ne vous décidez, cédez-moi le pas : » et l'apostrophe produit ordinairement l'effet attendu. Quand même le cavalier culbuterait, il n'en fraie pas moins le chemin, et les autres peuvent, sans danger, passer outre sur son cheval et sur lui-même.

(*Note de Lord Byron.*)

l'élégant Chesterfield qui, après avoir ardemment suivi une longue chasse à travers monts, plaines, bruyères, et je ne sais quoi encore, demandait le lendemain « s'il y avait des hommes qui pussent chas- » ser *deux fois* ? »

36. Juan avait d'ailleurs une autre qualité peu commune chez ceux qui veulent, après une longue chasse de décembre, se lever le lendemain avant que le coq ait forcé le jour à commencer sa lourde carrière, — qualité fort agréable aux dames qui, en versant le torrent de leurs douces paroles, ne sont pas fâchées d'avoir un saint ou un démon, peu importe, pour les écouter. — Juan ne s'endormait pas aussitôt le dîner ;

37. Mais, folâtre et léger, il restait sur l'alerte et faisait une grande partie des frais de la conversation, souriant toujours à ce qu'elles avançaient, prêtant surtout son attention aux points de discussion le plus en vogue : tantôt grave, tantôt badin, jamais maussade ou impertinent, et ne ricanant, l'adroit fripon ! qu'entre ses lèvres. Il se gardait bien surtout de relever la moindre erreur. — En un mot, c'était l'auditeur le plus précieux du monde.

38. Et puis il savait danser : — tous les étrangers surpassent les sérieux Anglais dans la pantomime. — Il savait, dis-je, danser parfaitement, avec vigueur, avec bon sens même, — point indispensable dans l'art des battemens. Il n'avait pas la moindre prétention théâtrale ou la tournure d'un maître de ballets instrui-

sant ses élèves, mais celle d'un homme véritablement de bonne maison.

39. Ses mouvemens étaient chastes et parfaitement retenus ; toute sa personne offrait la plus gracieuse élégance : tel que la rapide Camilla [1], il effleurait à peine la terre, et semblait toujours retenir plutôt que déployer sa vigueur. Il avait, pour sentir la musique, une oreille qui eût défié la rigoureuse critique de M. Double-croche, et ses pas étaient tellement précis, tellement classiques, qu'on eût vraiment pu le prendre pour un Boléro personnifié;

40. Ou pour une des *Heures fuyant devant l'Aurore*, dans cette fameuse fresque du Guide qui suffirait pour justifier le voyage de Rome, quand cette ville n'offrirait plus la moindre trace du seul trône de l'ancien monde. *Tout l'ensemble*.[2] de ses mouvemens avait une délicieuse grâce idéale bien rarement réalisée, et qu'on ne saura jamais décrire ; car, au désespoir des poètes et des prosateurs, les paroles sont privées de coloris.

41. Il n'est donc pas étonnant qu'il devînt à la mode et qu'on l'admirât comme un Cupidon plus qu'adolescent. Il avait, il est vrai, déjà perdu quelques avantages, mais on s'en apercevait à peine, et du moins il n'avait plus le moindre grain de vanité : tel était son tact délicat, qu'il savait également plaire

---

[1] Virgile, *Énéide*.
[2] En français.

aux beautés chastes et à celles qui suivent de moins bonnes inspirations. La duchesse de Fitz-Fulk, entre autres, qui aimait les *tracasseries*, ne tarda guère à lui faire quelques *agaceries*.[1] légères.

42. C'était une blonde déjà légèrement épanouie, belle, séduisante, d'un excellent ton, et qui, pendant plusieurs hivers, avait déjà brillé dans le *grand monde*[2]. J'aime mieux ne rien dire ici de ses exploits, c'est un sujet trop chatouilleux : ce qu'on en a d'ailleurs raconté peut fort bien n'être pas exact. En tout cas, ses dernières œillades à Don Juan donnèrent le coup mortel à lord Auguste Fitz-Plantagenet.

43. D'abord le visage du noble personnage se rembrunit visiblement; mais les amans feraient mieux de donner les mains à toutes ces licences, — véritables franchises de la corporation féminine. Malheur à l'homme qui hasarde, en pareil cas, les reproches ! il ne fera que précipiter un dénouement fort pénible il est vrai, mais inévitable pour tous ceux qui fondent sur les femmes le moindre calcul.

44. Le cercle sourit, chuchota, et puis critiqua. Les miss se redressèrent et les matrones sourcillèrent; les unes espéraient bien que les choses n'iraient pas aussi loin qu'on *devait* s'y attendre; les autres ne concevaient pas qu'il y eût de semblables femmes : celles-ci ne pouvaient croire moitié de ce qu'elles

---

[1] Ces deux mots français fournissent ici une rime à notre poète.
[2] En français.

entendaient dire ; celles-là montraient de l'inquiétude, d'autres de la préoccupation ; et plusieurs, enfin, plaignaient bien sincèrement le pauvre lord Auguste Fitz-Plantagenet.

45. Mais ce qu'il y a de singulier, c'est que personne ne s'avisa de prononcer le nom du duc de Fitz-Fulk, qui était bien cependant, on peut le croire, pour quelque chose dans cette affaire. Il est vrai qu'il était absent ; il passait même pour prendre peu de souci de ce que jugeait à propos de faire son aimable moitié : et s'il consentait à ses plaisirs, personne n'avait droit de le trouver mauvais. Leurs nœuds étaient d'ailleurs les plus indissolubles du monde : ils ne se voyaient jamais, afin d'éviter les ennuis d'une séparation.

46. Mais, ô Dieu ! comment ai-je pu tracer un pareil vers ? — Pour lady Adeline, ma Diane éphésienne, toujours également embrasée d'un amour abstrait pour la vertu, elle remarqua bientôt ce qu'il y avait de libre dans la conduite de la duchesse : elle s'affligea de lui voir prendre une si mauvaise route ; elle mit dans ses politesses plus de froideur ; elle frémit, elle pâlit en lui reconnaissant cette fragilité qui, seule, a le privilége d'affecter vivement le plus grand nombre de nos amis.

47. Rien, dans ce triste monde, n'est tel que la sympathie ; elle met dans un aimable accord notre ame et notre visage : c'est un harmonieux soupir au milieu d'une musique suave ; c'est une délicate den-

telle jetée sur la robe précieuse de l'amitié. Eh! que deviendrait l'humanité sans un ami? Qui saurait, de bonne grâce, nous faire toucher du doigt nos fautes? nous consoler avec un « *il fallait y regarder à deux* » *fois! — Ah! si vous aviez seulement voulu m'écou-* » *ter!* »

48. Tu avais, ô Job! deux amis; mais un seul peut nous suffire, surtout quand nous sommes mal à notre aise. Dès que le tems se couvre de nuages, ils sont mauvais pilotes, et ce sont des médecins moins célèbres pour l'importance de leurs cures que pour celle de leurs honoraires. Gardez-vous donc de grogner quand vos amis vous abandonnent : tels que la feuille des arbres, ils ont cédé à la première brise de vent. Quand vous aurez, d'une manière ou de l'autre, rétabli vos affaires, allez au café, vous en retrouverez de nouveaux [1].

49. Au reste, telle n'a pas été ma maxime; si elle l'eût été, je me serais sauvé de bien cruels tourmens. — Mais n'y pensons plus; — jamais je ne me ré-

---

[1] On lit, je crois, dans les Lettres de Swift ou d'Horace Walpole, qu'un jour quelqu'un regrettant la perte de son ami reçut d'un Pilade universel cette réponse : « Moi, quand j'en perds un, je vais au café » Saint James en reprendre un autre. »

Je me rappelle une anecdote du même genre. Sir W. D. était grand joueur : un jour on remarqua, dans le club dont il faisait partie, qu'il avait un air mélancolique. « Qu'avez-vous donc, sir William? s'écria Hare, de facétieuse mémoire. — Hélas! reprit celui-ci, je viens de *perdre* lady D... — Perdu! et à quel jeu? au quinze ou aux dés? » Telle fut la réponse consolante du questionneur.

(*Note de Lord Byron.*)

soudrai à m'enfermer, comme la tortue, dans une coquille impénétrable aux vagues et aux tempêtes. Mieux vaut, après tout, voir et sentir tout ce que peut ou non supporter la nature humaine. Cela donne aux personnes sensibles du discernement, et leur montre à ne pas mettre dans un crible les flots de leur affection.

50. Plus sinistre que le cri des hibous, le sifflement des vents nocturnes, ou la plus triste des hideuses notes qui accompagnent le malheur, est le *je vous l'avais bien dit* que nos amis marmottent à nos oreilles. Ces prophètes du passé, au lieu de nous indiquer ce qui reste de mieux à faire, se contentent toujours de nous dire qu'ils avaient prédit ce qui nous arrive, et c'est en nous remémorant de longues et vieilles histoires qu'ils nous consolent de la faible brèche que nous avons faite aux *bonos mores*.

51. Adeline, dans sa douce sévérité, ne se borna pas à plaindre une amie dont elle n'aurait pas contesté l'ancienne vertu, si sa conduite présente eût pu le lui permettre; elle s'intéressa également à Juan, mais elle tempéra son austérité d'une aimable pitié, la plus pure qu'on ait jamais décrite. Elle ne pouvait guère, en effet, s'empêcher de compatir à son inexpérience et (comme elle était son aînée de six semaines) à sa jeunesse.

52. Ces quarante jours, privilége de son âge (et elle ne craignait pas qu'on vînt à le vérifier sur le

registre de la pairie et des nobles naissances), la mettaient en droit de ressentir certaines inquiétudes maternelles sur l'éducation de notre jeune *gentleman*, bien qu'elle fût encore loin de cette année bissextile dont le tems frappe toujours en faisceau la longue surcharge (dans les computs féminins).

53. Cette année si longue peut être fixée un peu auparavant trente ans; — disons à vingt-sept; car je ne connais pas une seule dame, quel que soit le rigorisme de sa vertu, qui ait pu se décider à l'outrepasser, tant qu'il lui restait quelques traces de jeunesse. O tems! pourquoi donc ne pas t'arrêter? ta faux sans doute est chargée de rouille, bientôt elle sera incapable de trancher et d'abattre. Repasse-la; coupe plus doucement, plus lentement, ne serait-ce que pour conserver ta réputation de bon moissonneur!

54. Mais Adeline était loin de cet âge dont la maturité la plus succulente est encore pleine d'amertume : si elle était sage, c'était l'effet de son expérience, car elle avait vu et éprouvé le monde, comme je l'ai dit dans — j'ai oublié quelle page, et vous savez que ma muse est ennemie de tous les renvois. — Au reste, de vingt-sept ôtez six, et vous aurez justement le nombre de ses années.

55. Elle parut dans les cercles à seize ans; présentée, vantée, elle mit facilement en commotion tous les *coronets*; à dix-sept, le monde était encore enchanté de la Vénus que le brillant Océan venait

de produire. A dix-huit, bien qu'elle vît à ses pieds palpiter une hécatombe de dévoués courtisans, elle avait consenti à combler les vœux d'un nouvel Adam, regardé comme *le plus heureux des hommes.*

56. Depuis, elle avait embelli trois brillans hivers, toujours admirée, adorée, mais aussi tellement sage, que, sans affecter la moindre circonspection, elle avait dérouté la médisance la plus habile. Comment espérer, en effet, de recueillir d'un marbre sans défaut la plus légère esquille? Ajoutons qu'elle s'était ménagé, depuis son mariage, un moment pour accoucher d'un fils, — et avorter d'un autre.

57. Autour d'elle venaient amoureusement bourdonner les vers luisans ailés qui étincellent dans la nuit de Londres; mais nul n'avait un aiguillon redoutable pour elle; — elle n'était pas à la faible portée d'un fat. Peut-être elle eût voulu quelque plus digne adorateur; mais, en tout cas, il est certain qu'elle était irréprochable : et qu'une femme soit redevable de sa dignité à sa froideur, à son amour-propre ou à sa vertu, qu'est-ce que cela fait, pourvu qu'en effet elle se conduise bien ?

58. Je hais tous les *motifs*, autant qu'une bouteille arrêtée entre les mains tardives d'un hôte, qui laisse à nos gosiers impatiens tout le tems de se dessécher (surtout quand des politiques sont aux prises). Je les hais autant qu'un troupeau de moutons quand il soulève la poussière comme le *Simoon* soulève le

sable. Je les hais comme je hais un syllogisme, une ode du Lauréat¹ ou le *content*² d'un pair servile.

59. Il est triste de mettre au jour les racines de toutes choses ; elles sont trop profondément enfoncées dans la terre. Quand un arbre m'offre un charmant abri de verdure, pourquoi viendrai-je à me plaindre de ce qu'un gland lui donna naissance ? En remontant à la cause de toutes nos actions, on s'expose trop à changer en tristesse la joie la plus pure : mais ce n'est pas, à présent, mon affaire, et je vous renvoie au sage Oxenstiern³.

60. Pour lady Adeline, dès qu'elle n'attendit plus rien de la vertueuse résistance de Don Juan, elle forma le charitable projet de sauver un éclat à la duchesse et à notre diplomate.—(Les étrangers, en effet,—se trompent quand ils supposent qu'on peut, en Angleterre, se permettre des *faux pas*⁴ comme chez les peuples non favorisés d'un jury et de ver-

---

¹ Southey. Cet homme, de l'avis de tous ses compatriotes, a perdu tout son talent poétique en devenant le flatteur intéressé de Castlereagh. Puisse, maintenant que M. Canning est ministre, une nouvelle apostasie lui rendre les belles inspirations de sa jeunesse !

² Les membres de la chambre-haute, en donnant leur vote, disent *content* ou *non content*.

³ Le fameux chancelier Oxenstiern disait à son fils qu'il trouvait étonné des grands effets produits en politique par les plus petites causes : « Vous voyez, mon fils, pour combien peu de chose la sagesse entre dans le conseil des royaumes de ce monde. »

(*Note de Lord Byron.*)

⁴ En français.

dicts[1] pour remédier infailliblement à de pareils maux.)

61. Lady Adeline résolut donc de recourir à des mesures capables, selon elle,—de prévenir les conséquences de ce triste aveuglement. Il faut avouer qu'il y avait dans ces calculs un peu de simplicité ; mais l'innocence est toujours prête à tout risquer : dans un monde qui n'a pu lui ravir sa candeur, elle néglige toutes ces palissades érigées par les dames dont la vertu a besoin de n'être jamais exposée trop à découvert.

62. Non qu'elle craignît les dernières extrémités : elle savait que sa grâce, le duc de Fitz-Fulk, était un mari indulgent, peu jaloux d'occasionner une scène scandaleuse et d'enfler la clientelle des *doctors commons*[2] ; mais, premièrement, elle redoutait le magique talisman de sa grâce, la duchesse, et, en second lieu, une querelle avec lord Auguste Fitz-Plantagenet (qui déjà semblait témoigner quelque impatience).

---

[1] On sait que le *verdict* est la déclaration affirmative ou négative des membres du jury.

[2] Ou *docteurs ecclésiastiques*, ainsi désignés parce qu'ils tiennent leurs audiences au collége de jurisconsultes appelé *doctors commons*. Ce tribunal est sous la juridiction de l'archevêque de Cantorbéry et de l'évêque de Londres; il connaît et décide, suivant les lois civiles et ecclésiastiques, des délits de blasphème, apostasie, hérésie, simonie, inceste, fornication, adultère, etc. ; des contestations pour mariage, divorce, séparation, enlèvemens, etc. La plupart des affaires portées dans cette cour sont autant d'alimens au scandale et à la malignité publique.

63. Sa grâce passait aussi pour être une femme intrigante et tant soit peu *méchante* [1] dans le cercle de ses amours. C'était l'une de ces jolies et précieuses pestes qui se font un tendre plaisir de désoler leurs adorateurs à force de caprices; qui aiment à préparer une nouvelle querelle chaque jour de la délicieuse année, vous ensorcelant, vous torturant par leurs accès de passion ou de froideur, et, — ce qu'il y a de pis, — ne vous laissant jamais un moment de repos [2];

64. En un mot, l'un de ces êtres capables de tourner la tête d'un jeune homme et de le transformer en Werther. Ne nous étonnons donc pas que cette chaste *liaison* [3] présentât des sujets de crainte à l'ame pure d'une amie; autant vaudrait être mort ou marié que de donner son cœur à une femme qui se plairait à le déchirer sans cesse. Le plus sage, en pareil cas, est de faire une pause et de bien calculer, avant de s'exposer de nouveau, si la *bonne fortune* qui se présente — est vraiment *bonne* [4].

65. Mais d'abord, dans l'effusion d'un cœur qui réellement n'avait ou ne croyait avoir rien à se reprocher, elle prit à part son mari et l'engagea à gratifier Juan de ses conseils. Lord Henry accueillit d'un sourire ses plans ingénieusement artificieux

---

[1] En français.
[2] Voyez la strophe 63 du chant XII.
[3] En français.
[4] En français.

pour préserver Don Juan des filets de la sirène, et, comme un prophète ou un homme d'état, il répondit de manière à ne rien dire du tout.

66. D'abord : « son usage était de ne jamais in-
» tervenir que dans les affaires du roi. » Ensuite :
« jamais il ne s'en rapportait aux apparences, en
» pareille matière, qu'après de fortes preuves. » En troisième lieu : « Juan avait plus de cervelle que de
» barbe au menton, et n'était pas homme à avoir
» besoin de lisières; » et quatrièmement (ce qui mérite à peine d'être répété) : « il est rare qu'on ob-
» tienne d'un bon avis de bons résultats. »

67. En conséquence, et sans doute pour confirmer la vérité du dernier axiome, il conseilla à sa femme de laisser les parties à elles-mêmes, autant, du moins, que le permettrait la *bienséance*[1]. « Le
» tems, ajoute-t-il, corrigera les fautes de jeunesse
» de Juan ; — on ne voit pas souvent les jeunes gens
» former des vœux monastiques ; — les obstacles ne
» font qu'irriter leurs désirs, et... » — Ici parut un messager porteur de dépêches :

68. Elles venaient du conseil surnommé *le Privé*. Lord Henry, en les prenant, se retira dans son cabinet, afin de donner aux futurs Tites-Lives une ample occasion de parler de ses plans pour la réduction de la dette nationale. Que si je ne vous dis pas le contenu de ces dépêches, c'est parce que je

---

[1] En français.

l'ignore encore; mais je les introduirai dans le court appendice qui devra séparer mon épopée de la table des matières.

69. Avant de s'en aller, il ajouta quelques nouveaux avis et un ou deux de ces aimables lieux communs que l'on fait circuler dans la conversation, et que, malgré leur forme usée, on emploie à défaut de mieux; puis il se mit en devoir d'ouvrir le paquet; mais ayant, avant de l'avoir développé, entrevu ce qu'il pouvait contenir, c'est alors qu'il s'était retiré, et avait, en s'en allant, tranquillement embrassé Adeline, moins comme une jeune et charmante épouse que comme une laide et vieille sœur.

70. C'était un bon, froid et honorable personnage, fier de sa naissance et de tout au monde; une tête excellente pour un sublime divan, une figure faite pour précéder une tête couronnée. Sa taille, haute et imposante, aurait parfaitement dirigé les flots de courtisans qui se pressent un jour d'anniversaire; il tirait vanité de son étoile et de ses cordons : c'était, en un mot, le vrai type d'un chambellan, — si bien que je prétends en faire un de lui, quand je serai roi.

71. Mais pourtant il y avait quelque chose qui lui manquait;—c'était, je ne le sais vraiment, et je ne puis le dire; — mais ce que les jolies femmes, — les bonnes ames,—appellent l'*ame*. Ce n'était pas, *certes*, le corps; il avait les proportions d'un cèdre ou d'un mât de vaisseau : c'était un *parfaitement bel*

homme, cette humaine merveille; et partout, à la guerre comme en amour, il avait toujours su conserver sa perpendiculaire.

72. Encore lui manquait-il, ai-je dit, quelque chose,—cet indéfinissable *je ne sais quoi*, qui peut-être, selon moi, conduisit à l'*Iliade* d'Homère, puisqu'il avait persuadé à l'Eve [1] des Grecs d'échanger le lit spartiate contre celui d'un Troyen. Et pourtant, à tout bien considérer, le fils de Priam était bien inférieur au roi Ménélas;—mais ainsi nous trompent quelquefois certaines femmes.

73. Il est un maudit point qui nous causera toujours beaucoup d'embarras, à moins que, comme Tirésias, nous n'ayons fait l'expérience de ce en quoi diffèrent les deux sexes entre eux. Ni l'homme ni la femme ne peuvent désigner *quel amour* leur plairait davantage. La volupté cesse bientôt d'être à notre disposition, le sentiment s'enorgueillit de sa permanence; mais tous les deux forment une sorte de centaure, sur le dos duquel il vaut mieux ne pas s'aventurer.

74. Ce que les deux sexes rechercheront toujours, c'est une certaine chose capable de satisfaire le *cœur*; mais le moyen de bien remplir la capacité de ce vide? telle est la difficulté—que peu d'entre eux

---

[1] On peut trouver quelques similitudes entre l'histoire du siége de Troie et celle de nos premiers parens. Hélène fut l'occasion de la chute de Troie, Ève celle de la chute de l'homme, et une pomme la première cause de l'un et de l'autre malheur.

surmontent. Fragiles marins embarqués sans carte, ils suivent, à travers les mers, l'impulsion du vent; et quand, après mille secousses, ils atteignent un rivage, ce dernier peut malheureusement encore se transformer, sous leurs yeux, en roc inaccessible.

75. Il est une fleur appelée *amour dans l'oisiveté* [1]; on peut la voir dans le jardin toujours fleuri de Shakspeare. — Je ne veux pas ici affaiblir sa grande description; et je demande même humblement pardon à *sa bretonne déité* d'avoir, dans ma disette de rimes, touché une seule feuille de son vaste parterre; —

---

[1] *Love in idleness.* Letourneur et ses prétendus correcteurs, MM. Guizot, Amédée Pichot, etc., etc., ont traduit le nom de cette fleur par celui de *pensée*; je crois qu'ils se trompent. La pensée ne présente aucune nuance rouge, et Shakspeare dit que *l'amour dans l'oisiveté* est écarlate. Je crois plutôt qu'il s'agit ici du pavot des champs, le joli coquelicot. Voici la charmante description de Shakspeare : *Songe d'une nuit d'été*, acte 2, scène II :

Obéron. — « ... Dans le même tems, je vis Cupidon, tout armé, » s'élancer entre la froide lune et la terre. Il arrêta ses yeux perçans sur » une belle vierge, reine d'une contrée occidentale; et, tirant aussitôt » de son carquois une flèche acérée, il la lança avec une force qui eût » suffi pour percer cent mille autres cœurs; mais je pus voir le trait en- » flammé du jeune Cupidon se glacer dans les chastes rayons de la lune, » et la vestale, couronnée, suivre, sans avoir été atteinte, le cours de » ses libres et virginales méditations. Cependant, je remarquai où tom- » bait le dard de Cupidon. Il alla toucher une petite fleur du couchant, » — auparavant blanche comme le lait, — mais, depuis cette blessure » de l'amour, devenue purpurine. Les jeunes filles l'appellent *amour* » *dans l'oisiveté*. Cherche-moi cette fleur; je te l'ai déjà montrée : son » jus, exprimé sur les paupières d'une créature endormie, la rend fol- » lement amoureuse de la première personne qu'elle vient ensuite à » rencontrer... »

Shakspeare, en faisant cette tirade, pensait à la reine Élisabeth.

mais, avec le français ou helvétien Rousseau, bien que la fleur soit différente, je m'écrie : « *Voilà la pervenche !* »

76. *Eurêka !* je l'ai trouvée [1] ! ce qui signifie, non pas que l'*amour* soit une sorte d'*oisiveté*, mais seulement que l'oisiveté est une condition de l'amour, comme j'en ai fait l'épreuve. Le travail est un pauvre entremetteur, et vos gens d'affaires savent assez mal parler le langage des passions, depuis le jour où le premier vaisseau marchand, l'*Argo*, transporta Médée en qualité de *supercargue* [2].

77. *Beatus ille procul* des *negotiis*, a dit Horace, et ici le grand petit poète a tort. Son autre sévère maxime, *noscitur a sociis*, bien plus convenable au but qu'il se propose, est pourtant uniquement applicable à ceux qui ont trop long-tems fréquenté la *bonne* compagnie [3]. Mais trois fois heureux, m'écrierais-je à sa barbe, les gens de tout état et de tout rang, qui *ont* une occupation.

78. Adam échangea son paradis contre une charrue ; Ève, avec les feuilles du figuier, inventa la science de la toilette, — la première, si je ne me trompe, que l'Église ait due à l'arbre de toute

---

[1] C'est-à-dire j'ai trouvé *l'amour dans l'oisiveté*. *Eurêka*, prétérit du verbe grec Ευρισκω, trouver, découvrir.

[2] Jeu de mots. *Supercargo* peut se dire pour *surcharge*, et désigne ordinairement l'employé chargé, sur les vaisseaux marchands, de tenir note des affaires commerciales.

[3] M. A. P. n'a pas compris cette ironie ; il traduit : « *A moins qu'on ne fréquentât trop long-tems la mauvaise société.* »

science : et, depuis ce tems, il serait facile de prouver que la plupart des maux dont sont affligés les hommes et surtout les femmes, viennent de ne pas savoir employer quelques heures de la journée au profit de toutes les autres.

79. Voilà pourquoi la vie des grands, en nous offrant un vide et une insupportable persécution de plaisirs, nous fait une loi de chercher quelque aliment de contrariété. Que les poètes chantent comme ils voudront les douceurs du parfait *contentement*, c'est par *satiété* qu'il faut le traduire, et de là proviennent toutes les *épreuves du sentiment*, les *diables bleus* [1], les *bas bleus* et ces romans mis en œuvre et exécutés comme des contredanses.

80. Je certifie, et au besoin je jure, que jamais je n'ai lu de romans comparables à ce que j'ai moi-même vu. Il est certaines circonstances qu'on refuserait peut-être de croire si je venais à les publier ; mais je n'ai pas, je n'eus jamais cette intention. Il est des vérités qu'il convient de tenir cachées, quand surtout elles pourraient passer pour des mensonges. Je m'en tiendrai donc aux généralités.

81. « Une huître peut ressentir les tourmens de » l'amour [2], » et pourquoi ? parce qu'elle est oisive dans son écaille. Peut-être y pousse-t-elle de solitaires et souterrains soupirs, comme en exhale sou-

---

[1] *Blue-devils*, vapeurs, attaques de nerfs.
[2] Citation.

vent un moine dans sa cellule. Et *à propos* de moines, il est certain que leur dévotion s'arrange fort mal d'une complète inertie, et que ces végétaux de la communion catholique sont excessivement aptes à monter en graine.

82. O Wilberforce! homme de *noir* renom, moral Washington de l'Afrique, dont la vertu ne peut être assez vantée, vous avez renversé un colosse immense; mais il vous reste une légère tâche dont vous pourriez, en un beau jour d'été, venir à bout, c'est de mettre à la raison l'autre moitié de la terre. Vous avez affranchi les *noirs*, — maintenant, de grâce, enfermez les blancs.

83. Enfermez Alexandre, cette tête niaise et fêlée, et déportez au Sénégal le saint triumvirat [1]. Apprenez-leur que *la sauce des canes est la sauce des canards* [2], et demandez-leur comment *ils* se trouvent des verrous. Enfermez tous ces fiers et héroïques salamandres, qui se précipitent au milieu du feu, gratis (leur paie est trop mince pour qu'on en parle). Enfermez — non, n'enfermez pas le roi, mais fermez le pavillon [3]; autrement, il nous coûtera encore plus d'un million.

84. Enfermez le monde en masse, et lâchez tous

---

[1] Sans doute Alexandre Ier, François II et Guillaume III.

[2] Proverbe anglais, c'est-à-dire *les rois peuvent subir le sort du plus malheureux de tous leurs sujets.*

[3] Le pavillon de Brighton, où Georges IV a donné plusieurs fêtes splendides.

les hôtes de Bedlam : vous serez peut-être surpris, alors, de voir aller les choses absolument comme elles vont aujourd'hui avec nos *soi-disant* esprits sains. Et ce que j'avance ici, je le prouverais jusqu'à l'évidence, s'il restait au genre humain une once de bon sens; mais, hélas! à défaut de ce *point d'appui,* je laisse, nouvel Archimède, la terre absolument comme je l'ai trouvée [1].

85. Notre aimable Adeline avait un défaut : — son cœur, maison délicieuse, était cependant vacant, et tant que rien n'avait paru digne de son *expansion* [2], elle avait eu une conduite irréprochable. Sans doute un esprit frivole est plus incapable de résistance qu'un esprit sérieux; mais quand ce dernier devient l'artisan de sa propre ruine, le choc intérieur qu'il éprouve est comparable aux terribles effets d'un tremblement de terre.

86. Elle aimait son mari; elle le pensait, du moins; mais *cet* amour lui coûtait un effort; et si une fois nos sentimens sont poussés dans la direction inverse de leur pente naturelle, l'effort devient une tâche pénible, une véritable pierre de Sisyphe. Elle n'avait rien à blâmer ou à contredire; jamais entre eux de querelles ou de matrimoniales discussions. On pourrait même citer leur union pour modèle : elle était calme, sereine, conjugale, — mais vraiment froide.

---

[1] Tout le monde connaît le mot d'Archimède : « Qu'on me donne un point d'appui, et je soulèverai la terre. »

[2] Il semble que Byron ait connu le système universel de M. Azaïs.

87. Il y avait moins de disparité dans leurs années que dans leur caractère, et pourtant jamais ils ne se disputaient. Ils marchaient comme deux astres retenus dans la même sphère, ou comme le Rhône, quand il vient se baigner dans le Léman : bien que réunis, le fleuve et le lac semblent toujours séparés, et le premier soulève encore ses ondes azurées au milieu de l'Océan calme et transparent qui, comme une nourrice, semble le bercer afin de l'endormir peu à peu.

88. Quand Adeline avait pris une chose à cœur, — et, en dépit de leur extrême pureté, les intentions profondes sont toujours difficiles à gouverner, — ses impressions tout-à-coup devenaient plus vives qu'elle ne l'avait d'abord prévu, et elles oppressaient, elles envahissaient son ame avec d'autant plus de violence qu'elle y était, pour l'ordinaire, moins accessible.

89. Une fois prévenue, elle avait ce démon secret dont la nature est double comme le nom, — la *fermeté*, louable dans les héros, les rois et les navigateurs (bien entendu, quand ils réussissent), et l'*obstination*, blâmable dans les hommes et les femmes, aussitôt que leur fortune pâlit ou que leur étoile file. — Et nos casuistes en matière de morale seraient bien embarrassés de déterminer la borne assurée qui sépare ces deux qualités dangereuses.

90. Si Bonaparte avait triomphé à Waterloo, il eût montré de la fermeté. Aujourd'hui, c'est de l'ob-

stination. Est-ce donc l'événement qui seul peut les distinguer? mais je laisse à vos gens habiles le soin de tirer une ligne entre le faux et le vrai, si toutefois un homme en peut jamais être capable. Je dois me soucier uniquement de lady Adeline, qui était bien aussi une héroïne dans son espèce.

91. Elle-même ne connaissait pas son cœur; comment donc, moi, le connaîtrais-je? Cependant je ne pense pas qu'elle ressentît *alors* de l'amour pour Juan : elle eût eu la force de s'arracher à cette funeste sensation qui, pour elle, était encore nouvelle. Seulement, elle éprouvait un commun mouvement de sympathie pour lui (trompeur ou sincère, c'est ce que je ne dirai pas), parce qu'elle le supposait en danger, — lui, l'ami de son mari, le sien, étranger, un jeune homme enfin.

92. Elle avait ou pensait avoir pour lui de l'amitié, — non pas cette amitié ridicule, romanesque ou platonique, qui, si souvent, égare les dames qui ont étudié l'amitié en France et en Allemagne, — pays où l'on s'embrasse toujours *purement*. — Adeline n'aurait jamais voulu aller jusque-là; mais pour ce qui est de cette amitié qui peut s'établir entre deux hommes, elle en était aussi capable que jamais femme du monde.

93. Sans doute l'influence du sexe se fait toujours innocemment sentir dans les liens de cette espèce ou dans ceux de la consanguinité; elle revêt même l'harmonie de nos sentimens d'une expression plus

suave et plus expressive. Quand elle est libre de cette passion qui donne à toute amitié le coup mortel, quand elle ne s'abuse pas sur la nature de ses affections, une femme est le meilleur ami qu'il soit possible de rencontrer sur la terre, *pourvu que* vous n'ayez pas été ou ne voulicz jamais être son amant.

94. L'amour porte dans son sein le germe du changement; et comment n'en serait-il pas ainsi? Toutes les analogies de la nature démontrant que les choses violentes ont, par cela même, une courte durée, la plus violente de toutes n'en pouvait pas être la plus stable. Voudriez-vous que la foudre partageât éternellement les champs de l'air? Il me semble que la définition de l'amour en dit assez : c'est la *passion tendre* par excellence : comment serait-elle toujours inoffensée?

95. Hélas! d'après la plus complète expérience (ici je me contente de citer ce que j'ai maintes fois entendu dire), les amans ont presque toujours quelques raisons de maudire la passion qui fit de Salomon un véritable Jeannot. Et (pour ne pas oublier le mariage, le meilleur ou le pire des états) j'ai aussi vu certaines femmes, véritable modèle des épouses, faire au moins le malheur de deux personnes [1].

96. J'ai vu encore quelques *féminins* amis (chose singulière, mais vraie, — et au besoin je puis en offrir la preuve) qui, dans toutes mes fortunes, de

---

[1] Nouvelle allusion à son triste mariage. Ces deux personnes, sans doute, sont miss Chaworth et lui.

loin comme de près, me sont restés bien autrement fidèles que ne le fut jamais l'amour; — qui ne purent se résoudre à m'abandonner quand la persécution s'attacha à mes pas; dont la médisance ne surprit jamais les sentimens; qui combattirent et combattent encore, en mon absence, pour moi, en dépit des bruyantes sonnettes que le serpent de la société agite [1].

97. Si Don Juan et la chaste Adeline devinrent des amis de cette espèce ou de toute autre, c'est bien ce que j'espère discuter plus tard. En ce moment je suis ravi d'avoir un prétexte pour les laisser indécis et tenir en même tems le lecteur avide en *suspens*. C'est pour les dames et pour les livres le meilleur appât dont ils puissent garnir leur hameçon.

98. S'ils allèrent à cheval, se promenèrent à pied ou étudièrent l'espagnol, afin de lire Don Quichotte dans l'original, plaisir qui rend insensible à tous les autres; si leurs conversations étaient de l'espèce appelée légère, ou de l'espèce sérieuse, tels seront les sujets qu'il me faudra traiter au chant suivant. Là, peut-être, dirai-je quelque chose de relatif à mon sujet, et déploierai-je dans l'exécution un talent vraiment distingué.

99. Mais avant tout, je vous conjure de ne rien anticiper sur la matière; vous vous exposeriez trop

---

[1] Byron semble vouloir ici parler de lady Jersey, qui ne cessa jamais de prendre son parti dans les cercles de Londres.

à mal préjuger de la belle Adeline, et surtout de Don Juan. Je vais prendre, à compter de ce moment, un ton plus grave que je ne l'ai fait encore dans cette satirique épopée. Il n'est pas sûr qu'Adeline et Juan succombent ; mais s'il en est ainsi, malheur à eux !

100. Les grands effets naissent des petites causes. — Par exemple : Auriez-vous cru que dans notre jeunesse une passion aussi dangereuse, aussi funeste qu'en aient jamais nourrie homme et femme, fût la suite d'une circonstance frivole, trop frivole même pour faire supposer qu'il en pût résulter la moindre émotion sentimentale ? Vous ne devinerez jamais (je le parie des millions et des milliards) que c'est une innocente partie de billard qui la fit naître.

101. Cela est étrange, — mais cela est vrai ; car la vérité, plus encore que la fiction, a quelque chose d'étrange. Ah ! s'il était possible de la dire, combien les romans gagneraient au change et comme nous verrions tout l'univers avec d'autres yeux ! Le Nouveau-Monde lui-même n'étonnerait plus l'ancien, si quelque nouveau Colomb venait à explorer l'océan moral et à montrer au genre humain ses antipodes intellectuels.

102. Quels *antres profonds*, quels *vastes abîmes*[1] ne seraient pas alors reconnus dans l'âme humaine ! et dans le cœur des puissans, quelles montagnes de glaces, groupées autour d'une solitaire vanité comme

---

[1] Citations.

autour de leur pole naturel ! Alors se découvriraient neuf anthropophages sur dix de ceux qui gouvernent les empires ; alors les choses reprendraient leurs noms propres, et César lui-même rougirait de sa célébrité.

Chant Quinzième.

1. Ah.... ! — Ma foi ! j'ai oublié ce qui devait suivre cette exclamation. Heureusement, quoique détourné, le cours de mes réflexions n'en roulera pas moins sur des espérances ou des souvenirs ; et, quant au présent, je le définis une longue interjection : c'est un *oh!* un *ah!* de plaisir ou de douleur ; un *ah! ah!* un *bah!* un bâillement, un *pouah!* et ce dernier est peut-être, de tous, le plus sincère.

2. Mais qu'il le soit plus ou moins, tous ces soupirs ou syncopes sont autant d'emblêmes de l'émotion et la grande antithèse de l'immense ennui qui vient crever chacune des bulles que nous formons sur l'océan de la vie ; — l'océan, image de l'éternité, ou du moins (autant que je puis le savoir) sa parfaite miniature ; l'océan, qui nous fait découvrir, au gré de notre amé, tant d'objets que l'œil ne peut apercevoir [1].

3. Mais toutes les exclamations valent mieux que

---

[1] C'est en effet l'océan, et non pas le tems, que J.-B. Rousseau aurait dû appeler :

L'image mobile
De l'immobile éternité.

ces soupirs rentrés qui minent les cavernes du cœur, laissent à la physionomie le masque de la sérénité et mettent l'art à la place de la nature humaine. C'est ainsi que peu d'hommes osent franchement découvrir leurs meilleures ou leurs plus mauvaises pensées, et que toujours la dissimulation se réserve, chez eux, un asile particulier : ainsi la fiction est-elle toujours ce qui rencontre le moins de contradicteurs.

4. Et qui peut dire, hélas! ou plutôt qui peut se rappeler, sans le dire, toutes les erreurs des passions ? Le prédestiné de l'oubli, le sot lui-même a, le matin, des vapeurs en se regardant dans la glace; bien qu'il semble déjà flotter sur le fleuve Léthé, il ne peut y noyer ses trembleurs et son effroi, et les rubis du verre qu'il porte à ses lèvres, d'une main chancelante, laissent toujours après eux, sur son visage, des traces anticipées du cruel passage du tems.

5. Et quant à l'amour, — oh! l'amour! — Mais je continue. Lady Adeline Amundeville..., ce nom, le plus joli qu'on puisse imaginer, doit se placer mélodieusement sous ma plume harmonieuse. Il y a de la musique dans les soupirs d'un roseau ; il y a de la musique dans les paisibles jets d'un ruisseau ; il y a de la musique partout, quand les hommes ont des oreilles, et la terre elle-même n'est que l'écho de l'harmonie des sphères.

6. La *right honorable* [1] lady Adeline courait donc,

---

[1] Le nom des lords et des ladies est toujours précédé de cette épithète.

en ce moment, le risque de perdre quelque chose de son honneur. Il est en effet bien rare, et je suis désolé de le dire, que les dames prennent de constantes résolutions. — J'oserai même supposer, mais non pas jurer, que souvent elles diffèrent autant d'elles-mêmes qu'un vin diffère de son étiquette, quand on a eu la maladresse de le *dépoter*; et que, jusqu'à leur vieillesse, les unes et l'autre sont également susceptibles, au premier accident, de subir une *adultération*[1].

7. Mais Adeline était la plus fine fleur de la vendange et l'essence la plus pure de la grappe; elle avait l'éclat d'un *napoléon* nouvellement frappé et le prix d'une pierre précieuse richement enchâssée. C'était une page où le tems hésitait d'imprimer les caractères de l'âge; elle semblait capable de fléchir la nature même, — ce créancier, le seul qui ait le talent de faire toujours payer chacun de ses débiteurs.

8. O mort! toi, le plus exigeant de tous les créanciers, chaque jour tu viens frapper à notre porte, mais d'abord d'une main discrète, semblable au complaisant ouvrier quand il demande avec timidité l'opulent débiteur qu'il voudrait circonvenir : longtems on le rebute, mais enfin la patience lui échappe; il heurte à coups redoublés et (s'il parvient à se faire

---

[1] Le poète semble ici vouloir jouer sur la ressemblance du mot *adultère* avec celui d'*adultération* ou altération.

ouvrir) il exige, en termes grossiers, de l'argent comptant ou du moins un billet sur *Ransom* [1].

9. O mort! prends ce que tu voudras, mais épargne la pauvre beauté. Elle est si rare! et tu as d'ailleurs tant d'autres proies! Si parfois elle vient à glisser légèrement hors des sentiers du devoir, c'est une raison de plus pour avoir quelque pitié d'elle. Gourmand décharné, dont toutes les nations sont l'immense pâture, ne peux-tu montrer un peu de patience dans ce cas unique? Affranchis donc au moins les femmes de quelques incommodités, et prends, à ton aise, autant de héros qu'il te conviendra.

10. Nous avons dit (et nous n'avons plus besoin de nous arrêter sur ce point) que la belle Adeline, par cela même qu'elle n'était pas ordinairement trop tendre aux impressions de l'amour ou qu'elle était trop fière pour le laisser deviner, — s'abandonnait, corps et ame, et avec toute la candeur et l'ingénuité du monde, aux sentimens qu'elle croyait purs, et que lui inspiraient des objets vraiment dignes d'estime.

11. La rumeur publique, cette vivante gazette qui ne répand les nouvelles qu'en les défigurant, lui avait bien appris quelques circonstances de la vie de Juan; mais les femmes ont, pour les égaremens de ce genre, plus de bienveillance que nous autres

---

[1] *Ransom et compagnie*, forte maison de banque de Londres, dans Pall-mall.

gens austères. D'ailleurs, depuis son arrivée en Angleterre, sa conduite était plus régulière et son caractère offrait quelque chose de plus viril; Juan avait, en effet, comme Alcibiade, l'art de s'accommoder avec la même aisance à tous les climats du monde.

12. Peut-être ses manières n'étaient-elles si séduisantes que parce qu'il ne semblait jamais songer à séduire : rien en lui d'affecté, d'étudié ou qui décelât le fat ou le tyran des cœurs. Jamais il ne s'exposait à perdre le fruit de tous ses avantages en s'en occupant trop lui-même; il n'avait pas l'air d'un Cupidon fourvoyé; il ne semblait pas dire : *Résistez-moi si vous en avez la force.* C'est ainsi qu'on devient *dandy* et qu'on cesse d'être homme.

13. Les *dandys* ont tort; — ce chemin-là ne mène à rien, et s'ils étaient sincères ils seraient les premiers à l'avouer. Mais, bon ou mauvais, Don Juan ne le suivait pas : ses manières étaient réellement à lui. Il était sincère, — du moins vous ne pouviez en douter, après avoir seulement remarqué le son de sa voix; car, dans tout son carquois, le diable n'a pas une flèche qui pénètre le cœur aussi profondément qu'un touchant organe.

14. Naturellement doux, l'ensemble de sa personne écartait toute espèce de défiance : il n'était pas timide, et pourtant la discrétion de ses regards semblait vouloir plutôt se dérober aux vôtres que vous avertir de vous tenir en garde. Peut-être lui man-

quait-il un peu d'assurance; mais la modestie trouve souvent, comme la vertu, sa récompense en elle-même, et il n'est pas besoin de remarquer que le défaut de prétention est le meilleur moyen d'arriver à tout.

15. Calme, accompli, enjoué sans pétulance, insinuant[1] sans insinuation, fin observateur des ridicules et ne paraissant jamais, dans la conversation, les avoir remarqués; fier avec les gens fiers, dans ce cas-là même sa fierté polie n'avait d'autre but que de rappeler leurs positions respectives, — il n'exigeait de personne la moindre déférence, et jamais il ne lui arrivait d'accorder ou de réclamer la plus légère marque de supériorité;

16. C'est-à-dire avec les hommes : avec les femmes il était tout ce qu'elles voulaient trouver ou voir en lui, et on peut s'en rapporter là-dessus, à leur imagination. Pourvu que le dessin soit assez agréable, elles se chargent de colorer la toile et—*verbum sat*. Une fois que leur tête brode sur un sujet, qu'il soit heureux ou déplaisant, elles sont capables de le mieux transfigurer[2] que Raphaël.

17. Adeline, qui n'était pas un juge profond des caractères, avait une merveilleuse disposition à les revêtir de ses propres couleurs. Ainsi les bons cœurs et, comme on l'a souvent remarqué, les sages ai-

---

[1] Je ne sais pourquoi M. A. P. a cru devoir ici forger le mot barbare *insinuatif*. *Insinuating*, celui qu'emploie Byron, est du bon anglais.

[2] Allusion au tableau de la *Transfiguration*.

ment-ils à s'égarer. L'expérience est la première, mais aussi la plus décourageante des philosophies si l'on se pénètre bien de ses leçons, et les sages persécutés ont fait eux-mêmes preuve d'une grande folie en cherchant à endoctriner des fous.

18. N'est-il pas vrai, grand Locke et plus grand Bacon, grand Socrate, et toi, plus divin encore [1], dont le destin fut d'être méconnu par les hommes; et celui de ta pure morale, de devenir la sanction de tous les crimes? Immolé par des hypocrites, pour avoir voulu sauver le monde, dis-nous quelle fut la récompense de tes travaux. — Et nous pourrions former des volumes de pareils exemples, mais nous les laissons à la conscience des peuples.

19. Le promontoire où je grimpe est plus modeste; il comprend les variétés infinies de la vie. Peu soucieux de ce qu'on nomme faussement la gloire, je raisonne sur tout ce qui se présente à mes yeux, qu'il ait ou qu'il n'ait pas de rapport avec mon sujet. Loin de moi tout effort pénible pour rencontrer une

---

[1] Comme il est, de nos jours, devenu nécessaire d'éviter toute espèce d'ambiguïté, je déclare entendre ici, par *plus divin encore*, le Christ. Si jamais Dieu fut homme ou homme fut Dieu, Jésus fut l'un et l'autre. Je n'ai jamais rejeté sa morale, mais l'usage — où l'abus — qu'on en a fait. Un jour, M. Canning cita le christianisme pour sanctionner la traite des nègres, et M. Wilberforce ne sut trop que lui répondre. Si le Christ fut crucifié pour que les hommes de sang noir fussent roués de coups, il eût mieux fait de naître mulâtre, pour donner aux hommes des deux couleurs une chance égale de liberté ou au moins de salut.

(*Note de Lord Byron.*)

rime ; je trace des vers avec autant d'abandon que si je causais, en suivant le pas de quelqu'un, soit à pied, soit à cheval.

20. Cette sorte de poésie saccadée n'exige pas, je le sais, une grande habileté ; mais elle a l'agrément d'une conversation facile, et elle peut faire insensiblement écouler les heures. Ce que je puis attester, du moins, c'est que la servilité n'a pas la moindre part à mon irrégulier carillon ; vieux ou nouveaux, je sonne tous les sujets, comme ils se présentent à mon esprit ; ainsi fait l'*Improvisatore*.

21. *Omnia vis belle, Matho, dicere : — dic aliquando*
Et bene, dic neutrum, dic aliquando male [1].

Le premier point n'est pas au pouvoir des mortels ; le second peut être facilement ou péniblement obtenu ; il n'est pas aisé de s'en tenir au troisième, et quant au quatrième, nos yeux, nos oreilles et notre bouche en reçoivent ou en offrent l'exemple : or, c'est avec le tout que je voudrais composer mon salmigondis.

22. Espérance modeste, — mais la modestie est mon fort et l'amour-propre mon faible : — laissez-moi donc divaguer. Je voulais d'abord faire un très-court poème, à présent je ne saurais dire où je le terminerai. Si je faisais ma cour aux critiques, ou si je

---

[1] « Tu veux, Matho, toujours *heureusement* parler : parle plutôt
» quelquefois *bien*, quelquefois *pas du tout* et quelquefois mal. » (MARTIAL, livre x, épig. 46.)

pensais à saluer le soleil *couchant*[1] de tous les genres de tyrannie, je ferais en sorte d'être plus concis; — mais je suis né pour l'opposition [2].

23. Et pourtant je suis toujours du parti le plus faible. Si ceux qui maintenant se pavanent dans toute la sublimité de leur fortune étaient mis à bas, et *que les dogues eussent aussi leur tour* [3], je pourrais bien d'abord insulter à leur chute; mais enfin je finirais par prendre leur parti et par égaler en dévouement les ultra-royalistes; car j'ai en horreur toute espèce de royauté, même celle de la démocratie.

24. J'aurais été, je pense, un bon époux, si je n'eusse jamais fait l'expérience de cette heureuse condition. J'aurais, je pense, prononcé volontiers des vœux monastiques, mais dans l'intérêt de mes superstitieuses et particulières croyances. Jamais je ne me serais cassé la tête à trouver des rimes, ni

---

[1] *The setting sun.* M. Pichot traduit librement *le soleil levant* de la tyrannie. Cette correction n'est pas heureuse.

[2] Toutes les ames généreuses semblent de même nées *pour l'opposition*, car toutes éprouvent la même antipathie pour les heureux, les forts et les oppresseurs. Quoi qu'il arrive, le malheur sera toujours notre plus fort lien de fraternité, et la religion elle-même n'est devenue une loi d'amour qu'à compter de l'instant où Dieu consentit à partager nos souffrances. On craint Dieu le père; on aime, on idolâtre Dieu le fils.

Qu'on nous pardonne une autre réflexion : les esprits les plus singuliers n'ont un cachet d'originalité que pour avoir conservé l'habitude des sentimens les plus naturels à tous les hommes. J.-J. Rousseau, Sterne, Montaigne et Byron étaient sans doute des caractères *excentriques;* mais étudiez-les, vous retrouverez, dans tout ce que chacun d'eux offrira d'étrange, l'histoire de vos plus naturelles impressions.

[3] Citation. C'est-à-dire si ceux qui les attaquent arrivaient au pouvoir.

n'aurais porté l'habit d'un arlequin poétique, si l'on ne s'était avisé de me le défendre :

25. Mais *laissez aller* [1]. Je chante les chevaliers et les dames que le tems présente à mes regards. Pour un tel essor, qu'ai-je besoin d'une aile légère, emplumée par Longin ou le stagyrite [2] ? Le point difficile est (tout en gardant les proportions convenables) de donner un coloris naturel à des objets artificiels et d'empreindre d'une physionomie commune ce qu'il y a de plus spécial dans le monde [3].

26. La différence, c'est que dans les anciens jours les hommes faisaient les manières, et qu'aujourd'hui ce sont les manières qui moulent les hommes. — Entassés comme des troupeaux, ils se laissent, du moins neuf et neuf dixièmes sur dix, tondre dans leurs parcs, et de pareils tableaux sont bien capables de glacer la verve des écrivains. Il leur faut ou retracer les anciennes histoires, mieux racontées déjà qu'ils ne peuvent espérer de le faire; ou s'emparer du présent avec tous les lieux communs qui l'enveloppent.

27. Eh bien, nous ferons de notre mieux pour exposer au mieux ce sujet. — Marchez, marchez, ma muse ! Si vous ne pouvez voler, contentez-vous de voltiger, et quand vous désespérez d'atteindre le

---

[1] En français.
[2] Aristote.
[3] Byron exprime ici la pensée d'Horace, qu'il a choisie pour épigraphe : *Difficile est proprie communia dicere.*

sublime, soyez impertinente et boursouflée comme les édits que proclament nos hommes d'état. Nous ferons, soyez-en sûre, quelque bonne découverte. Colomb n'a-t-il pas trouvé un nouveau monde avec un cutter, un brigantin ou une flûte de quelques tonneaux, alors que l'Amérique était encore dans son enfance ?

28. Une fois qu'Adeline, passionnément convaincue du mérite et de la situation critique de Don Juan, eut voué le plus vif intérêt à l'un et à l'autre, — soit par l'effet d'une impression encore toute fraîche, soit parce qu'il avait cet air d'innocence que l'innocence elle-même devrait redouter avant tout, elle ne songea plus, car les femmes détestent les demi-mesures, qu'aux moyens de sauver l'ame de notre jeune diplomate.

29. Elle avait une haute opinion des conseils, comme tous ceux qui en donnent, ou qui en reçoivent *gratuitement*, c'est-à-dire en les payant (tout au plus) avec la monnaie courante de quelques faibles actions de grâces. Elle réfléchit donc sur ce point, à deux ou trois reprises, puis elle finit par moralement conclure que l'état le plus en harmonie avec la morale était le mariage ; et une fois la question décidée, elle engagea sérieusement notre héros à se marier.

30. Juan, avec toute la déférence possible, répondit qu'il avait pour les nœuds de l'hymen une grande prédilection ; mais que, malheureusement, il y voyait

en ce moment quelques obstacles résultant immédiatement de sa position et de la difficulté de satisfaire son inclination et celle de la personne qui l'aurait fait naître. Il aurait pourtant, ajouta-t-il, épousé volontiers telle et telle lady, si elles n'eussent été déjà mariées.

31. Après le plaisir de faire des mariages pour elles-mêmes, pour leurs filles, leurs frères, leurs sœurs et leurs cousins (ce qu'elles disposent comme des livres sur le même rayon), il n'est rien que les femmes arrangent avec autant d'empressement que des mariages en général. Il n'y a là, certes, aucun mal, mais, au contraire, un moyen de le prévenir; et c'est même, on ne peut en douter, la seule raison du zèle qu'elles y apportent.

32. Jamais (à l'exception peut-être d'une miss non mariée, d'une mistress qui n'a pas l'espoir de l'être ou qui l'a jadis été) il n'a existé de dame dont la chaste tête n'ait composé quelque drame d'*unités*[1] conjugales, observées, à la table et au lit, aussi scrupuleusement que celles d'Aristote, bien que souvent il se termine en pantomime ou en mélodrame.

33. Elles ont toujours sous la main un fils unique, un héritier de grande fortune, un ami d'une famille excellente, un aimable sir John ou bien un sage lord Georges, qui peut-être seront les derniers rejetons

---

[1] Jeu de mots sur *unity*, qui se prend souvent, comme son correspondant *unité*, pour union, accord.

de leur race, et déshériteront la postérité, si le mariage ne sauve cette perspective et leurs mœurs. Elles ont, d'ailleurs, une délicieuse surabondance de jeunes personnes.

34. Et elles mettront tout le zèle possible à choisir pour l'un une héritière, pour l'autre une beauté; pour celui-ci une cantatrice irréprochable, pour celui-là une jeune et docile créature, ou bien encore une dame qu'il soit impossible de refuser, parce que ses perfections valent seules un trésor; une seconde, parce qu'elle a la plus honorable famille du monde; une troisième, parce qu'on n'y voit pas le moindre obstacle.

35. Quand Rapp, *l'harmoniste*[1], mit sur le mariage un embargo, dans son harmonieuse colonie (qui cependant est toujours florissante, parce qu'elle ne forme pas plus de bouches qu'elle n'en peut nourrir, et qu'elle n'a pas ce triste surcroît qui gâte ce que la nature nous engage le plus à faire), — pourquoi nomma-t-il *harmonie* une cité sans ma-

---

[1] Cette florissante et singulière colonie allemande n'exclut pas entièrement le mariage comme les *trembleurs*; mais elle y apporte de nombreuses restrictions dans la vue de limiter la quantité possible des naissances dans un espace de tems donné, et, comme l'observe M. Hulme, « ces naissances sont aussi peu nombreuses que celles des agneaux dans » une ferme, et elles arrivent presque toutes dans le même mois. » On nous représente ces *harmonistes* (ainsi nommés du nom de leur colonie) comme un peuple extrêmement florissant, pieux et paisible. Voyez les divers historiens modernes de l'Amérique.

(*Note de Lord Byron.*)

riage? Je crois bien, avec cette question, tenir notre prédicateur à la gorge.

36. Certes, il prétendait tourner en ridicule ou l'harmonie ou le mariage, en les séparant d'une manière aussi bizarre. Mais que le révérend Rapp soit ou non redevable à la Germanie de cette idée, on n'en assure pas moins que sa secte a plus d'opulence, de vertus et de pureté qu'on n'en pourrait trouver parmi nous, bien que nous ayons l'habitude de peupler davantage. Je critique le nom qu'elle s'est donné et non pas ses usages, tout en ne concevant pas comment ils se maintiennent.

37. Rapp est le revers de ces matrones zélées qui, en dépit de Malthus, favorisent la propagation, — et qui, professeurs dans cette science vraiment créatrice, se déclarent les patrones de tout ce qui, dans l'acte de la génération, ne compromet pas la modestie. Après tout, cependant, cet acte se renouvelle dans une progression tellement effrayante, que nous voyons la moitié de ses résultats obligés de recourir à l'émigration. Voilà où nous conduisent les passions et les pommes de terre, deux sortes d'herbes qui embarrassent beaucoup nos Catons économiques [1].

38. Adeline avait-elle lu Malthus? Je l'ignore, mais je le voudrais; car son livre est le onzième com-

---

[1] Les médecins attribuent à la *pomme de terre* une vertu extrêmement prolifique. Le poète désigne encore ici, par ce mot, les malheureux Irlandais, toujours mourans de faim et toujours inquiétans pour l'Angleterre.

mandement : « *Tu ne te marieras pas*, nous dit-il, si ce n'est *avantageusement*; » et tel est à quoi se réduit, selon moi, tout son système. Ici, je ne ferai pas une pause sur ses plans et je me garderai bien d'éplucher ce qu'a voulu dire *une aussi éminente main*[1] : mais elle tend, certes, à nous ramener à la vie ascétique ou à faire du mariage une règle d'arithmétique.

39. Pour Adeline, sans doute elle présuma que Juan avait assez de quoi vivre, et même vivre *séparé*, si le cas venait à échoir. — En effet, l'une des chances des époux, c'est, après avoir été bien et dûment *épousés*, de revenir quelque peu sur leurs pas dans la danse du mariage (qui pourrait faire la réputation d'un peintre, comme *la danse des morts* celle d'Holbein[2], — si ce n'était la même chose).

40. Au reste, Adeline avait décidé le mariage de Juan dans son esprit, et c'en est assez pour une femme. Mais alors avec qui ? Il y avait la sage miss *Reading*, miss *Raw*, miss *Flaw*, miss *Showman*, miss *Knowman* et les deux belles cohéritières *Giltbedding*. Et bien qu'elle eût la plus haute idée du

---

[1] Pope, dans sa correspondance, raconte que Jacob Tonson avait l'habitude d'appeler ses scribes des *bonnes plumes*, — des *honorables personnes*, et surtout des *éminentes mains*.

(*Note de Lord Byron.*)

[2] C'est Holbein qui passe pour avoir peint, à Bâle, la plus fameuse de ces *danses des morts*, si communes dans les peintures et dans les sculptures des églises gothiques.

mérite de Juan, toutes ces personnes offraient d'excellens partis et devaient marcher, si on les montait convenablement, aussi bien que des montres.

41. Il y avait encore miss Millpon, paisible comme une mer d'été, modèle avoué de toutes les perfections, fille unique, en un mot. Chez elle, la surface offrait, pour ainsi dire, une vraie crème de sérénité, et, ce premier rideau écarté, il restait encore un certain mélange d'eau et de lait, peut-être légèrement nuancé de *bleu* [1], mais qu'importe après tout? l'amour est vif et libertin : le mariage exige de la tranquillité; c'est un état de consomption, et le lait doit être son meilleur régime.

42. Et puis miss Audacia Schoestring, pétulante et riche demoiselle, dont le cœur penchait sensiblement vers une étoile ou un cordon bleu. Mais, soit par l'effet de la récente rareté des ducs anglais, soit qu'elle n'eût pas touché la corde qui soumet aux sirènes de la même espèce le cœur de nos grands seigneurs, elle s'est contentée d'un jeune cadet étranger, un Russe ou un Turc. — Autant vaut l'un que l'autre.

43. Il y avait, — mais comment oser continuer si les dames prêtent l'oreille [2] ? — Il y avait encore une

---

[1] De pédanterie précieuse.

[2] *But why should I go on,*
Unless the ladies should go off?

M. A. P. a traduit plus *littéralement*, mais peut-être moins complète-

beauté, mais une beauté magique; d'un rang distingué, mais bien supérieure à son rang : — c'était Aurora Raby, jeune astre dont les rayons étaient tombés sur la vie, et trop délicieuse image pour une telle glace; créature charmante, quoique à peine développée; rose dont les feuilles les plus suaves n'étaient pas encore dépliées [1].

44. Elle était riche et noble, mais orpheline : son enfance avait été confiée aux soins de tuteurs estimables et tendres; et pourtant, dans sa physionomie, tout exprimait l'isolement! Qui jamais, en effet, pourrait nous inspirer des sentimens aussi vifs que ceux dont la mort a détruit les objets, quand nous nous retrouvons seuls dans les palais d'un étranger et que nous y reconnaissons douloureusement que nous n'avons plus de foyer paternel, et que nos plus proches parens reposent dans la tombe?

45. Elle ne comptait qu'un petit nombre d'années,

---

ment ce jeu de mots : *Pourquoi aller plus loin, à moins que les dames s'en aillent?*

[1] *Aurora Raby a young star who shone*
Over life, too sweet an image for such glass,
A lovely being, scarcely form'd or moulded,
A rose with all sweetest leaves yet folded.

Je cite ces quatre vers pour mettre ceux qui savent l'anglais à même de sentir toute la faiblesse et la pauvreté de ma traduction. M. A. P. n'a guère songé à la difficulté de cette tâche. Il traduit hardiment : « Aurora » Raby, jeune astre, image ravissante, être charmant, d'une rare déli- » catesse de formes, vrai bouton de rose *avec toutes ses feuilles odo-* » *rantes.* »

et sa figure annonçait un âge plus tendre encore. Il y avait quelque chose de sublime dans ses regards tout brillans, comme celui des séraphins, d'un éclat mélancolique. Pleine de jeunesse, elle ne devait pas au tems l'expression pure et chaste de ses traits. — Radieuse et pensive, — elle semblait déplorer la chute de l'homme ; — elle était triste, — mais triste de la faute des autres, comme si elle eût été appuyée sur la porte d'Éden et qu'elle eût pleuré le sort de ceux qui ne devaient plus la franchir.

46. Elle était sincèrement attachée à la religion catholique, et, autant que lui permettait son bienveillant naturel, elle en suivait les pratiques avec austérité. On eût dit que ce culte déchu lui était beaucoup plus cher par cela même qu'il était déchu. D'ailleurs, ses ancêtres s'étaient toujours glorifiés de leurs faits et de l'antique renommée de leur sang ; jamais on ne les avait vus se courber devant une puissance nouvelle ; et comme elle était la dernière de sa race, elle conservait précieusement leurs vieux sentimens et leur vieille croyance.

47. Elle arrêtait ses yeux sur un monde qu'elle connaissait à peine, sans avoir l'air de vouloir mieux le connaître : solitaire et silencieuse, elle croissait comme croissent les paisibles fleurs, sans que jamais son cœur éprouvât la moindre secousse violente. Il y avait toujours une respectueuse discrétion dans les hommages qu'elle recevait ; car son ame semblait planer, comme du haut d'un trône, sur tout ce qui

l'environnait; et, chose étrange dans un âge aussi tendre, son empire lui venait de sa propre force.

48. Or, il advint que, dans son catalogue, Adeline ne comprit pas Aurora; bien que sa fortune et sa naissance lui donnassent une vogue plus grande que celle des enchanteresses que nous avons déjà citées. Sa beauté, cependant, ne pouvait l'empêcher d'être du nombre de celles qui, sous plusieurs autres rapports, méritaient d'augmenter l'embarras des célibataires fatigués de l'être.

49. Et l'on devine que cette omission, comme celle du buste de Brutus dans les solennités du règne de Tibère [1], étonna singulièrement Juan. Mais quand il voulut, moitié sérieux et moitié riant, exprimer sa surprise, Adeline répondit avec un certain dégoût, et d'un air pour le moins impérieux, qu'elle n'avait pu deviner ce qui l'avait pu frapper dans une petite poupée muette, froide et pincée, telle qu'Aurora Raby.

50. Juan riposta sur-le-champ « qu'étant, comme » lui, catholique, Aurora lui convenait mieux que » personne; qu'il était sûr, d'ailleurs, que sa mère

---

[1] *At the pageant of Tiberius.* M. A. P. traduit : *Dans la pompe funèbre de Tibère*; c'est une bévue. Cette admirable et célèbre phrase de Tacite; *Sed præfulgebant Cassius atque Brutus, eo ipso, quod effigies eorum non visebantur*, termine la description des funérailles de Junia, fille de Caton, veuve de Cassius et sœur de Brutus; et non celle des funérailles de Tibère, où les bustes de deux aussi grands hommes n'avaient que faire.

» tomberait malade et que le pape lancerait ses fou-
» dres, si...» — Mais ici Adeline, qui semblait toujours douloureusement recevoir l'inoculation des opinions des autres parmi celles qui lui étaient propres, répéta, — comme c'est assez l'usage en pareil cas, — la raison qu'elle avait déjà donnée.

51. Et pourquoi pas? Une raisonnable raison, quand elle est bonne, ne perd rien à être répétée; et si elle est mauvaise, qu'a-t-on de mieux à faire que de l'embellir et la rendre plausible? On ne peut trop se mettre en garde contre la concision; car c'est en insistant *à* ou *hors de* propos qu'on persuade tous les hommes, même les diplomates : du moins, — ce qui revient au même, — on les fatigue, et pourvu qu'on arrive au but, qu'importe le chemin qui y mène?

52. Comment Adeline avait conçu cette légère prévention, — car c'était bien une prévention, — contre un être aussi exempt de vice que la sainteté en personne, et qui réunissait aux charmes de la vertu celui des grâces et de la beauté; c'est, à mes yeux, une question trop délicate. La nature avait créé Adeline généreuse, mais la nature est la nature : elle a plus de caprices que je n'ai le tems ou l'envie d'en décrire.

53. Peut-être n'aimait-elle pas l'air d'insouciance avec lequel Aurora regardait les hochets qui séduisent tant les jeunes personnes; car rien n'est plus insupportable aux hommes, et même, si j'ose le dire, aux femmes, que de voir leur génie ravalé (comme

celui d'*Antoine devant César* [1]) par le petit nombre
de ceux qui le considèrent sous leur vrai jour.

54. Ce n'était pas envie, — Adeline n'en connaissait pas ; elle et son esprit ne s'abaissaient pas jusque-là : ce n'était pas mépris ; — comment mépriser celle dont le plus grand défaut était de n'en pas avoir de sensibles ? Ce n'était pas jalousie, je pense ; Adeline ne suivait pas les *ignes fatui* qui aveuglent les autres : ce n'était pas — mais il est, hélas ! bien plus aisé de dire ce que ce n'était pas que de dire ce que c'était.

55. Aurora était loin de soupçonner qu'elle fût l'objet d'une pareille discussion : on l'eût prise, dans tous les cercles, pour une étrangère, pour le flot le plus beau et le plus pur du fleuve de jeunesse et de rang que le tems couvrait alors de ses plus radieux jets de lumière. Si elle l'eût deviné, elle en aurait légèrement souri, — tant elle était encore enfant — ou tant elle ne l'était plus.

56. Adeline, avec son air de faste et de hauteur, ne lui en imposait pas. Elle la voyait briller ; mais, comme si cet éclat lui eût paru celui d'un ver luisant, elle semblait bientôt lever la tête pour contempler de plus douces clartés. Pour Juan, c'était un objet qu'elle ne définissait pas, attendu qu'elle ne portait pas dans les nouveautés mondaines un regard de si-

---

[1] Mon génie étonné tremble devant le sien.
Voyez aussi le *Julius Cesar* de Shakspeare.

bylle ; mais, comme elle se laissait peu toucher par les avantages extérieurs, elle n'était nullement éblouie par ce nouveau météore.

57. Sa réputation même ; — car il avait cette espèce de réputation qui fait quelquefois à la gent féminine des tours d'enfer ; mélange hétérogène de gloire et de blâme ; demi-vertus combinées à des vices bien réels ; défauts qui plaisent, parce qu'ils n'excluent pas la noblesse des sentimens ; folies dont le vif éclat éblouit les yeux : — mais ce cachet ne laissait aucune empreinte sur la cire virginale d'Aurora, tant était grande sa froideur ou son empire sur elle-même !

58. Juan ne concevait rien à un pareil caractère. — Malgré son élévation, il n'avait rien de comparable à celui de sa pauvre Haidée ; mais l'une et l'autre étaient radieuses dans leur sphère respective. La vierge des îles, nourrie des seules inspirations de la mer, avait plus de passion, autant de charmes et non moins de candeur : c'était l'élève de la nature. Aurora ne pouvait, n'aurait pas voulu être de même. — Il existait entre elles la même différence qu'entre une fleur et une perle.

59. Maintenant que j'ai *abattu* cette sublime comparaison, je crois pouvoir continuer mon récit et *entonner mon chant de guerre*, comme mon ami Scott ; Scott, le superlatif de mes comparatifs ; Scott, auquel fut donné de peindre nos chevaliers chrétiens ou sarrasins, l'esclave, le seigneur, l'homme, avec

une habileté qui serait incomparable s'il n'y avait jamais eu un Shakspeare et un Voltaire, desquels il semble avoir, en tout ou en partie, recueilli l'héritage [1].

60. Je vais, dis-je, continuer ma course légère en ne m'arrêtant qu'aux humaines surfaces. J'écris l'histoire du monde sans me soucier que le monde me lise, ou du moins sans chercher, pour cette raison, à ménager sa vanité. Ma muse, en suivant cette route, a soulevé contre elle bien des ennemis; elle va peut-être en soulever encore un plus grand nombre : je m'y attendais en commençant, et l'expérience a *confirmé* mes prévisions. Mais enfin je n'en suis ou je n'en étais pas moins un assez bon poète [2].

61. La conférence ou congrès (car elle se termina comme aujourd'hui les congrès) de lady Adeline avec Don Juan jeta un peu d'aigreur dans leur liaison; — car milady était entêtée; et avant d'avoir pu revenir sur leurs pas ou se piquer davantage, la cloche argentine se fit entendre : elle n'annonçait pas encore *le dîner prêt*; mais seulement cette heure,

---

[1] M. A. P. se trompe quand il prétend que *la rime seule attire ici Voltaire, qui ressemble peu à W. Scott*. Les caractères dramatiques de Lusignan et de Nérestan, de Tancrède, de Coucy et de Vendôme, offrent les plus frappans rapports avec plusieurs des héros de W. Scott.

[2] *A pretty poet.* M. A. P. pense que cette expression est ironique. Je ne suis pas de son avis. C'est une sorte de démenti sérieux que Byron adresse encore aux *Réviseurs* d'Édimbourg. « Critiquez tant que vous voudrez mes vers, semble-t-il leur dire, je n'en ai pas moins prouvé que vous étiez des Midas et des menteurs; car vous ne persuaderez à personne que je ne sois pas un *poète passable*. »

consacrée à la parure et appelée *demi-heure*, bien que les dames puissent se contenter de moins de tems, si l'on en juge d'après la légèreté de leurs robes.

62. Maintenant la table allait devenir le théâtre de grands exploits; les piles d'assiettes allaient tenir lieu d'armures, et les couteaux et les fourchettes, de glaives. Mais quelle muse, depuis celle d'Homère (ses festins ne sont pas la plus méprisable partie de ses poèmes), pourrait jamais chanter la carte d'un seul de nos modernes dîners? dîners dont chaque soupe, chaque sauce ou chaque ragoût exige plus d'art et de précaution que n'en montrèrent jamais médecins ou sorcières [1].

63. Il y avait une excellente soupe « à la *bonne femme* ». Où l'avait-on trouvée? je l'ignore. Il y avait aussi, pour les estomacs les plus complaisans, un turbot, soutenu par un dindon à la Périgueux. Il y avait, — mais comment pourrais-je, moi, indigne pécheur, terminer cette stance gastronomique? — une soupe à la Beauveau qui, pour sa plus grande gloire, était flanquée d'un filet de porc.

64. Mais je suis forcé de réunir le tout en un seul mets ou masse; car si ma muse entrait dans les détails, elle risquerait de tomber dans de plus graves excès que ne lui en reprochent déjà les personnes délicates et austères. Cependant, toute *bonne vivante* qu'elle est, j'avoue que l'estomac n'est pas son côté

---

[1] *Than witches, b—ches or physicians brews.*

fragile; mais il faut bien lui offrir, dans ce récit, une légère réfection, ne serait-ce que pour tenir sa verve en haleine.

65. Volailles *à la Condé*, cuisses de venaison, tranches de saumon avec des sauces *genevoises*, vins qui auraient pu donner une seconde fois la mort au fils d'Ammon[1] (dont puissions-nous jamais ne revoir le pareil); puis un jambon glacé de Westphalie[2], auquel Apicius lui-même aurait accordé sa bénédiction; et le Champagne, dont les bulles pétillantes eussent lutté de blancheur avec les perles fondues de Cléopâtre.

66. Puis je ne sais quelle chose *à l'allemande*; une *timbale*, une *salpicon* à l'espagnole, — avec d'autres objets qu'il m'est impossible de nommer ou de reconnaître, mais auxquels, en général, on faisait honneur de bonne grâce. Puis des entremets vers lesquels on tendait une main discrète, et destinés à faire plus patiemment attendre le manteau de Lucullus (la robe triomphale et le vrai titre de gloire de ce héros)[3], — c'est-à-dire, les filets de perdreaux sautés dans la truffe.

---

[1] *The young Ammon.* Alexandre-le-Grand, mort à la suite d'un festin.

[2] Préparés à peu près comme les *jambons de Mayence.*

[3] Un plat *à la Lucullus.* Ce conquérant de l'Orient a dû la plus grande partie de sa gloire aux cerises qu'il transplanta le premier en Europe et au nom de quelques excellens plats. Je ne sais même (en mettant de côté les indigestions) s'il ne faut pas lui savoir plus de gré de sa cuisine que de ses conquêtes. Un cerisier peut bien entrer en balance avec un

67. Et que sont auprès de celles-ci les tresses [1] dont on entoure le front des vainqueurs? des lambeaux souillés. Où est l'arc triomphal, monument des pillages du monde? où sont les fastueux chars de victoire? Hélas! où vont également les victoires et les dîners [2]? Je ne veux pas suivre plus loin cette idée; mais, avec votre fourniture de cartouches, dites-moi, héros modernes, s'il est un seul de vos noms qui pourrait donner un nouveau lustre aux perdrix?

68. Les truffes ne sont pas non plus de méprisables accessoires, quand ils précèdent *les petits puits d'amour,* plat que l'on peut accommoder de plusieurs manières, et qu'ainsi chacun est libre de varier à la sienne, suivant les préceptes du meilleur des dictionnaires, l'*Encyclopédie* des viandes et des poissons. Mais, même sans *confitures,* il est certain qu'il n'y a rien de délicat comme ces *petits puits* [3].

69. La tête se perd en contemplant l'esprit qui a présidé aux deux services, et le nombre infini des sujets d'indigestion exigerait un calculateur plus ha-

---

laurier ensanglanté, et, en tout cas, Lucullus peut se glorifier de l'un et de l'autre.

(*Note de Lord Byron.*)

[1] *Filet* se prend aussi, en anglais, pour *tresse.*

[2] Où va la feuille de rose
Et la feuille de laurier?

[3] *Petits puits d'amour, garnis de confitures.* C'est un plat classique et renommé que l'on place ordinairement à l'un des flancs du second service.

(*Note de Lord Byron.*)

bile que moi. Oh! qui jamais, en se reportant aux simples festins d'Adam, ne s'étonnera pas en voyant la cuisine faire assez de progrès pour former un art et une nomenclature de la plus vulgaire des fonctions naturelles!

70. On entendit bientôt le tintement des verres et le branlement des mâchoires; les fameux dîneurs dînèrent parfaitement, et les dames, prenant au festin une part moins vive, goûtèrent à peine de quelques plats. Il en fut de même des jeunes gens. On ne peut exiger, en effet, d'un jeune blondin la gourmandise de l'âge mûr. Il songera toujours moins à manger qu'à faire à demi-voix quelque causerie avec la jolie grasseyeuse qu'il peut avoir pour voisine.

71. Il faut, hélas! me résigner à ne pas décrire le gibier, le salmis, le consommé, la purée, tous mets dont je fais usage, et qui rendent mes rimes plus coulantes que si je les humectais du *roastbeef* de notre grossier John Bull. Je ne mentionnerai pas les tranches de porc, elles aigriraient et fausseraient ma voix mélodieuse. J'ai dîné; il faut renoncer même à la chaste description d'une *bécasse*,

72. Et aux fruits, aux glaces, à tout ce que l'art parvient à raffiner dans la nature, au profit du *goût* — ou de la *goutte*, comme votre estomac aimera mieux le prononcer[1]. Avant dîner, vous comprendrez ce mot comme les Français; mais *après*, peut-

---

[1] Le mot anglais *gout* signifie également *goût* et *goutte*.

être reconnaîtrez-vous, à certains signes, que le sens anglais est le plus juste. Vous n'avez jamais eu la *goutte*, lecteur? ni moi non plus; — mais vous et moi pouvons l'avoir, et je vous conseille d'y prendre garde.

73. Faudra-t-il omettre dans la carte de mon dîner les olives, ces simples, mais parfaites alliées du vin? C'est pourtant le plat que je préférais en Espagne, à Lucques, à Athènes, partout en un mot. Combien de fois, sur le cap Sunium ou le mont Hymette, et n'ayant d'autre table que la verdure, ne me suis-je pas fait une véritable fête d'en dîner! semblable à Diogène, auquel je dois la moitié de ma philosophie.

74. Autour de cette mascarade confuse de poisson, viande, volailles et légume, les convives furent placés suivant le degré de leur importance, et déployèrent une variété comparable à celle de tous les mets. Pour Don Juan, il se trouva en face d'une *espagnole*; non pas d'une demoiselle, mais, comme nous l'avons dit, d'un plat offrant, au reste, avec nos dames la plus grande ressemblance; paré merveilleusement et farci d'un monde de jolis petits riens.

75. Il fut aussi, par un singulier hasard, placé entre Aurora et lady Adeline, — situation peu commode pour celui qui, avec des yeux et un cœur, voudrait néanmoins dîner. D'un autre côté, la conférence dont nous avons tout à l'heure parlé n'était pas faite pour encourager ses piquantes saillies. Ade-

line ne lui adressait que quelques mots, et de ses yeux pénétrans semblait lire au fond de sa pensée.

76. J'ai souvent été tenté de croire que les yeux avaient, pour ainsi dire, des oreilles; ce qu'il y a de sûr, loin de la portée de l'ouïe, les belles reçoivent, et je ne sais par quel enchantement, l'écho de certaines conversations. Telle que cette mystérieuse musique des sphères, dont les vibrations, quelque hautes qu'elles soient, ne sont pas sensibles pour nous, on a vu souvent, chose étrange ! les dames entendre de longs dialogues dans lesquels on n'avait pas articulé une seule syllabe.

77. Aurora gardait cette indifférence qui ne manque guère de piquer d'honneur un *preux chevalier*. De toutes les offenses, la plus vive est celle qui semble vous rappeler que vous ne valez pas une pensée ; et Juan, sans avoir les prétentions d'un fat, n'était nullement flatté d'inspirer de lui-même de semblables préventions. On l'eût pris, après avoir reçu de si bons avis, pour un bon vaisseau qui échouait entre deux bancs de glace.

78. A ses *riens* spirituels on ne répondait rien, ou, quand l'urbanité l'exigeait, quelques mots qui, dans le fond, n'étaient rien. Aurora semblait à peine se tourner vers lui ; elle ne souriait pas même assez pour satisfaire la plus vulgaire vanité. Le diable était donc dans cette jeune personne ! Était-ce un excès d'orgueil, de modestie, de distraction ou de nullité ? Le ciel le savait ! mais, au préalable, les yeux pleins

de malice d'Adeline rayonnaient de joie en voyant ses prophéties réalisées.

79. Et elle regardait Juan d'un air qui semblait dire : *Je vous le disais bien.* C'est un chant de victoire que je ne recommande pas trop ; j'ai lu ou éprouvé, surtout quand on l'entonne aux dépens d'un ami ou d'un amant, qu'il peut décider ces derniers, pour couvrir leur réputation, à suivre sérieusement le plan qu'ils avaient d'abord formé en badinant. Or, les hommes, qui tous aiment à prophétiser le *présent* ou le *passé*, ont l'habitude de prendre en haine ceux qui ne permettent pas à leurs prédictions de se réaliser.

80. Ainsi, Juan se vit entraîné à montrer quelques attentions légères, mais délicates, et qui suffisaient pour exprimer à une femme d'esprit le désir d'en manifester de plus expressives. Aurora (ainsi le mentionne l'histoire, mais probablement sur des conjectures plutôt que sur des certitudes) finit enfin par affranchir ses pensées de leur douce prison, et si elle n'écouta pas, elle sourit du moins une ou deux fois.

81. Puis des réponses elle en vint aux questions, ce qui chez elle était fort rare. Adeline, qui ne désespérait pas encore de ses prédictions, commença pourtant à craindre qu'Aurora ne se fondît en coquette,—tant, dit-on, il est difficile d'empêcher les extrêmes, une fois mis en motion, de se toucher. Au reste, elle avait, dans ce cas-là, trop de prévoyance, et l'esprit d'Aurora n'était pas de ce genre.

82. Mais Juan avait, dans les manières, une sorte d'entraînement et une fière humilité, si pourtant c'en était une, qui laissait paraître, pour tout ce que les femmes disaient, autant de déférence que si chaque douce syllabe eût été une loi. Son tact lui apprenait aussi à passer légèrement du plaisant au sévère, et à montrer tour à tour de la réserve et de l'abandon. Il avait le talent de dominer les pensées de ses auditeurs, sans pourtant les initier dans les siennes.

83. Dans son indifférence, Aurora l'avait d'abord confondu dans la tourbe des élégans vulgaires, tout en lui supposant un peu plus de fonds qu'aux *incroyables* et insipides beaux-esprits qui l'entouraient; — mais elle commença (les petites choses sont le début des grandes) à goûter ce genre de flatterie qui s'insinue à force de déférences plutôt que par les complimens, et qui séduit même en hasardant de délicates contradictions.

84. Et puis il avait un extérieur avantageux; — sur ce point toutes les femmes, *nem. con.*, étaient d'accord, et souvent, je gémis de le dire, il conduit les personnes mariées au *crim. con.* [1]; — mais, attendu que nous avons déjà fait trop de digressions, nous laisserons les jurés *connaître* seuls *de* ce point,

---

[1] *Nem. con.* pour *nemine contradicente*, personne ne contredisant. — *Crim. con.* pour *criminal conversation*, conversation criminelle (c'est ainsi que, dans les tribunaux, on spécifie l'adultère). On écrit toujours ces deux phrases ainsi abrégées.

et nous nous contenterons de remarquer que, bien que les apparences soient et aient toujours été trompeuses, elles font souvent plus d'impression que le meilleur des livres.

85. Aurora, qui avait l'habitude d'étudier les livres plutôt que les physionomies, était, malgré son extrême sagesse, extrêmement jeune, et elle avait jusqu'alors plutôt admiré Minerve, que les Grâces, principalement sur des pages imprimées. Mais enfin, la jeunesse, avec tous ses étroits corsets, n'a pas les étreintes naturelles de la vieillesse ; et Socrate lui-même, ce modèle de toutes les vertus, avouait candidement qu'il avait un penchant, discret, il est vrai, pour la beauté [1].

86. Or, les vierges de seize ans sont aussi socratiques (mais plus innocentes) que Socrate ; et si le plus sage des Athéniens avait, à soixante-dix ans, les voluptueuses fantaisies que Platon nous décrit dans ses dialogues dramatiques, je ne vois pas pourquoi on les proscrirait dans les jeunes filles, — pourvu, toutefois, qu'elles soient modérées. Remarquez-le bien, cette dernière condition est pour moi un *sine quâ* [2].

---

[1] Voyez, entre autres, le dialogue de Platon, intitulé : *Les Rivaux*. « Je tressaillis, dit Socrate ; c'est l'impression que me font toujours » éprouver la jeunesse et la beauté. »

[2] *Sine quâ non*. Ce dernier mot est retranché par euphonie.

(*Note de Lord Byron.*)

Le lecteur remarquera facilement la nécessité de ce *non*. Mais le dou-

87. Remarquez aussi qu'à l'imitation du grand lord Coke (*voyez* Littleton [1]), toutes les fois que j'exprime deux opinions qui, au premier coup d'œil, semblent impliquer contradiction, la seconde est la meilleure. J'en ai peut-être en réserve une troisième ou je n'en ai peut-être aucune, — ce qui serait par trop inconvenant; mais enfin, si l'écrivain était toujours conséquent avec lui-même, il ne pourrait jamais exposer comment vont ici-bas les choses [2].

88. Si quelques gens se contredisent, puis-je m'empêcher de contredire eux, tout le monde et ma véracité elle-même? — Mais c'est une supposition absurde. Jamais je n'ai contredit et ne veux contredire. — Le moyen, en effet, de nier quelque chose quand on doute de toutes? la source de la vérité peut fort bien être limpide, — mais ses ondes sont fangeuses, et elles circulent à travers trop de canaux contradictoires pour ne pas flotter souvent sur ceux du mensonge.

89. L'apologue, la fable, la poésie, les para-

---

ble sens était dans l'intention du poète, comme semble mieux le prouver la réflexion suivante.

[1] C'est-à-dire *lord Littleton*, voyez *Coke*. Byron veut ici tourner en ridicule le lourd et dogmatique Coke, historien et jurisconsulte.

[2] « Tout change autour de nous et nous changeons nous-mêmes; ce » qui d'abord semblait digne de notre estime devient digne de notre » mépris, et notre goût, notre raison même, éprouvent des variations. » La véritable inconséquence serait d'être toujours du même avis et de » tenir toujours le même langage, etc. »

(M. Auger, *Notice sur Voltaire*, Biog. univ.)

boles, sont autant de fictions; mais ceux qui les sèment dans une terre labourable peuvent les convertir en autant de vérités; car on ne peut trop admirer le pouvoir des fables : elles rendent même, dit-on, supportable la réalité.—Mais alors, qu'est-ce que la réalité, et qui en possède le fil conducteur? La philosophie? non; elle exclut trop de choses. La religion? *oui*. Mais celle de quelle secte?

90. Ce qu'il y a de clair, c'est que plusieurs millions d'hommes sont dans l'erreur. Peut-être un jour arrivera-t-il que tous auront eu raison; mais, en attendant, Dieu nous soit en aide! Puisqu'il faut que dans notre carrière nous entretenions toujours la lumière dans nos saints fanaux; il est tems qu'il nous envoie un nouveau prophète ou que les anciens nous favorisent d'une seconde apparition, car, au bout de quelques milliers d'années, les croyances se perdent si le ciel ne prend soin de légèrement les rafraîchir.

91. Mais, encore ici, pourquoi m'entortiller dans la métaphysique? Personne n'abhorre plus que moi toute espèce de dispute, et pourtant telle est la force de ma folie ou de ma destinée, que je vais toujours donner de la tête contre quelque angle du présent, du passé ou du futur. Je veux pourtant tout le bien du monde au Troyen et au Tyrien[1], car je fus élevé dans un presbytérianisme modéré.

---

[1] Les saintes prophéties sont, comme on se le rappelle, remplies de malédictions contre la *fille de Sidon*, la superbe Tyr.

92. Mais, malgré ma modération et mon humilité en fait de théologie et de métaphysique, et bien que mon impartialité entre le Troyen et le Tyrien soit comparable à celle d'Eldon, au milieu d'une *commission lunatique*.¹, mon devoir est de rappeler à *John Bull* quelque chose de la situation politique du pauvre monde : mon sang bouillonne en effet comme le fond de l'Hécla, quand je vois les hommes permettre à leurs pitoyables souverains de violer les lois.

93. Mais si parfois je fais intervenir la religion, la politique et les politiques, ce n'est pas seulement pour donner à mes chants plus de variété, c'est encore afin de servir les intérêts de la morale. Ma tâche est de redresser la société et de ranimer un peu cette languissante rosse ². Or, maintenant, afin d'offrir quelque chose pour tous les goûts, nous allons essayer l'emploi du merveilleux,

94. Et je renonce à toute espèce d'argumentation : dès à présent, nulle tentation ne me décidera à m'écarter en rien de mon sujet. — Oui, je me voue à

---

¹ John-Scott, lord Eldon, aujourd'hui chancelier d'Angleterre, faisait partie de la commission chargée de décider si le roi Georges III était vraiment fou et s'il était nécessaire d'établir une régence.

² Nous n'avons pu traduire ici l'image que le poète emploie :

My business is to dress *society*
And stuff with sage *the very verd and goose.*

C'est-à-dire : « Mon affaire est d'*accommoder* la société et de relever avec de la *sauge* ce parfait oison. » *Sage* se prend ici pour *sauge* et pour *sage conseil*.

une réforme décidée. Je ne sais pas, d'ailleurs, comment on a pu jamais dire qu'il était dangereux de trop écouter la voix de ma muse; — je la crois aussi inoffensive que tant d'autres qui se fatiguent plus pour amuser moins qu'elle.

95. Lecteur rechigné! avez-vous jamais vu un revenant? Non. Vous en avez, je suppose, entendu parler? — Eh! bien, silence! ne regrettez pas le tems que je vous ai déjà fait perdre, car je vais vous offrir l'heureuse occasion d'en voir un. Et n'allez pas croire que je veuille plaisanter en pareille matière, et tarir par le ridicule, cette source de sublime et de mystère : — j'y crois (et j'ai pour cela de bonnes raisons) très-sérieusement.

96. Sérieusement? vous riez; — libre à vous, mais je ne vous imiterai pas : quand je ris, il faut que ce soit de bon cœur; autrement, je ne l'essaie pas. Je crois, dis-je, qu'il est un endroit ordinairement fréquenté par les esprits. Et lequel? Je ne veux pas le dire, parce que je voudrais plutôt mille fois en perdre le souvenir. *Les ombres peuvent glacer l'ame de Richard*[1]. En un mot, j'ai là-dessus à peu près les mêmes terreurs que le philosophe de Malmesbury[2].

---

[1] Voyez la grande et admirable scène de *Richard III*, acte v, scène 3. « Par l'apôtre Paul, les ombres ont frappé cette nuit l'ame de Richard » de plus de terreurs que ne pourraient le faire dix mille soldats armés » à toute épreuve et conduits par le maigre Richmont. Il n'est pas en- » core jour! »

[2] Hobbes qui, doutant de sa propre ame, faisait aux ames des au-

97. En ce moment, la nuit (car je chante la nuit, tantôt en hibou et tantôt en rossignol) est obscure, et l'oiseau plaintif de la sage Minerve râle à mes oreilles son hymne discordant. Les grimaces des vieux portraits semblent se détacher des vieilles murailles où ils sont suspendus ;—je prie le ciel de rendre leurs regards moins hideux!—Les cendres mourantes se raniment dans le foyer, je crains bien d'avoir trop prolongé ma veille.

98. Ainsi, quoique je n'aie aucunement l'habitude de rimer en plein jour,—quand j'ai autre chose à penser, si jamais je pense,—je dis que les légers frissons que me fait éprouver la nuit, me décident à remettre à demain midi un sujet qui ne doit, hélas! enfanter que des ombres. — Mais avant de me taxer de préjugés superstitieux, il faudrait vous mettre absolument à ma place.

99. La vie plane entre deux mondes, telle qu'une étoile sur les bords de l'horizon, entre la nuit et le matin. Combien nous sommes peu instruits de notre état actuel et de notre future existence! L'éternel océan du tems roule et emporte au loin nos bulles ; les vieilles crèvent, de nouvelles surgissent, détachées de l'écume des siècles, et cependant les tombeaux des empires glissent semblables à quelques vagues fugitives.

tres l'honneur d'esquiver leurs visites, dont il avait quelque terreur.

(*Note de Lord Byron.*)

Chant Seizième.

1. Les anciens Perses apprenaient trois choses utiles; à tirer de l'arc, à monter à cheval et à dire la vérité. C'est ainsi que fut élevé Cyrus, le meilleur des rois,—et depuis, la jeunesse moderne a adopté la même discipline. A leurs arcs ils ont, en général, deux cordes; ils courent à cheval sans peine et sans effroi; ils sont peut-être moins disposés à parler sincèrement, mais en revanche ils font des courbettes mieux que personne[1].

2. La cause effective—ou défective,—car il en est nécessairement une, — est ce que je n'ai pas le tems de vous expliquer. Je dirai seulement, à ma propre gloire, qu'en dépit de ses folies et de ses imperfections, sous certains rapports, ma muse est, de toutes les muses que je connais, celle qui a mis dans ses fictions le plus de sincérité.

3. Et comme elle traite de tout et ne fait *retraite* devant aucune proposition, cette épopée renfermera un abîme des conceptions les plus rares et que partout ailleurs vous chercheriez en vain. Quelque

---

[1] Byron dit : « Ils tirent de plus longs *arcs* que jamais ! » *Draw bow* signifie, en anglais, *tirer de l'arc* et *faire la révérence*.

amertume est, à la vérité, mêlée à son miel; mais c'est avec tant de discrétion, qu'au lieu de songer à vous en plaindre vous devez vous émerveiller qu'il y en ait si peu dans un traité *de rebus cunctis et quibusdam aliis*.

4. Mais toutes les vérités qu'elle a déjà pu exprimer ne sont rien auprès de celle qui lui reste à raconter. J'ai dit que c'était une histoire de revenant, —comment donc? Tout ce que je sais, c'est que rien n'est plus réel. Avez-vous, en effet, exploré les limites de la vallée où se tiennent tous les anciens habitans de la terre? Il est tems enfin de confondre tous ces écoliers d'incrédulité, comparables à ceux qui niaient les calculs de Christophe Colomb.

5. Il est aujourd'hui certaines gens qui nous citent avec déférence les chroniques de Turpin et de Geoffroy de Montmouth, historiens dont la supériorité est surtout incontestable en matières miraculeuses: mais saint Augustin doit avoir la priorité sur eux, lui qui prescrit à tous les hommes de croire l'impossible *par cette raison-là même*. Écrivailleurs, éplucheurs, ergoteurs, que pouvez-vous répondre, dites-moi, au *quia impossibile?*

6. Cessez donc, ô mortels, de chicaner. Croyez: s'il s'agit d'une chose peu probable, vous y êtes obligés; et si elle est absurde, tous vos doutes doivent disparaître. Mieux vaut, d'ailleurs, ajouter à tous les récits une foi inébranlable. Et je ne parle pas ici pour rappeler profanément les saints mys-

tères, adoptés comme évangile par tous les sages et tous les justes ; mystères d'autant mieux enracinés, que, comme toutes les vérités, on les a contestés davantage ;

7. Je prétends seulement remarquer, avec Johnson, que tous les peuples, depuis quelque six mille ans, ont cru que les morts revenaient, à certains intervalles, nous visiter, et ce qui dans cette étrange opinion est surtout étrange, c'est que la raison a beau nous en montrer l'absurdité, nous sentons toujours en nous, le nie qui voudra, quelque chose qui l'appuie plus fortement encore.

8. Le dîner et la soirée n'étaient déjà plus ; on avait fait au souper beaucoup d'honneur et aux dames beaucoup de complimens ; les convives défilaient l'un après l'autre ;—les chants et les danses étaient expirés ; les dernières robes légères étaient évanouies comme ces transparens nuages qui se perdent dans le ciel : rien, enfin, dans le salon, ne rivalisait plus d'éclat avec les mourans flambeaux — et les furtifs rayons de la lune.

9. La fin d'un jour de fête est comme un dernier verre de Champagne dépouillé de la pétillante mousse qui en avait égayé la première rasade ; ou comme un système tout-à-coup bronchant sur un doute ; ou comme une bouteille d'eau de soude dont la saveur et la vertu sont à demi éventées ; ou comme un flot que la tempête a séparé de la vague et qui n'est plus animé par le vent ;

10. Ou comme un opiat[1] qui vous trouble ou vous enlève entièrement le sommeil; ou comme...; — enfin, comme rien de ce que je connais, si ce n'est elle-même. — Il en est ainsi de la vie, nulles comparaisons ne peuvent en donner une juste idée; ou de la pourpre tyrienne, on ignore absolument si elle empruntait sa couleur à quelque coquillage ou à la cochenille[2]. Puisse, comme la robe des Tyriens, celle des tyrans être bientôt oubliée[3] !

11. Après l'ennui de s'habiller pour un rout ou un bal, vient celui de se déshabiller; notre robe de chambre est une sorte de tunique de Nessus, qui nous rappelle des pensées aussi jaunes et moins pures que l'ambre[4]. Titus s'écriait douloureusement : *J'ai perdu ma journée!* mais, dans toutes nos nuits et journées (j'ai cependant conservé de quelques-unes un souvenir assez flatteur), je voudrais bien savoir ce que nous avons gagné.

---

[1] Les potions opiacées sont, en général, destinées à rendre le sommeil à ceux qui en sont privés.

[2] On dispute encore sur la composition de l'ancienne pourpre de Tyr; on n'ose décider entre une sorte de coquillage, la cochenille ou le kermès; — on n'est même pas d'accord sur sa couleur : les uns disent qu'elle était pourpre, les autres écarlate. Moi, je ne dis rien.
(*Note de Lord Byron.*)

[3] M. A. P. a vu dans le dernier vers de cette strophe : « encore une » allusion à la *couleur* des précieuses ridicules de l'Angleterre. » J'avoue que je ne m'en serais jamais douté.

[4] De même que le vert est admis pour symbole d'espérance, le blanc, de pureté, le noir, de deuil, etc., on peut dire que le jaune est celui du *désappointement*, et c'est peut-être la couleur la plus expressive de toutes.

12. En se retirant pour reposer, Juan se sentait inquiet, agité et soucieux; il pensait aux yeux d'Aurora Raby, plus brillans que ne les avait trouvés Adeline. Sans doute, s'il eût bien sondé les plaies de son cœur, il se fût mis à philosopher; car c'est une grande ressource qui ne nous manque jamais, tant que nous n'en avons aucun besoin : mais en ce cas, Juan ne pouvait que soupirer.

13. Il soupira donc. — Une autre ressource à sa disposition, c'était la pleine lune, où sont déposés tous nos soupirs[1]; et justement alors, son orbe chaste et lumineux se montrait aussi peu voilé que le permettait la lourde atmosphère de la Grande-Bretagne. L'ame de Juan était dans les dispositions les plus favorables pour la saluer dignement de l'apostrophe *ô toi!* ce tuisme des égoïstes amans, qu'il est impossible d'expliquer, à moins de se mettre à leur place[2].

14. Mais amant, poète, astronome, paysan ou berger, tous, en la contemplant, subissent aussitôt son influence inspiratrice. C'est pour nous une source féconde de grandes pensées (et, si je ne me trompe, de refroidissemens); c'est à sa lumière qu'on confie le dépôt des plus précieux secrets; c'est elle qui gouverne les flots de l'Océan, la cervelle des hom-

---

[1] *Le lagrime e i sospiri degli amanti*, etc. (Voyez *Orlando furioso*, canto XXXIV, str. 75.)

[2] *Of amatory egoism the* tuism,
Which furter to explain would be a truism.

mes et même leurs cœurs, si l'on peut s'en rapporter aux poètes.

15. Juan se sentait tant soit peu rêveur et incliné vers la contemplation plutôt que vers son oreiller. Dans la chambre gothique où il était retiré, le bruit saccadé de la chute d'eau se faisait entendre au milieu des mystérieuses impressions de la nuit [1]; sous sa fenêtre gémissaient (nécessairement) les branches ondulées d'un saule. Il se mit donc à contempler la cascade, qui tantôt éclatait — et tantôt se perdait dans l'ombre.

16. Sur la table ou sur la toilette (je ne puis exactement dire *laquelle*, et j'en fais la remarque, parce que je tiens excessivement à l'exactitude) brûlait vivement une lampe; pour lui, il était appuyé dans le creux d'une niche qui conservait encore de nombreux ornemens gothiques, des pierres ciselées, des vitraux peints et tout ce que le tems avait épargné dans le manoir de nos ancêtres.

17. Puis, comme la nuit était claire, bien que froide, il ouvrit la porte de sa chambre, et s'avança dans une galerie d'une sombre teinte, d'une longue dimension, et tapissée de vieilles et précieuses peintures représentant d'héroïques chevaliers et des dames chastes, comme le sont toujours les personnes de haut rang. Mais, à travers de sombres lueurs, les portraits des morts ont quelque chose de glacial, de terrible et de fantastique.

[1] Voyez ch. XIII, strophe 63.

18. Vous diriez que la lune a rendu la vie aux formes refrognées des chevaliers et des saints que la peinture a reproduits : et quand vous faites un pas, en avant ou en arrière, vous croyez, au faible écho de votre propre marche, — entendre des voix sortir de la tombe, et des revenans, gracieux ou horribles, s'élancer de la toile qui gardait leur triste effigie, pour vous demander comment vous osez ouvrir les yeux dans un endroit où tout devrait dormir, excepté la mort.

19. A la lumière des étoiles, le pâle sourire des beautés, charme d'un autre siècle et maintenant renfermées dans la tombe, semble se ranimer ; leurs tresses inhumées flottent le long de la toile ; leurs yeux étincellent, en se portant sur les vôtres, comme dans certains douloureux songes, ou comme les stalactites d'une obscure caverne ; mais leurs fantastiques regards expriment toujours la mort: Un portrait lui-même est déjà le passé, et avant que le cadre n'en soit doré, celui qu'il représente a cessé d'être le même.

20. Juan méditait sur l'inconstance ou sur sa maîtresse, — deux termes synonymes, — et rien, si ce n'est l'écho de ses soupirs et de ses pas, n'interrompait le silence de l'antique manoir ; quand tout-à-coup il entendit ou crut entendre à ses côtés un *agent* surnaturel, — ou peut-être une souris, maudit animal dont le grignotement, sous la tapisserie, trouble et embarrasse souvent tant de personnes.

21. Ce n'était pas une souris; mais, ô ciel! un moine accoutré d'un capuchon, d'un chapelet et d'une robe noire, tantôt apparaissait dans un rayon de lune et tantôt se perdait dans les ombres. Il semblait marcher péniblement, et pourtant sans bruit: ses vêtemens seuls faisaient entendre un léger murmure, et ses mouvemens étaient fantastiques et silencieux comme ceux des prophétiques sœurs [1]. En passant devant Juan, il fixa sur lui, sans s'arrêter, un œil étincelant.

22. Juan resta pétrifié : il avait bien entendu quelque chose d'un revenant qui circulait dans ces vieilles galeries, mais, ainsi que la plupart des hommes, il regardait ces rumeurs comme l'effet des impressions que produisent de semblables lieux. C'est une sorte de coin frappé dans les hôtels [2] délabrés de la superstition, et donnant cours, non pas à quelque précieux métal, mais à des ombres aussi rarement vues que l'or représenté par le papier. Mais Juan en *voyait*-il une enfin, ou n'était-ce qu'une vapeur vaine ?

23. Une, deux et trois fois passa et repassa devant lui l'habitant des airs, de la terre, du ciel ou de quelque autre lieu : Juan le regardait avec de grands yeux, mais sans pouvoir parler ou faire un seul geste. Il restait immobile comme une statue sur son

---

[1] *The sisters weirds.* Les sorcières de Macbeth.
[2] *The mint*, la monnaie, l'hôtel des monnaies.

piédestal; autour de ses tempes se hérissaient ses cheveux comme des nœuds de serpens; en dépit de tous ses efforts, sa langue lui refusait des paroles pour demander à cette créature révérente ce qu'elle voulait.

24. La troisième fois, après une pause encore plus longue, le fantôme se perdit; — mais où? La galerie était longue, et rien n'obligeait à supposer que l'évanouissement fût surnaturel. Il y avait plusieurs portes par lesquelles, grands ou petits, les corps pouvaient entrer ou sortir, suivant les plus simples lois de la physique : mais il fut impossible à Juan d'apercevoir par quelle issue le spectre s'était évaporé.

25. Il garda la même immobilité — pendant un espace de tems qu'il ne put déterminer, mais qui lui parut un siècle : — toujours écoutant et anéanti, ses yeux restaient fixés sur le point où d'abord s'était agité le fantôme. Enfin, il rappela par degrés son énergie; il eût volontiers attribué à un songe ce qu'il venait de voir, mais il ne se réveillait toujours pas; il sentait qu'il n'avait pas cessé d'avoir les yeux ouverts, et il se décida à retourner à sa chambre, laissant en chemin la moitié de ses forces.

26. Tout y était comme il l'avait laissé : son flambeau brûlait encore, et non pas d'une flamme *bleue*, comme ces flambeaux plus *modestes* dont l'éclat est toujours entouré d'une sympathique fumée[1].

---

[1] Allusion aux *bas-bleus*.

Il se frotta les yeux, ils ne refusèrent pas leur service ; il prit un ancien journal, le journal lui parut extrêmement lisible ; il y lut un article dirigé contre le roi, et un second qui renfermait l'emphatique éloge du *cirage patenté*.

27. Cela sentait bien notre monde ; pourtant sa main tremblait encore. Il ferma sa porte, et, après avoir lu un paragraphe relatif, je crois, à Horne Tooke [1], il se déshabilla et se mit tranquillement au lit. Appuyé nonchalamment sur son oreiller, il repaissait encore son imagination de ce qu'il avait vu. Enfin, sans avoir pris d'opiat, il s'assoupit par degrés et s'endormit profondément.

28. Il s'éveilla de bonne heure : comme on peut le supposer, ce fut pour méditer sur la visite ou vision qu'il avait eue, et pour décider s'il ferait bien d'en parler, au risque d'être plaisanté sur sa superstition. Plus il réfléchissait, plus son esprit devenait irrésolu : cependant son valet, dont l'exactitude était grande, parce que son maître ne se contentait pas à moins, frappa à sa porte, pour l'avertir qu'il était tems de se lever.

29. Il s'habilla donc. Il avait, comme tous les jeunes gens, l'habitude de prendre quelque soin de sa toilette ; mais ce matin-là il n'y consacra que peu d'instans : sa glace même fut à peine consultée ; ses

---

[1] Horne Tooke fut impliqué, en 1794, dans une conspiration contre le gouvernement, et dut alors son acquittement à l'effet que produisit une brochure du célèbre Godwin.

cheveux tombèrent sur son front en boucles négligées ; son habit ne reçut pas le pli accoutumé, et le *nœud gordien*[1] de sa cravate lui-même fut jeté trop de côté, de plus de la largeur d'un cheveu.

30. Quand il descendit dans le salon, il s'assit, d'un air rêveur, devant une tasse de thé qu'il n'aurait peut-être pas reconnu, si la liqueur, en lui brûlant les lèvres, ne l'eût forcé de recourir à sa cuiller. Telle était sa distraction, qu'il était impossible de ne pas l'attribuer à *quelque chose*. — Adeline s'en aperçut la première ; — mais *qu'était-ce ?* elle ne le devinait pas.

31. Elle le regarda, le vit pâle et devint elle-même aussi pâle que lui. Elle se hâta de baisser les yeux et de murmurer quelques mots que mon récit s'abstiendra de transmettre. Cependant lord Henry remarquait que les *tartines* étaient mal beurrées ; la duchesse de Fitz-Fulke, tout en jouant avec son voile, le lorgnait avec curiosité, mais ne prononçait pas un mot ; et les grands yeux noirs d'Aurora Raby se fixaient également sur lui avec un air de surprise tranquille.

32. Enfin, la belle Adeline voyant que Juan conservait toujours la même froideur silencieuse, et que tout le monde, plus ou moins, en paraissait étonné, lui demanda *s'il était malade*. Il tressaillit et répon-

---

[1] Voyez l'*Art de mettre sa cravate*, dont les journaux français ont rendu le compte le plus favorable.

dit : « Oui, — non; un peu, oui ». Le médecin de la maison était un docte personnage : comme il se trouvait là, il exprima le désir de lui tâter le pouls et de reconnaître la maladie; mais Juan s'empressa de dire « *qu'il se trouvait parfaitement bien*,

33. » *Fort bien, bien, mal.* » Ces réponses n'étaient pas claires, et cependant ses yeux, quoique voilés par une apparence de délire, semblaient en garantir la sincérité; son esprit était certainement oppressé d'une maladie soudaine, mais peu sérieuse. Et comme il n'avait pas l'air de vouloir dire ce qu'il éprouvait, on avait lieu de croire que ce n'était pas un médecin dont il avait besoin.

34. Cependant, lord Henry avait pris son chocolat et les tartines dont il avait commencé par se plaindre. Il remarqua que Juan n'avait pas aussi bonne mine qu'à l'ordinaire, chose singulière; puisque le tems n'avait pas cessé d'être beau. Et s'adressant à la duchesse de Fitz-Fulke, il demanda à *sa grâce* si elle n'avait pas reçu de récentes nouvelles du duc. *Sa grâce* répondit que *sa grâce* souffrait légèrement de quelques faibles et héréditaires accès de goutte, cette rouille des articulations aristocratiques.

35. Henry se retourna alors vers Juan, et lui exprima quelques mots de condoléance. « Vous re-
» gardez, dit-il, comme si votre sommeil avait été in-
» terrompu par le moine noir du temps passé. —
» Quel moine »? s'écria Juan en faisant de son mieux

pour répondre à cette question d'un air tranquille ou insouciant ; mais ses efforts ne l'empêchèrent pas de devenir encore plus pâle.

36. « Oh ! vous n'avez donc jamais entendu par-
» ler du moine noir, le revenant du château ? —
» Non, sur mon honneur. — Comment ! La renom-
» mée, — mais vous savez que la renommée ment
» quelquefois, — raconte, à ce propos, une vieille
» histoire telle quelle. Mais soit qu'avec le tems le
» fantôme devienne plus réservé, soit que nos pères
» aient eu des yeux plus pénétrans en pareille ma-
» tière, il est au moins certain, malgré l'espèce de
» croyance qu'on ajoute à ses visites, que le moine
» ne s'est pas souvent montré dans ces derniers tems.

37. » La dernière fois ce fut.... — Oh ! je vous
» en prie, » interrompit Adeline (elle observait at-
tentivement les traits de Juan, et, d'après leur altération progressive, elle conjecturait déjà qu'il pouvait exister quelques rapports entre son trouble et la
légende), « si vous avez l'intention de badiner,
» choisissez quelque sujet plus nouveau ; on a déjà
» répété bien des fois ce conte, et en vieillissant il
» n'en est pas devenu meilleur. —

38. » Badiner ! reprit milord ; mais, Adeline, ne
» vous rappelez-vous pas que nous-mêmes, c'était
» dans notre lune de miel, nous vîmes..... — Eh !
» bien, peu importe ; il y a déjà si long-tems de cela !
» au reste, écoutez, je vais vous donner la musique
» de cette histoire. » Alors, avec la grâce de Diane

lorsqu'elle tend son arc, elle saisit sa harpe : à peine touchées, les cordes semblèrent s'animer d'elles-mêmes, et d'un ton plaintif elle commença à préluder sur l'air : *Il était un frère des ordres gris.*

39. « Mais, dit Henry, donnez-nous les paroles » que vous avez faites sur cet air; car Adeline est à » demi poète, » ajouta-t-il en souriant vers ceux qui se pressaient autour d'elle. Personne, dès-lors, ne pouvait plus se défendre d'appuyer les instances du mari et de témoigner le désir de juger de trois talens ni plus ni moins réunis ; — le chant, les paroles et la harpe, talens qu'on ne peut guère rencontrer dans une femme sans mérite.

40. Après quelques ravissantes hésitations, — charme ordinairement employé par nos mélodieuses enchanteresses, et dont elles ont même l'air (je ne sais pourquoi) de ne pouvoir se dispenser, — la belle Adeline inclina d'abord ses yeux vers la terre ; puis, les enflammant d'une inspiration soudaine, elle maria sa douce voix aux lyriques accords et chanta avec une grande simplicité (mérite d'autant plus précieux, que nous le retrouvons plus rarement) :

I.

Oh ! gardez-vous du triste frère
Qui, dans la brise de minuit,
Vient, soit en corps, soit en esprit,
Ici marmotter sa prière.
Au tems où de ce vieux manoir
S'empara lord Amundeville ;
Il ne quitta pas cet asile. —
Gardez-vous bien du moine noir.

II.

Devant la redoutable épée
De milord et des gens du roi,
Ses compagnons remplis d'effroi
Ont abandonné la contrée ;
Mais lui seul ose chaque soir
Visiter encor l'abbaye :
Cependant il n'est plus en vie. —
Gardez-vous bien du moine noir.

III.

Ici, quand d'un noble hyménée
On doit former le nœud charmant,
Il passe d'un air menaçant
Sur le lit de la fiancée.
Tranquillement il vient s'asseoir,
Quand un lord ferme la paupière,
Sur son monument funéraire. —
Gardez-vous bien du moine noir.

IV.

Le premier il donne l'alarme
Des maux qui doivent arriver ;
La naissance d'un héritier
Semble lui coûter une larme.
Son capuchon laisse entrevoir
Un œil qui tristement scintille :
Comme ceux d'un fantôme il brille. —
Gardez-vous bien du moine noir.

V.

Oh ! gardez-vous du triste frère,
Car seul il est notre seigneur :
Des saints il est le successeur
Et l'héritier du monastère.
Le jour il n'a pas de pouvoir,
Mais pendant la nuit il commande.
Est-il un vassal qui prétende
Rire des droits du moine noir ?

VI.

Quand il marche de salle en salle,
Vous le rencontrez sans danger ;
Mais tremblez de l'interroger !
Sa voix est lente et sépulcrale.
Pour l'éloigner de ce manoir,
De Dieu fléchissons la colère ;
Et puisse notre humble prière
Ouvrir le ciel au moine noir !

41. La voix de la dame expira, et les frémissantes cordes se calmèrent dès qu'une main savante eut cessé de les animer. Il y eut alors, comme c'est assez l'usage après un chant, un moment de silence ; puis le cercle exprima vivement son admiration, et loua avec enthousiasme et politesse la pureté de la voix, le mérite de l'expression et de l'exécution, au grand embarras de la timide cantatrice.

42. Puis la belle Adéline continua à préluder pour sa propre satisfaction, et d'un air d'insouciance : on eût dit qu'elle n'estimait un pareil talent que comme un agréable passe-tems. Elle le cultivait quelquefois *sans* prétention, ou plutôt *avec* la prétention de montrer dédaigneusement ce qu'elle pourrait exécuter, si elle voulait s'en donner la peine.

43. Mais (gardons-nous de le dire tout haut) c'était — pardonnez-moi la citation pédantesque — fouler aux pieds l'orgueil de Platon avec un orgueil plus insupportable encore, comme le fit un certain jour le cynique Diogène. Il avait espéré mortifier le sage, ou du moins éveiller sa colère philosophique,

à propos d'un tapis gâté;—mais *l'abeille attique* fut assez consolée par sa propre repartie [1].

44. Ainsi, Adeline (en faisant avec aisance toutes les *difficultés* que les dilettanti font avec parade) voulait ravaler leur espèce de *demi-profession*; car la musique devient quelque chose de tel quand on s'y livre trop exclusivement; et vous serez de mon avis si jamais vous avez entendu roucouler miss ceci, miss cela, lady cette autre, pour la plus grande satisfaction de la compagnie — ou de leur mère.

45. Oh! qu'elles sont longues, les soirées de *duos*, de *trios*, d'*admirations* et de *ravissemens*! Combien, en pareil cas, de *mamma mia*, d'*amor mio*, de *tanti palpiti*, de *lasciami* et de tremblotans *addio*, dans les salons de la nation, *comme on sait*, la plus musicale de la terre! sans compter le *tu mi chamas* de Portugal, destiné à flatter nos oreilles dans le cas où l'Italie seule ne pourrait y parvenir [2].

---

[1] C'était, je crois, un tapis que souillait un jour Diogène, en disant: « C'est ainsi que je foule aux pieds l'orgueil de Platon! — Avec plus d'orgueil encore, » répondit l'autre. Mais comme les tapis sont destinés à être foulés aux pieds, il est probable que ma mémoire est en défaut et que c'était une robe, une tapisserie, une couverture de table ou quelque autre précieux meuble peu usité chez les Cyniques.

[2] Je me souviens qu'un jour la mairesse d'une ville de province, tant soit peu ennuyée de cette longue exécution de musique étrangère, ne put s'empêcher d'interrompre assez impoliment les bravos d'un auditoire compétent, — compétent, c'est-à-dire, en fait de musique; — car, indépendamment de la difficulté du langage, les paroles étaient entièrement défigurées par celles qui les chantaient (c'était d'ailleurs quelques années avant la paix et avant que tout le monde n'eût voyagé. J'étais

46. Adeline admirait également les airs de *bravoure* de Babylone [1], et ces touchantes et patriotiques ballades de la *verte Érin* et de la *grise Écosse*, qui reproduisent si bien *Lochaber* à l'imagination de ceux qui parcourent les continens et les mers Atlantiques, et qui, véritable calenture musicale, ont le pouvoir de rendre pour un instant aux montagnards leur patrie, leur douce patrie, que peut-être ils ne doivent plus revoir.

47. Elle avait aussi un léger reflet de *bleue*; elle était capable de trouver des rimes et de composer plus de vers qu'elle n'en écrivait; dans l'occasion, elle pouvait lancer une épigramme, comme chacun doit le faire, sur ses meilleures amies : mais enfin elle était bien éloignée de ce sublime et parfait azur, devenu la couleur dominante; elle poussait même la faiblesse jusqu'à regarder Pope comme un grand poète, et qui pis était, elle ne rougissait pas de le dire.

---

encore au collége). Cette mairesse s'écria donc brusquement : « Grand merci de vos Italiens; pour ma part, je préfère de beaucoup une simple ballade. » Un jour, grâces à Rossini, tout le monde reviendra au même avis. Eût-on jamais cru qu'il serait le successeur de Mozart? Je ne hasarde cela, au reste, qu'avec défiance, étant un admirateur vif et sincère de la musique italienne en général et de celle de Rossini, sous plusieurs rapports; mais nous pouvons du moins en dire, avec le connaisseur de tableaux, dans *le Vicaire de Wakefield* : « Cette peinture vaudrait mieux, » si le peintre y avait consacré plus de tems. »

(Note de Lord Byron.)

[1] C'est encore l'usage, en Angleterre, d'appeler, sérieusement ou ironiquement, toutes les vanités de la mode la prostituée de Babylone.

48. Aurora, — puisque nous en sommes sur le *goût*, ce thermomètre qui sert aujourd'hui à marquer les degrés de capacité de chaque caractère, — était, si je ne me trompe, plus *Shakspearienne*. Le plus souvent ses pensées portaient sur des mondes au-delà du triste désert de notre monde : elle nourrissait même en elle un foyer de sensibilité capable de supporter des méditations profondes et infinies, mais silencieuses comme l'espace.

49. Il n'en était pas ainsi de sa gracieuse, et pourtant moins gracieuse *grâce*, la duchesse de Fitz-Fulke. L'esprit de cette Hébé déjà mûre, en supposant qu'elle en eût, était parfaitement modelé sur sa physionomie qui, avouons-le, avait un charme séducteur. On pouvait bien y reconnaître un léger penchant à la méchanceté, — mais ce n'était rien ; peu de femmes se présentent à nous sans cette aimable disposition, et c'est, je suppose, uniquement dans la crainte que nous n'imaginions, auprès d'elles, être dans le ciel.

50. Je n'ai pas entendu dire qu'elle eût quelque penchant vers la poésie, et cependant on la voyait quelquefois lire le *Guide de Bath*[1] et le *Triomphe*[2] *de Hayley*, qu'elle trouvait vraiment sublime, parce que, ajoutait-elle, le barde avait saisi son *tempé-*

---

[1] Poème satirique d'Anstey.
[2] *Le triomphe du tempérament*, de Hayley, poème didactique peu estimé des connaisseurs en Angleterre. (Voyez les *Bardes anglais et les Réviseurs écossais*.)

rament au point de prédire tout ce qu'elle avait ressenti — depuis son mariage. Mais de tous ces vers, ceux qu'elle estimait le plus étaient les sonnets ou les *bouts rimés* qu'on venait à lui adresser.

51. Il ne serait pas aisé de dire quel avait été le but d'Adeline en faisant intervenir cette romance, qui semblait avoir quelque affinité avec les impressions nerveuses de Don Juan. Voulait-elle seulement le faire rire de sa prétendue faiblesse? Désirait-elle, au contraire, l'augmenter encore? Je ne puis le révéler, — du moins pour cet instant.

52. Mais bien au contraire, son effet immédiat fut de rendre à Juan, sur lui-même, cet empire que devraient toujours retenir les élégans qui veulent suivre le ton de la société : quel que soit en effet le genre en vogue, la dévotion ou le persifflage, on ne saurait, dans les deux cas, observer trop de circonspection; et surtout il faut avoir soin d'endosser sans grimace le manteau de *dernier goût* que l'hypocrisie vous prépare : autrement on s'exposerait à tomber dans la disgrâce de tout l'aréopage féminin.

53. Juan commença donc à rappeler ses esprits, et, sans autre éclaircissement, à lancer, contre ces sortes d'imaginations, mainte et mainte saillie. *Sa grâce* applaudit elle-même à ces remarques, mais elle semblait curieuse de nouvelles particularités sur la singulière influence de ce mystérieux moine dans les trépas et les mariages de la maison Amundeville.

54. Il n'était guère possible d'apporter, sur ce

sujet, de nouvelles lumières : les uns traitaient de superstition, et les plus timorés adoptaient aveuglément cette tradition étrange. On avança sur ce sujet un nombre infini de conjectures, et quand on demanda l'avis de Juan sur une vision dont (malgré son silence) on supposait qu'il avait été troublé, il répondit de manière à redoubler l'incertitude des questionneurs.

55. Cependant, une heure sonna, et la compagnie songea à se disperser pour se livrer, les uns à divers passe-tems et les autres à une inaction complète; ceux-ci s'étonnant qu'il fût encore de si bonne heure, et ceux-là qu'il fût si tard. Il s'agissait d'une superbe partie; — quelques levriers allaient être lancés dans les terres de milord, avec un jeune cheval de bonne race, et qui devait être accouplé au printems prochain. Plusieurs amateurs allèrent juger de cette course.

56. Un marchand de tableaux avait en outre apporté un Titien admirable et garanti original ; mais il était trop précieux pour pouvoir être vendu. Plus d'un prince avait déjà vainement sondé les intentions du possesseur, et le roi lui-même, après l'avoir marchandé, avait, dans ces jours de maigres taxes, estimé trop légère la liste civile (que, pour complaire à tous ses sujets, il avait gracieusement daigné accepter).

57. Comme Henry était un connaisseur et un ami, sinon des arts, au moins des artistes, — le mar-

chand, qui mettait le plus haut prix au patronage de milord, et dont les motifs étaient tellement purs et classiques, qu'il eût été plus volontiers le *donneur* que le vendeur (si ses facultés le lui eussent permis), le marchand, dis-je, avait apporté le *Capo d'opera*[1], non pour lui proposer de l'acheter, mais pour avoir son jugement, — jusqu'alors infaillible.

58. Il y avait un Goth moderne, c'est-à-dire un gothique enfant de Babel, désigné sous le nom d'architecte, dont l'emploi était de visiter ces murailles grises qui, malgré leur énormité, pouvaient bien être légèrement entamées par le tems. Après avoir de fond en comble examiné l'abbaye, il produisait le plan de bâtimens réguliers à construire et d'anciens à culbuter : c'est ce qu'il appelait une *restauration*.

59. La dépense serait une bagatelle, — un *rien*, qu'on pouvait estimer maintenant à quelques mille livres sterling (c'est là le refrain obligé des longues chansons de cette sorte de gens). La somme suffirait pour faire ressortir dans tout son éclat un édifice non moins sublime que solide, et pour le rendre à jamais un monument de goût exquis avec lequel lord Henry aurait osé *faire du gothique avec de la monnaie britannique*[2].

---

[1] Chef-d'œuvre.

[2] *Ausu Romano, œre Veneto*. Telle est l'inscription (convenable cette fois-ci) qu'on lit sur les murs qui séparent Venise de l'Adriatique : ces murs sont l'œuvre de Venise républicaine, mais l'inscription en est

60. Il y avait deux légistes chargés de trouver les moyens de lever une hypothèque qui empêchait lord Henry de faire certaine acquisition. De plus, ils suivaient deux procès, l'un à propos d'une redevance seigneuriale, et l'autre relatif à la dîme, torche que lance toujours avec succès la discorde pour enflammer la religion, au point de la décider à jeter *son* gage de combat, et pour *déchaîner* les squires [1] *contre les églises* [2]. — Il y avait un bœuf, un porc et un laboureur, également précieux à voir; car le manoir de lord Henry était une sorte de musée agricole.

61. Il y avait deux braconniers pris dans un piège à loups, et qui allaient faire en prison leur convalescence. Il y avait une jeune paysanne en guimpe étroite et en jupon écarlate (je n'aime pas à voir cet objet, depuis — depuis — depuis — que, dans ma jeunesse, j'eus la maudite maladresse, — mais heureusement j'ai, à compter de ce moment, payé peu de *feus* à la fabrique) ; or, cette jupe écarlate, quand on est assez impitoyable pour l'ouvrir, offre le problème d'un seul être en deux personnes.

---

impériale, et celui qui l'a fournie est Napoléon *premier*. Il est tems de lui continuer ce titre...

(*Note de Lord Byron.*)

(Nous ne pouvons traduire le reste.)

[1] Les seigneurs de campagne.
[2] « Quand vous devriez *déchaîner* les vents et leur ordonner de combattre contre *les églises*, répondez à ce que je vous demande. »

(*Macbeth*, acte IV, scène 1re.)

62. C'est pour nous un mystère qu'un dévidoir [1] dans une bouteille ; nous ne pouvons expliquer comment il y est entré et comment il en sortira : je laisse donc ces points d'histoire naturelle à ceux qui voudront s'occuper de les expliquer, et je me contente de remarquer (non pas au profit du consistoire) que lord Hénry était un juge de paix, et que le constable Stout, à la faveur d'un *warrant* [2], avait pris cette gentille braconnière dans les domaines de la nature.

63. Les juges de paix connaissent de tous les délits de tous les genres ; leur devoir est de mettre le gibier et les mœurs de la province à l'abri de quiconque viendrait à les blesser, sans payer patente. Or, ces deux objets sont peut-être, après les dîmes et les baux, les articles les plus difficiles à gouverner : conserver les perdrix et les jolies vierges, voilà ce qui mettra toujours la prudence des justiciers à l'épreuve.

64. Notre accusée était extrêmement pâle, pâle comme si elle eût eu recours à quelque fard ; car ordinairement la nature rougissait ses joues avec le

---

[1] *A reel*. C'est l'ustensile dont on se sert pour disposer le fil en écheveau ; il a la forme d'une croix oblongue, de trois ou quatre pouces de largeur. En Angleterre, les charlatans font souvent le *tour* auquel le poète fait ici allusion : ils séparent deux morceaux de bois croisés ; les rejoignent après les avoir introduits dans une bouteille, et présentent ensuite ce *phénomène* à l'admiration des nombreux *cockneys*.

[2] Mandat d'amener. — Il y a ici un jeu de mots sur *bagged*, qui signifie tantôt *prendre*, et tantôt *rendre une femme enceinte*.

même soin qu'elle blanchit celles de nos grandes dames, du moins à l'instant de leur lever. Peut-être elle était confuse de paraître coupable ; mais dans son immoralité, la pauvrette, ayant reçu le jour et l'éducation à la campagne, ne savait, hélas ! que pâlir : — le rouge est fait pour la noblesse.

65. Ses yeux noirs, brillans, baissés, et pourtant encore espiègles, recélaient une grosse larme que la pauvre enfant aurait bien voulu sécher ; car elle n'était pas de ces pleureuses sentimentales qui font parade de leur sensibilité : elle n'avait pas assez d'effronterie pour songer à se moquer des moqueurs ; mais, tremblante, elle supportait tous les genres d'ignominie, en attendant qu'on voulût l'examiner.

66. Il est inutile de dire que ces groupes étaient dispersés çà et là, assez loin du joyeux salon où se tenaient les dames. Les légistes restaient dans la salle d'étude, et le beau porc, le laboureur et les braconniers, en plein air. Les hommes arrivés de la ville, c'est-à-dire, l'architecte et le marchand de tableaux, étaient (comme un général écrivant des dépêches dans sa tente) retirés dans leurs appartemens et abîmés dans leurs ravissantes élucubrations.

67. Mais la pauvre paysanne était reléguée dans le grand salon, tandis que Scout, le gardien des fragilités de la paroisse, Scout, l'ennemi juré de la bière surnommée *petite*, achevait un énorme pot de *morale double-ale*. Elle attendait que la justice pût donner sa bienveillante attention à ce qui semblait

l'exiger davantage, et nommer, point fort embarrassant pour la plupart des vierges, — le véritable père de son enfant.

68. Joignez à tout cela les chiens et les chevaux, et vous sentirez que lord Henry ne devait pas manquer de distractions. On faisait aussi, dans la cuisine, beaucoup de bruit et de préparatifs pour disposer plusieurs seconds services ; car ceux qui possèdent de grands biens dans les comtés sont obligés, chacun suivant son rang et ses facultés, d'avoir de *grands jours*, pendant lesquels, sans tenir précisément ce qu'on appelle *table ouverte*, ils permettent à tout le monde de venir s'empiffrer chez eux.

69. Tous les huit ou quinze jours, et *sans* avoir besoin d'être invités (tels sont les termes d'une *invitation générale*), tous les gentilshommes campagnards, écuyers ou chevaliers, peuvent entrer, sans carte ; s'emparer d'une place à la première table ; se régaler des rasades et des conversations les plus délicates, et parler à leur tour, de la dernière ou de la prochaine élection, cet isthme de leur bonne intelligence avec l'hôte.

70. Lord Henry était un grand faiseur d'élections, et il eût volontiers remué la terre, comme un rat ou un lapin, pour soutenir les droits des *bourgs* ; mais l'opposition qu'il trouvait dans le comté lui coûtait fort cher, à cause de son voisin, le lord d'Écosse Giftgabbit : ce dernier avait, dans les mêmes lieux, une influence tout anglaise ; et son fils, l'honorable

Dick Dicedrabbit, avait été déjà envoyé à la chambre des communes par les défenseurs de l'*autre intérêt* (c'est-à-dire, de l'intérêt personnel).

71. Lord Henry savait, dans sa province, allier la courtoisie à la circonspection, se mettre à la portée de tous les caractères, montrer pour les uns de la politesse, pour les autres de la bonté, et faire des promesses à tout le monde. Ces dernières, il est vrai, commençaient à devenir embarrassantes par leur nombre, mais il n'en calculait pas précisément la gravité : il était fidèle à quelques-unes, il manquait aux autres, et on conservait ainsi tout autant de confiance en sa parole qu'en celle de qui que ce fût.

72. Ami de la liberté et des propriétaires, — mais non moins ami du gouvernement, il gardait un heureux et juste *medium* entre l'amour de sa place et celui de la patrie.—Forcé, par le vœu de son roi (« quoique bien indigne, » ajoutait-il modestement en s'adressant à des révolutionnaires moqueurs), de remplir quelques sinécures, il eût voulu les voir abolies, si de leur maintien ne dépendait pas celui de la constitution.

73. Et il était *libre de confesser* —(d'où vient cette expression ? est-elle anglaise ? nullement ; elle n'est que parlementaire) que l'esprit d'innovation faisait tous les jours plus de progrès que dans le dernier siècle. Tout disposé qu'il était à faire au bien public les plus grands sacrifices, il ne voulait pourtant pas

devenir factieux pour obtenir une vaine popularité. Quant à sa place, tout ce qu'il en pouvait dire, c'est qu'elle lui donnait plus de peines que de profit.

74. La vie privée (le ciel et ses amis le savaient bien) avait toujours été son unique ambition; mais lui convenait-il d'abandonner son roi, dans un tems où la patrie était menacée d'une complète ruine? où le couteau sanguinaire des démagogues espérait trancher (quelle horrible incision!) le nœud gordien ou *georgien* qui formait le lien des communes, des lords et des rois?

75. Plutôt (« prendre sa part de la liste civile et » s'en déclarer le champion envers et contre tous [1] ») — garderait-il cette sinécure jusqu'à ce qu'il fût destitué ou renvoyé ; non pas qu'il se souciât le moins du monde des profits : il laissait à d'autres le soin de les recueillir ; mais il sentait que du jour où les places seraient abolies, le pays serait mille fois plus à plaindre. Car quel parti prendrait-on? dites-le, si vous pouvez! et quant à lui, il était fier du nom de citoyen anglais.

76. Lord Henry était aussi indépendant, — oui, et même bien plus que ceux qui ne sont pas payés pour l'être. De même que les soldats enrégimentés et les franches prostituées montrent bien plus d'habileté dans leurs parties respectives, que les troupes irrégulières du carnage ou de la débauche, dont le

---

[1] Citation.

service n'est pas continu ; ainsi les hommes d'état peuvent réclamer l'avantage sur les plébéiens avec autant de raison que les valets de pied sur les mendians.

77. Telles étaient (sauf celles de la dernière stance) les paroles et les pensées de Henry. Je n'en dirai pas davantage, et peut-être en ai-je déjà trop dit ; car quel est celui d'entre nous qui n'a vu ou lu les mêmes prétentions à l'indépendance, affichées ou affectées *sur* ou *dans* les hustings [1] par le candidat officiel. Je ne m'en occuperai donc plus. — La cloche du dîner a déjà sonné ; les *grâces* [2] sont dites, les *grâces* que moi-même j'aurais mieux fait de réciter.

78. Mais je suis trop en retard, il faut me remettre au courant. Le banquet était somptueux, tel que ceux dont la vieille Albion se glorifie, — comme si la gloire avait quelque chose à démêler avec une fête de gloutons. C'était une solennité publique, — un jour de réception bien nombreuse et bien lourde ; des convives en sueur, des plats refroidis ; grandes profusions, extrêmes cérémonies, insensible allégresse et contorsions de chaque corps en dehors de sa propre sphère.

79. Les squires n'étaient familiers qu'avec formalités, et milords et miladis montraient une hautaine

---

[1] Tribune électorale où chacun des candidats au parlement vient lui-même plaider sa cause.

[2] Les grâces d'avant le repas, c'est-à-dire le *benedicite*.

condescendance. Les valets eux-mêmes — sans pourtant s'être trop compromis en descendant de leurs sublimes emplois ordinaires au service du buffet — ne servaient les plats qu'à contre-cœur ; toutefois, ce jour-là, ils craignaient, autant que leurs maîtres, d'offenser personne ; car le moindre défaut de politesse pouvait coûter aux valets comme aux maîtres leurs *places*.

80. On trouvait à table des violens chasseurs et des piqueurs infatigables, dont les chiens n'étaient jamais en défaut, et dont les levriers ne daignaient jamais porter la dent sur un gibier ; des tireurs sûrs de leurs coups, véritables *Septembriseurs*, les premiers à faire lever et les derniers à quitter les pauvres perdrix, trop mal défendues dans les sillons des champs. Il y avait de gras membres de l'église militante, grands preneurs de dîmes et faiseurs de riches mariages ; d'autres aussi, qui chantaient moins de psaumes que de chansons à boire.

81. Il y avait plusieurs gros plaisans de campagne — et quelques exilés de la ville, forcés, pour leur malheur, de porter leurs yeux sur des prés et non sur des pavés, et de se lever à neuf heures et non plus à onze. Ce même jour, hélas ! j'eus la mésaventure d'être placé auprès de cet accablant fils du ciel, le très-puissant ministre Peter Pith, l'esprit le plus lourd que mes oreilles aient jamais supporté.

82. Je l'avais connu à Londres, dans ses beaux jours, et bien qu'il ne fût encore que vicaire, c'é-

tait un excellent convive. Chacun alors applaudissait à ses saillies, quand tout-à-coup le don d'un gras et marécageux bénéfice (ô Providence! que tes voies sont secrètes! jamais on n'eût cru tes dons capables de nous endurcir l'esprit) ne lui laissa plus que le soin de chasser les diables de Lincoln, et de ne rien faire.

83. Auparavant ses saillies étaient des sermons, et ses sermons des saillies; les uns et les autres furent noyés dans les marais, car l'esprit et la fièvre tierce vont assez mal ensemble. Dès-lors plus d'oreilles, plus de plumes avides de recueillir ses joyeux bons mots ou ses heureux lazzis. Le pauvre prêtre se vit réduit au sens commun, et il eut besoin de longs et pénibles efforts pour tirer encore quelquefois d'une épaisse cervelle un lourd éclat de rire.

84. *Entre une reine et un mendiant*, dit la chanson; *il y a une différence*, ou du moins il y *avait* (car nous venons de voir la première la plus indignement traitée des deux, mais laissons les affaires d'état); il y a une différence entre un évêque et un doyen, entre la poterie et la vaisselle plate, entre le beefsteak anglais et le brouet de Lacédémone,—bien que chacun de ces deux plats ait également servi de nourriture à de grands héros;

85. Mais, dans toute la nature, il n'est pas de plus grande opposition que celle qui existe entre la province et la ville. La ville offre des ressources à ceux qui n'en ont pas en eux-mêmes, et dont les pensées et les actions ont toutes pour mobile les calculs de l'am-

-bition ou de l'intérêt personnel ; — calculs à la portée de toutes les intelligences.

86. Mais, *en avant!* Les longs banquets et les nombreux convives font languir les volages amours, tandis qu'un léger repas suffit souvent pour les ranimer. Nous le savons depuis le tems de nos classes, Bacchus et Cérès sont les amis de la vivifiante mère des amours, et c'est pour elle qu'ils ont inventé les truffes et le Champagne : concluons donc que Vénus exige de la tempérance, mais que les jeûnes trop prolongés ne lui conviennent d'aucune façon.

87. Le dîner du jour parut bien long ; et Juan qui, distrait et confus de la confusion générale, s'y était placé sans savoir comment, y demeurait immobile et comme cloué sur sa chaise. Malgré le cliquetis des couteaux et des fourchettes, il semblait ne rien entendre autour de lui ; jusqu'à ce qu'enfin un de ses voisins vint à exprimer par un grognement le désir (deux fois répété) d'avoir une nageoire de poisson.

88. A la *troisième* publication de ce ban, Juan revint à lui ; et en remarquant le sourire et même la grimace moqueuse des convives, son visage se couvrit d'une extrême rougeur, rien ne confondant un homme d'esprit comme le rire des sots ; — sans plus de délai, il fit dans le plat une large incision, et le voisin, avant d'avoir pu modifier sa demande, se trouva en possession de la moitié d'un turbot.

89. La bévue n'était pas malencontreuse, attendu

que le postulant était un amateur passionné; mais pour les autres qui se voyaient réduits à se partager un dernier tiers, ils parurent scandalisés,—et certes ce n'était pas sans motif. Ils ne pouvaient concevoir comment lord Henry supportait à sa table un jeune homme aussi absurde; et cet incident, joint à son ignorance du prix de l'avoine au dernier marché, coûta trois voix à notre Amphitryon.

90. Ils ne savaient pas, et quand même, ils s'en seraient peu souciés, que Juan, la nuit précédente, avait vu un spectre; et que cette première visite était peu en harmonie avec une société toute substantielle, toute surchargée de matière, et même tellement matérialisée qu'il n'était pas facile de concevoir comment de pareils corps pouvaient avoir des ames, ou des ames de pareils corps.

91. Mais ce qui le confondit plus que le sourire ou la surprise de tous les *squires* et *squiresses* qui s'ébahissaient de son air préoccupé, lui surtout dont on citait la galante vivacité dans les étroites dimensions des cercles de province (car les plus minces incidens de la société de milord devenaient l'aliment des jolis caquets des petites gentilhommières), —

92. C'est qu'il avait surpris les yeux d'Aurora attachés sur les siens, et qu'il avait même cru saisir un léger sourire sur ses joues; or cela le mettait de fort mauvaise humeur. Le sourire des personnes sérieuses est toujours très-significatif; mais celui d'Aurora n'était pas de nature à ranimer l'espérance ou

l'amour; il ne permettait même pas de supposer aucune des malicieuses intentions qu'on attribue en pareil cas au sourire des dames.

93. C'était une expression paisible et contemplative, un certain mélange de surprise et de compassion que Juan ne put remarquer sans rougir de dépit, ce qui n'était rien moins que prudent ou raisonnable. N'avait-il pas en effet emporté l'ouvrage le plus avancé de la citadelle, en attirant sur lui les regards curieux d'Aurora? — Juan l'eût parfaitement senti dans un autre instant, mais alors il était encore troublé par le souvenir du nocturne fantôme.

94. Ce qu'il y avait de vraiment inquiétant, c'est qu'*elle* ne rougit pas à son tour; loin de paraître embarrassée, son maintien fut entièrement le même qu'à l'ordinaire, — froid, sans être sévère; — ses yeux parurent distraits, mais ils ne se baissèrent pas. Cependant, elle devint pâle; — pourquoi? — de tristesse? Je n'en sais rien : son teint n'était jamais très-vif, — il se colorait parfois, — mais de nuances légères, — pures comme les mers profondes sous une atmosphère méridionale.

95. Pour Adeline, elle était ce jour tout à la gloire. Ses yeux, ses attentions, ses complaisances, étaient uniquement pour les consommateurs de poisson, de volaille et de gibier; elle savait, à leur égard, allier parfaitement la dignité à la politesse la plus délicate; et c'est ainsi que doivent en agir (sur-

tout à la fin de la sixième année [1]) toutes celles qui veulent obtenir pour leur mari, leurs enfans, leurs connaissances, un sauf-conduit à travers les écueils d'une réélection.

96. Tout cela, il est vrai, était nécessaire et rigoureusement exigé par l'usage.—Mais quand Juan, arrêtant un instant ses yeux sur Adeline, la vit jouer son grand rôle aussi régulièrement que si elle eût exécuté un pas de danse, et ne trahir ses véritables sentimens (de fatigue ou de dédain) que dans quelques regards obliques et dérobés, Juan, dis-je, ne put s'empêcher de douter un peu de la *réalité* de ses perfections ;

97. Tant elle faisait preuve tour à tour, et à l'égard de chaque convive, de cette brillante versatilité que bien des gens confondent avec la sécheresse de cœur. Ils se trompent,—c'est tout simplement ce que nous appelons *mobility* [2]; un effet, non de l'art, mais du caractère, que l'on suppose affecté, parce qu'il semble banal ; trompeur, bien qu'il soit plein

---

[1] C'est-à-dire au moment du renouvellement septennal de la chambre des communes.

[2] En français, *mobilité*. Je ne suis pas sûr que *mobility* soit anglais, mais ce mot exprime une qualité qui semble mieux appartenir aux hommes des autres climats, et qui pourtant n'est nullement étrangère à ceux du nôtre. On peut le définir une *excessive susceptibilité d'impressions immédiates* auxquelles on cède, sans pourtant perdre de vue le rôle principal que l'on joue ; et quoique cette qualité semble souvent précieuse, elle entraîne avec elle bien des peines et des tourmens.

(*Note de Lord Byron.*)

de franchise ; car, certes, il y a de la franchise à se montrer plus vivement *impressioné* par ce qui touche plus immédiatement [1].

98. C'est là ce qui fait vos acteurs, vos actrices, vos romanciers, quelquefois vos héros, — jamais vos sages ; mais vos présidens, vos poètes, vos diplomates, tout ce qui suppose de l'esprit plutôt que du génie ; la plupart de vos orateurs, et un petit nombre de vos financiers : cependant, il faut l'avouer, dans ces dernières années, nos chanceliers de l'échiquier [2] ont tout fait pour se soustraire aux rigoureuses démonstrations de Cocker [3] ; et avec leurs figures numériques, ils sont devenus singulièrement figurés [4].

99. Véritables poètes de l'arithmétique, s'ils ne prouvent pas que deux et deux font cinq, ils parviennent du moins à nous démontrer que quatre ne valent que trois, en calculant d'après ce qu'ils prennent et ce qu'ils se contentent de rendre. Aujourd'hui, grâces à leur habileté, la caisse d'amortissement, cette mer sans fond, et le moins liquidant des

---

[1] Une femme qui se connaissait parfaitement en *faux dehors*, Mme de Genlis, a dit aussi : « Les démonstrations de tendresse ne signifient rien » de ce qu'elles semblent exprimer, mais presque toujours elles sont pro- » diguées de bonne foi. »
(*Mémoires*, tome III.)

[2] On sait que ce titre répond à celui de *ministre*, ou mieux encore, *surintendant des finances*.

[3] C'est le *Baréme* anglais.

[4] *And grow quite figurative with their figures.* Le mot anglais *figure* se prend aussi pour *chiffre*. De là le jeu de mots que j'ai dû conserver.

liquides, absorbe non pas la dette publique, mais tout ce qu'on vient à lui confier [1].

100. Tandis qu'Adeline prodiguait ainsi les *airs* et les grâces, la belle Fitz-Fulke semblait parfaitement à son aise; trop bien élevée pour éclater au nez des gens, ses yeux bleus et malicieux se contentaient de recueillir les ridicules de toute espèce — ce miel de nos abeilles élégantes — et de les conserver pour en exprimer mille médisantes plaisanteries. Telle était pour le moment sa plus chère occupation.

101. Le jour finit, car il devait avoir une fin; la soirée elle-même se passa, — et le café eut également son tour. On annonce les voitures; les dames se lèvent, font leurs inclinations à la manière des dames de province, et enfin disparaissent; les dociles écuyers suivent promptement ce bon exemple, ils s'acquittent des plus gauches révérences du monde; et s'éloignent, enchantés du dîner de leur hôte, mais surtout de lady Adeline.

102. Les uns louaient sa beauté, et les autres sa grâce parfaite et cette politesse chaleureuse dont l'expression candide de ses traits garantissait la pure sincérité. Oui, certes, *elle* était bien digne de *son*

---

[1] Ce fut Robert Walpole qui le premier conçut l'idée d'un fonds d'amortissement destiné spécialement à *liquider* la dette publique, et par conséquent à diminuer progressivement les taxes. Mais lui-même s'empara plusieurs fois de cette caisse pour les besoins du service ordinaire; et depuis ce tems, en Angleterre, le fonds d'amortissement, toujours grossi et toujours épuisé, n'a servi qu'à favoriser les déprédations ministérielles et les prodigalités royales.

haut rang, et personne n'aurait l'idée d'envier son bonheur. Puis venaient les détails de sa toilette : — Quel goût parfait! et comme la simple élégance de sa robe faisait ressortir sa taille avec une *curieuse félicité*[1] !

103. Cependant la douce Adeline se rendait digne de tous leurs éloges, et s'indemnisait avec impartialité de ses attentions et de ses caressantes phrases, en prenant pour sujet d'une plus édifiante conversation, la tournure et les traits de chaque convive retiré, leurs familles, leurs relations les plus éloignées, leurs femmes hideuses, leurs personnes et leur toilette horribles, et le *cruel* arrangement de leurs cheveux.

104. A la vérité *ses* paroles furent brèves; — et ce fut le reste de la société qui se chargea d'aiguiser l'universelle épigramme : mais cette dernière fut la conséquence de ce qu'Adeline s'était contentée d'indiquer. Semblables aux *faibles éloges* d'Addisson, ordinairement si accablans, ceux d'Adeline ne servaient qu'à faire éclore les mordantes railleries. Oh! quelle douce tâche que celle de soutenir un ami éloigné! Pour moi, je n'exige de la tendresse des miens qu'une chose, c'est — de *ne pas* me défendre.

105. Deux personnes seules ne prirent aucune part à cette escarmouche de pénétrantes saillies contre les absens : l'une était Aurora dont le maintien ne cessa

---

[1] *Curiosa felicitas.* (Petronius Arbiter.)

pas d'exprimer la bienveillance et la sérénité ; et l'autre Juan dont l'usage n'était guère de rester à l'écart quand il fallait rire de quelques paroles ou de quelques figures, et dont le silence semblait annoncer qu'il n'était pas à lui. Vainement entendit-il les autres ricaner et railler, il dédaigna de les aider de la moindre épigramme.

106. Mais il faut dire aussi qu'il avait cru deviner qu'Aurora approuvait son silence : peut-être se méprenait-elle sur les motifs de cette indulgence que nous devons plutôt que nous ne payons aux absens ; peut-être ne voulait-elle pas chercher à les connaître. Quoi qu'il en fût, Juan, dont la profonde et silencieuse rêverie semblait l'empêcher de rien observer, remarqua pourtant les regards d'Aurora, et c'était là ce qu'avant tout il désirait obtenir.

107. Du moins le fantôme, en lui imposant un silence de fantôme, lui rendait-il un beau service si, grâces au souvenir de son apparition, il obtenait l'estime qui lui était la plus précieuse du monde. Et, certainement, Aurora avait su ranimer en lui un sentiment qu'il avait déjà plusieurs fois perdu ou fortement compromis ; sentiment peut-être idéal, mais tellement divin, que je ne puis m'empêcher de croire à sa réalité ; —

108. Je veux parler de cet espoir d'un séjour plus élevé, et d'un tems meilleur ; de ces désirs sans bornes, et de cette angélique ignorance de ce qu'on appelle le monde, et le train du monde ; de ces mo-

mens enfin où un seul regard nous rend plus heureux que toutes les récompenses de gloire et d'ambition qui enflamment le vulgaire, mais ne sont pas capables d'effleurer le cœur qu'un autre sein a le privilége de faire battre!

109. Et qui peut bien avoir de la mémoire, ou avoir eu un cœur, sans payer le tribut de ses regrets δι' αἰτίαν Κυθερείαν[1]! Son astre, hélas! s'éclipse comme celui de Diane, les rayons remplacent les rayons, comme les années succèdent aux années. Anacréon seul eut le pouvoir d'entourer d'un myrte toujours vert le dard toujours aigu d'Eros[2]. Mais en dépit de tous les tours que tu joues à chacun de nous, nous ne cessons jamais de te respecter, *alma Venus genitrix!*

110. Don Juan, à l'heure paisible consacrée à l'oreiller, se retira vers le sien, l'ame remplie de sentimens aussi sublimes que les flots de nuages suspendus entre notre monde et le firmament. C'était pour s'y désoler plutôt que pour y dormir, car au-dessus de sa couche se balançaient des saules et non des pavots. Il commença donc par se livrer à ces douces et cruelles méditations qui bannissent le sommeil, prêtent à rire aux heureux du monde et à pleurer aux jeunes gens.

111. La nuit était semblable à la précédente:

---

[1] A la sensuelle Cythérée.
[2] Ερος, l'Amour.

Juan se déshabilla, à l'exception de sa robe de nuit, qui était elle-même un *déshabillé*. Il se débarrassa de sa veste et de sa culotte; en un mot, il était difficile de se mettre dans un état plus complet de nudité. Cependant, comme il appréhendait son hôte fantastique, il s'assit, l'esprit perdu dans des pensées que comprendraient difficilement ceux qui n'ont jamais eu de pareilles visites, et il attendit que le revenant voulût bien recommencer son manége.

112. Et il n'attendit pas en vain.—Chut! Qui va là? Je vois,—je vois,—non, oh! non,—ce n'est, —pourtant c'est quelque chose! grands dieux! c'est le—le—le—bah! le chat; que le diable l'emporte avec ses pas furtifs! On les prendrait pour les tic-tacs du cœur, ou pour le bout du pied d'une tendre bachelette, qui se rendrait aux lieux d'un premier rendez-vous, et aurait craint d'être trahie par les pudibonds échos de ses souliers.

113. Mais encore! qu'est-ce? Le vent? oh! non; —cette fois, c'est le frère noir lui-même, et sa terrible marche est, comme la nuit précédente, aussi régulière que celle des vers, et même plus régulière (si l'on en juge d'après les poésies modernes). C'était donc lui qui, au travers des sublimes ombres de la nuit, tandis que le sommeil planait silencieusement sur la terre, et que le monde était entouré d'une obscurité étoilée comme d'une ceinture parsemée de perles, — venait encore glacer les veines de notre héros.

114. D'abord, son oreille recueille un bruit semblable à celui de doigts mouillés qui se promènent sur l'extrémité d'un verre, et viennent agacer nos dents[1]; puis, une légère chute comme celle de la pluie qui, fouettée par un ouragan nocturne, résonne comme un fluide surnaturel. Juan frémit, car une apparition immatérielle n'offre pas grande *matière* à la plaisanterie, et ceux même dont la foi dans les ames immortelles est la plus vive, ne semblent pas enchantés de jouir du tête-à-tête de ces dernières.

115. Ses yeux étaient-ils bien ouverts?—Oui, et sa bouche de même. C'est un effet de l'étonnement; —en nous rendant muets, il nous force à présenter à l'éloquence une porte immense, comme si elle allait se manifester dans un grand discours. De plus en plus rapprochés, gémissaient des échos effroyables pour un mortel tympan; ses yeux (ai-je déjà dit) étaient ouverts, sa bouche également; quoi donc pouvait encore s'ouvrir?—la porte.

116. Elle s'ouvrit avec un craquement épouvantable, comme celle de l'enfer: « *Lasciate ogni speranza, voi ch' entrate,* » semblaient gronder les gonds, d'une voix aussi rauque que les vers du Dante ou ceux de cette stance; ou que,—mais ici toutes les expressions sont trop faibles; on sait qu'il suffirait

---

[1] Voyez l'*Histoire de l'ame de l'oncle du prince Charles de Saxe*, évoquée par Schroepfer. « Karl, — Karl, — was, — walt wolt » mich? » (Charles, Charles! que veux-tu de moi?)

d'une ombre pour jeter un héros dans des transes mortelles;—car qu'est-ce qu'une substance auprès d'un esprit ? ou, comment se fait-il donc que la *matière* frémisse tant de s'en approcher ?

117. La porte s'ouvrit dans toute sa largeur, non pas rapidement, mais comme les ailes des mouettes, d'un mouvement lent et précis. — Puis elle se referma, non pas entièrement,—mais restant à demi entr'ouverte, elle projetait de longues ombres dans la salle éclairée par deux flambeaux assez éclatans. Et sur le seuil, ombrageant encore les ombres, se tenait le frère noir, enveloppé de son capuchon solennel.

118. Don Juan fit ce qu'il avait fait la nuit précédente, il tressaillit;—enfin, las de tressaillir, il vint à penser qu'il pourrait bien être la victime d'une illusion, et il rougit de honte à l'idée d'avoir été pris pour dupe. Son esprit intérieur se réveilla, et mit un frein à son frisson corporel;—car enfin, se disait-il, un corps et une ame doivent lutter avec avantage contre une ame *décorporée*.

119. Alors sa terreur se convertit en colère, et sa colère en rage ; il se lève, s'avance,—le fantôme aussitôt fait retraite ; et Juan, devenu plus avide de découvrir la vérité, le suit avec empressement ; ses veines se raniment, elles s'échauffent, il veut à toutes forces débrouiller ce mystère au risque de perdre la vie; le fantôme, de son côté, s'arrête; menace, s'éloigne encore, gagne la vieille muraille, et y demeure immobile.

120. Juan étendit un bras. — Puissances éternelles! il ne touche ni ame ni corps; mais la muraille, sur laquelle les rayons de la lune venaient tomber en pluie d'argent et nuancer tous les ornemens de la galerie. Il pâlit de nouveau, comme le fera toujours le plus brave des hommes, quand il ne peut déterminer ce qui cause sa pâleur. Chose singulière! que la *non-entité* d'un seul farfadet puisse nous glacer de plus de crainte que l'identité de toute une armée [1]!

121. Cependant l'ombre n'avait pas disparu; ses yeux bleus brillaient même bien vivement pour des yeux de fantôme. La tombe avait encore épargné quelque chose de plus précieux, c'était une respiration, la plus douce qui fût au monde. Une tresse tombée laissait deviner qu'il avait eu jadis de beaux cheveux; et la lune sortant d'un gris nuage, et traversant une extérieure guirlande de lierre, vint tout-à-coup éclairer des lèvres vermeilles dans lesquelles étaient enchâssées deux rangs de petites perles.

122. Juan, toujours inquiet, mais cependant curieux, étendit son autre bras;—merveille sur merveille! il presse une taille droite, mais animée d'une douce chaleur; il sent quelque chose battre comme un cœur palpitant, et il n'a pas de peine à reconnaître que son coup-d'œil l'avait grossièrement

---

[1] Voyez la note du chant xv, strophe 96.

trompé, en lui faisant toucher le mur au lieu de ce qu'il cherchait.

123. Quant au revenant, si revenant il y avait, il semblait l'ame la plus douce que jamais scapulaire eût renfermée ; les gracieuses fossettes d'un menton, l'ivoire d'un cou charmant; semblaient même annoncer une créature formée d'os et de chair. Bientôt tombèrent le froc noir et le sinistre capuchon ; et qui jamais, hélas! l'eût pensé!—ils révélèrent, dans un complet, délicat et voluptueux ensemble, l'espiègle fantôme de *sa grâce*—Fitz-Fulke!

FIN DU SEIZIÈME ET DERNIER CHANT*.

---

* Là ne devait pas s'arrêter le poème : le capitaine Medwin nous a mis dans la confidence du plan complet de *Don Juan*. La conversation qu'il eut avec Byron, et que nous allons transcrire, eut lieu avant que le sixième chant ne fût commencé.

« On me conseille de faire un poème épique, et vous me
» dites que je ne laisserai pas un seul grand poème. J'imagine
» que par *grand*, vous entendez un long et lourd poème : s'il
» vous faut absolument une épopée, voilà *Don Juan*. C'en
» est une dans l'esprit de notre siècle, comme l'*Iliade* dans

» celui du siècle d'Homère. Dès le premier chant de *Don*
» *Juan*, vous avez une Hélène. Je ferai de mon héros un vé-
» ritable Achille dans les combats, un homme qui pourra
» *moucher une bougie* trois fois de suite au pistolet : du reste,
» vous pouvez y compter, ma morale sera pure ; le docteur
» Johnson lui-même ne pourrait y trouver un mot à redire.

» J'ai laissé Don Juan dans le sérail. Je rendrai une des
» favorites du Grand-Seigneur, une sultane, amoureuse de
» mon héros : elle l'enlèvera et ils s'enfuiront ensemble de
» Constantinople. Ces enlèvemens ne sont pas sans exemple,
» et sont plus naturels qu'ils ne semblent au premier abord.
» Ils arrivent sans accident en Russie, où, si la passion de
» Don Juan se refroidit et qu'il ne sache que faire de la dame,
» *je la fais mourir de la peste*..... Comme notre héros ne peut
» pas se passer de maîtresse, il devient lui-même *masculine*
» *favorite* de la grande Catherine, et, quand il aura été mis
» *hors de combat*, je l'enverrai en Angleterre, en qualité
» d'ambassadeur de la Czarine. Parmi les gens de sa suite,
» il y aura une jeune fille délivrée par lui dans une de ses
» campagnes, *qui sera amoureuse de lui, et qu'il n'aimera pas*.

» Vous voyez que je suis fidèle à la nature, en faisant faire
» aux femmes les premières avances. Je présenterai ensuite
» un tableau de la vie des Anglais à la ville et à la campagne,
» ce qui prêtera à une description de nos mœurs, de nos
» usages, de notre manière de vivre, de l'aspect de nos paysa-
» ges, etc. Je ne ferai de Juan ni un *dandy* à Londres ni un
» chasseur de renards à la campagne. Il aura des difficultés
» de toute espèce à vaincre, et finira sa carrière en France.
» Le pauvre Juan sera guillotiné dans le cours de la révolu-
» tion française! Le poème aura vingt-quatre chants ; le nom-
» bre requis. Il y aura des épisodes ; il y en aura d'innom-
» brables, et mon imagination, féconde ou non, inventera
» la machine. Si ce n'est pas là un poème épique selon les

» strictes règles d'Aristote; je ne sais pas ce que c'est qu'un
» poème épique. »

Selon les strictes règles d'Aristote, c'est ce qu'il serait très-facile de contester. Ce fameux critique dit bien, il est vrai, que l'épopée diffère de la tragédie en ce qu'elle peut embrasser un tems illimité; mais il a soin de louer Homère d'avoir réduit son poème au récit d'un seul épisode de la guerre de Troie; et dans un autre endroit il définit l'épopée l'*imitation du beau par le discours*. Or, *Don Juan* est, non pas l'imitation exclusive du *beau*, mais la représentation dramatique et comico-satirique des mœurs de notre siècle; en conséquence, au nom des législateurs du Parnasse, défense à lui de plus, à l'avenir, affecter le titre de poème épique.

A proprement parler, le *Don Juan* est dépourvu de plan: c'est une réunion; ou, pour ainsi dire, une macédoine de tableaux gracieux, sombres et attendrissans, de récits bouffons et sérieux, de réflexions tristes et badines. Peinture vivante de la société, il en offre la mobilité, l'inconsistance, les variétés presque infinies. L'auteur y perd à chaque instant le fil de son récit, pour suivre les rêveries de sa riche imagination; il se plaît à changer le caractère de nos émotions, à mesure qu'il les a lui-même fait naître: mais, chose singulière, ce défaut de plan est l'un des mérites du poème, et c'est là surtout ce qui le ferait relire cent fois avec un charme, un plaisir toujours nouveaux.

Cependant, il en est de *Don Juan* comme des *Essais* de Montaigne, du *Gargantua* de Rabelais, ou du *Tristram-Shandy* de Sterne. Le symétrique Condillac reprochait à Montaigne son allure franche et désordonnée; M. l'abbé Duviquet, de nos jours, en est encore à concevoir le mérite de Sterne; et combien de critiques estimés n'ont jamais senti le sel vraiment attique et l'originalité délicieuse de Rabelais! Comme eux, *Don Juan* aura ses dépréciateurs sincères: ceux qui n'estiment une composition littéraire qu'en raison de la régularité de chacune de ses parties ; ceux qui veulent retrouver le compas aristotélique dans la satire et le poème badin, comme dans l'ode et l'épopée, ne goûteront jamais les saillies de *Don Juan :* leur recorder les différens mérites de ce poème, ce serait parler de Shakspeare à M. de Jouy [1], de Dante à M. Dureau-Delmalle [2], et de Châteaubriand à M. Genou [3]. Contentons-nous d'avouer de bonne grâce avec les lecteurs dont les préjugés littéraires ont de moins profondes racines, que le *Don Juan* a effectivement les défauts de Montaigne, de Rabelais ou de Sterne ; mais qu'il réunit aussi plusieurs de leurs beautés, comme la spirituelle brusquerie d'expression, la franchise et l'indépendance de style, l'originalité, la vigueur et les grâces de la pensée. De plus, Lord Byron a déployé, dans le cours de son poème, une foule d'autres mérites qui lui sont propres, et qu'il serait difficile de lui contester. Essayons d'en rappeler quelques-uns, et parlons d'abord des personnages que l'auteur y fait agir.

Celui de Don Juan est presque toujours d'un intérêt secondaire : on peut le comparer au héros principal d'un roman de W. Scott. Autour de lui viennent se grouper mille figures des plus diverses nuances, mais ce n'est pas ordinairement pour lui que le lecteur se passionne, et il est même souvent tenté de lui reprocher son extrême inconstance. Comment, en effet, perd-il si promptement le souvenir de ses maîtresses ? Ces charmantes créatures que notre imagination ne peut bannir de ses rêveries, comment peuvent-elles être sitôt remplacées dans son cœur ? Un seul mot suffit pour justifier le poète : sans l'extrême mobilité des impressions du héros principal,

---

[1] Auteur de *Bélisaire* et de *Tippoo.*
[2] Auteur de *Bayard*, poème épique.
[3] Gazetier incorruptible.

mobilité qui, du reste, n'est pas sans exemple dans le monde, aurait-il pu nous transporter tour à tour dans une île de la Grèce, dans le sérail, sur un champ de bataille, à la cour et au sein de la grande société anglaise? aurait-il pu tracer la peinture du monde tel qu'il est? Or, c'était là le véritable, l'unique plan de son ouvrage.

Don Juan est un second Alcibiade; il sait aimer, se battre, supporter tous les genres de privations, se livrer à tous les raffinemens de la mollesse, parler en homme libre et en diplomate, agir en héros, en courtisan, en homme du monde. Cette inconstance même qu'on a tant de peine à lui pardonner semblerait en elle-même fort excusable, si les divers objets de ses amours avaient moins de charmes, s'ils n'étaient pas dessinés par Lord Byron. En effet, ce n'est pas lui qui abandonne volontairement Julia, Haïdée ou Gulleyaz; c'est la nécessité qui l'arrache malgré lui, et tour à tour à chacune d'elles. Si le poète eût fait mourir de chagrin son héros quelques jours après son départ de Séville, ou s'il eût profité de ce premier malheur pour le transformer en *peregrin d'amore*, les ames tendres et fidèles eussent sans doute applaudi à sa mort ou à sa mélancolie : mais nous n'aurions à louer, dans le poème, que ce que nous admirons dans le *Childe Harold*.

La première fois qu'on lit le *Don Juan* on est tenté de lui reprocher ce qu'on ne manque pas, la seconde fois, de relire avec un vif plaisir : je veux parler des continuelles digressions, des rêveries, des plaisanteries ordinairement fines et quelquefois vulgaires du poète; mais ces prétendus défauts, on le concevra sans peine, sont surtout insupportables dans une traduction, fût-elle excellente, car, presque toujours, la meilleure épigramme perd, en passant dans une autre langue, tout le sel qu'elle avait dans l'original. Quoi qu'il en soit, ces mille interruptions n'empêchent pas que le *Don Juan* ne renferme autant et plus d'événemens et de situations dramatiques qu'aucun autre poème du monde; et la raison en est simple : il se présente à nous débarrassé des entraves que la routine avait jusqu'alors consacrées.

De toutes ses héroïnes, Haïdée est la seule dont l'histoire soit achevée, et quant aux autres, elles n'apparaissent que pour un instant devant nous : cependant, malgré leur brusque et successive disparition, je ne sais trop quels nouveaux coups de pinceau laissent à désirer les portraits d'Inès, de José, d'Alfonso, de Julia, de Pedrillo, d'Haïdée, de Lambro, de Gulleyaz, de Johnson, de Souwarow, de Catherine, de Leila, de lord Henry, d'Aurora Raby et de la duchesse de Fitz-Fulke. Tous ces caractères sont autant d'excellentes études pour les auteurs comiques et tragiques. Quel parti ne pourrait-on pas, en effet, tirer de cette sage et prude Inès, possédant le plus grand de tous les défauts, celui de n'en point avoir; de cette coupable et pourtant adorable Julia, égarée par les illusions de l'amour platonique, priant la Vierge Marie d'éloigner Don Juan, et ne craignant rien tant que l'efficacité de ses prières ; nous faisant tour à tour détester son éloquente dissimulation, et déplorer ses sentimentales infortunes ? Mais le mérite du premier et même du second chant disparaissent devant les ravissantes peintures du troisième et du quatrième, et je n'hésite pas à regarder Haïdée comme le chef-d'œuvre d'un homme qui n'a fait en pareil genre que des chefs-d'œuvre. Avec quel art merveilleux il a su fondre dans ce portrait les plus pures couleurs de la terre et des cieux ! que de grâces, que d'idéal dans la vierge des îles ! Jamais prêtre, mère, amant ou amie, n'avait donné à ses premiers sentimens une direction étrangère : seulement elle rêvait quelquefois *d'une certaine chose faite pour être aimée, pour être pressée sur son cœur*, et le souvenir de ces nocturnes visions troublait ses naïves pensées, quand, pâle et mourant, Juan se présente à ses yeux, est par elle rappelé à la vie, à la santé, à l'amour ; c'est la peinture de cet amour que le seul Byron pouvait peut-être dignement tracer. Nos poètes classiques [1] n'auraient pas manqué, en pareil cas, de feuilleter leur Milton, leur Bernardin de Saint-Pierre, leur Châteaubriand. Byron a préféré marcher seul dans un chemin depuis long-tems frayé : son Haïdée n'emprunte rien à personne. Ce n'est pas Ève, Alzire, Virginie ou Atala ; c'est mieux que tout cela encore ; c'est Haïdée.

Il n'y a qu'un avis sur les beautés du premier ordre que présentent la fameuse description du naufrage de Don Juan et celle de la prise d'Ismaïl : nous ne nous y arrêterons pas. La dernière partie du poème, que Lord Byron a peut-être le plus travaillée, est sans contredit celle qui a le moins de charmes pour la plupart des lecteurs. On éprouve, en effet, un véritable désappointement en descendant de ces larges et magnifiques peintures d'un sérail, d'une bataille et d'une cour, au minutieux inventaire des ridicules prétentions et des méprisables vanités qui décorent les grands salons de Londres. Une foule de nuances satiriques échappent nécessairement à l'œil du lecteur français, et peut-être ici Byron mérite-t-il un reproche dont personne n'a su mieux que lui se garantir ailleurs ; il écrit trop pour les Anglais : préoccupé du désir de faire la satire de ses hypocrites et maussades compatriotes, il s'adresse moins alors à l'imagination et à l'intelligence des autres nations.

Il en résulte que pour apprécier parfaitement l'amertume et la vérité de ses boutades satiriques, il faudrait étudier

---

[1] J'appelle *poète classique* celui dont le métier est de donner à la pensée des autres la forme poétique ; ainsi, MM. Delavigne ou Delamartine sont également des poètes classiques, lorsqu'ils copient, soit Lord Byron, soit M. de Châteaubriand. Quant à ceux qui, en faisant des vers, obéissent à leurs propres inspirations, ce ne sont pas des *poètes romantiques*, mais tout simplement des *poètes*.

préalablement la scène sur laquelle le poète nous a transportés. Si Lord Byron eût, comme il en avait le projet, conduit en France son héros, les défauts que nous venons de signaler se seraient peut-être métamorphosés en véritables beautés. Le tableau des mœurs françaises dans les derniers jours de la monarchie, et dans les premiers de la république, eussent sans doute formé un piquant contraste avec celles de l'Angleterre à la même époque. Malheureusement, Lord Byron n'a pu terminer son plus étonnant ouvrage : nous devons nous contenter de rappeler que les imperfections que nous venons de signaler sont encore, dans ces derniers chants, rachetées par une foule de beautés du premier ordre. Telles sont les descriptions d'un *rout*, de la vie de Juan à Londres et de son voyage à la campagne; l'éloge de l'avarice, la critique du *Don Quichotte*, et enfin l'histoire des *revenans*, qui termine le seizième chant.

FIN DE DON JUAN.

LES POÈTES ANGLAIS
ET
LES JOURNALISTES ÉCOSSAIS.

SATIRE.

« J'aimerais mieux être un petit chat, et miauler, que d'être l'un de ces fabricans de ballades. »
(SHAKSPEARE.)

« Nous avons de ces poètes déhontés, et cependant il est vrai de dire que nous avons de même des critiques aussi fous et aussi dépravés. »
(POPE.)

EXTRAIT
DE LA REVUE D'ÉDIMBOURG.

N° 22. (JANVIER 1808)[1]

LES HEURES D'OISIVETÉ, recueil de poésies originales ou traduites, par Georges Gordon, Lord Byron, mineur; in-8° de 200 pages. — Newark, 1807.

Les poésies de ce jeune lord appartiennent à cette classe que ni les dieux ni les hommes ne peuvent, dit-on, supporter. Nous ne nous rappelons pas que dans aucun recueil de vers nous en ayons rencontré si peu qui s'éloignent de l'exacte médiocrité. Comme une eau stagnante dans les bas-fonds, les effusions de sa muse ne sauraient s'élever au-dessus, ou tomber au-dessous d'un niveau désespérant. Le noble lord a grand soin de plaider sa minorité comme circonstance atténuante de sa faute; nous voyons sa qualité de mineur sur le titre, nous la retrouvons à la dernière page, elle s'accole à son nom, c'est une partie favorite de sa signature. On la fait

---

[1] Il faut avoir lu cet article pour bien comprendre la satire des *Poètes anglais et des Journalistes écossais*; c'est ce qui nous a décidé à le traduire en forme d'*avant-propos*.

fortement sonner dans la préface, c'est une particularité qu'on ne perd de vue dans aucun des poèmes, puisqu'on y prend soin d'indiquer, par des dates précises, l'âge auquel ils ont été composés. Cependant la loi nous paraît claire sur ce fait de minorité ; il peut sans doute être utile au défendeur, mais le demandeur ne peut en aucun cas s'en faire un moyen à l'appui de ses prétentions. Ainsi, si un procès était intenté à Lord Byron, afin de le forcer à présenter en cour une certaine quantité de poésies, si un jugement à cet effet était obtenu contre lui, il est très-probable qu'on ne le regarderait pas comme ayant satisfait à l'arrêt, s'il voulait passer, comme poésies, les pièces contenues dans ce volume. C'est alors qu'il pourrait plaider la circonstance de sa minorité ; mais, comme dans l'espèce c'est lui qui vient volontairement nous offrir sa marchandise, si elle ne se débite pas bien sur le marché, il ne saurait arguer de sa qualité de mineur pour nous forcer à lui en payer le prix en bons éloges au cours du jour. C'est ainsi que nous envisageons la question, et c'est dans ce sens, oserons-nous ajouter, qu'elle sera jugée.

Peut-être, cependant, ne nous parle-t-il tant de sa jeunesse que pour augmenter notre admiration, et non pour désarmer notre critique. Peut-être veut-il nous dire : « Voyez comme un mineur peut écrire! Cette pièce de poésie a été composée par un jeune homme de dix-huit ans, et cette autre par un jeune homme de seize! » Malheureusement nous nous rappelons toutes les poésies de Cowley à dix ans et celles de Pope à douze, et, loin d'être surpris qu'un jeune homme puisse écrire de mauvais vers, depuis son entrée au collége jusqu'à sa sortie, nous sommes persuadés que cela n'a rien que de très-ordinaire, que c'est le cas de neuf hommes sur dix, élevés en Angleterre, et que le dixième écrit encore mieux que Lord Byron.

Notre auteur a l'air de ne citer, qu'en y renonçant, les autres droits qu'il pourrait avoir au privilége de l'indulgence. Toutefois il fait de fréquentes allusions à sa famille et à ses ancêtres, tantôt dans le texte, tantôt dans les notes; tout en rejetant l'idée que son rang social lui en donne aucun au Parnasse, il a soin de nous rappeler ce mot de Johnson, que « quand un lord se présente comme auteur, son mérite doit être généreusement récompensé. » C'est en vérité cette considération qui nous a portés à donner place, dans cette revue, aux poésies de Lord Byron, jointe au désir de lui conseiller d'abandonner la poésie, et de faire un usage plus avantageux de ses grands talens et de l'heureuse position qu'il occupe dans le monde.

Dans ce but, nous lui demanderons la permission de l'assurer bien sérieusement, que la rime placée au bout du vers, précédée d'un certain nombre de pieds, même quand (ce qui n'est que rarement le cas chez lui) ces pieds seraient scandés régulièrement et scrupuleusement comptés sur les doigts, ne compose pas encore tout l'art de la poésie. Nous le supplierions de croire qu'un peu de vivacité, qu'un peu d'imagination, sont nécessaires pour constituer un poète, et que, pour être lu aujourd'hui, un poème doit, au moins, contenir une idée, soit un peu différente de celles des poètes qui ont écrit avant nous, soit différemment exprimée. Nous en appelons à sa bonne foi ; y a-t-il rien qui mérite le nom de poésie dans les vers suivans, écrits en 1806 ? et si un jeune homme de dix-huit ans a cru devoir dire des choses si peu intéressantes à ses aïeux, un jeune homme de dix-neuf eût-il dû les publier ?

Ombres de héros ! adieu ! Votre descendant, prêt à quitter l'antique demeure de ses pères, vous adresse ses adieux ! Dans sa patrie ou hors de son pays, il retrouvera un nouveau courage, en pensant à la gloire et à vous.

Quoiqu'une larme humecte ses yeux à cette triste séparation, c'est la nature et non la crainte qui excite ses regrets ; il s'en va au loin, guidé par une noble émulation ; jamais il n'oubliera la gloire de ses ancêtres.

Il jure qu'il chérira toujours votre renommée et votre mémoire ; il jure qu'il ne ternira jamais votre nom ; il vivra comme vous, ou il périra comme vous; puisse à son dernier jour sa cendre être réunie à la vôtre !

Maintenant nous affirmons positivement qu'il n'y a rien de meilleur que ces stances dans tout le volume du noble mineur.

Lord Byron devrait aussi se donner de garde d'essayer les sujets que les plus grands poètes ont traités avant lui, car les comparaisons (il peut l'avoir vu dans les exemples de son maître d'écriture) sont toujours odieuses. L'ode de Gray, sur le collége d'Éton, aurait dû le détourner de nous donner les dix stances boiteuses qu'il a intitulées : *Sur une vue éloignée du village et du collége d'Harrow* :

Quand l'imagination se plaît encore à retracer la ressemblance de nos camarades, et des compagnons de nos premiers plaisirs, de nos premières peines, combien elle me flatte, cette ressemblance de chacun de vous, que je garde en mon cœur, quoique sans espoir certain de vous revoir un jour !

De même, les excellens vers de M. Rogers, *sur une larme*, auraient dû avertir le noble auteur d'abandonner ce sujet, et nous auraient sauvé une douzaine de stances de la force des deux suivantes :

Faibles mortels que nous sommes, l'ardeur seule de la charité ôte à notre âme sa barbarie, la compassion l'émeut, quand la charité est touchée, et son sentiment se manifeste par une larme.

L'homme condamné à naviguer, à braver la fureur des

vents, à se frayer un chemin à travers l'Océan, lorsqu'il jette un coup d'œil sur ces flots qui peut-être seront son tombeau, laisse échapper une brûlante larme.

Nous en dirons autant des sujets où les grands poètes avaient échoué avant lui. Ainsi, nous ne pensons pas que Lord Byron, *encore mineur*, dût essayer de traduire l'invocation d'Adrien à son ame, quand Pope n'y avait que si médiocrement réussi. Cependant si le lecteur se trouvait d'opinion différente, voici la nouvelle traduction :

Oh! mon ame, si douce, si incertaine, si passagère, amie, associée de mon limon, née pour je ne sais quelles régions inconnues, où diriges-tu ta course lointaine! tu n'as plus ta gaieté habituelle, tu es pâle, sans joies, abandonnée.

Quoi qu'il en soit, nous craignons que Lord Byron n'ait un goût particulier pour les traductions et les imitations. Il nous en donne de tous les genres, depuis Anacréon jusqu'à Ossian, et, à ne les considérer que comme des devoirs de classe, elles sont assez passables; mais alors pourquoi les imprimer, quand leur tems est passé et qu'elles ont rempli leur but? Pourquoi appeler traduction ce qui se trouve page..., quand deux mots de l'original (θελω λεγειν) y sont délayés en quatre vers, et ce passage (page...) où μεσονυχίοις ποθ' ὥραις est rendu par six vers boiteux? Nous ne sommes pas juges

compétens de ses poésies ossianiques; nous sommes si peu versés dans ce genre de composition, que nous craindrions d'attaquer ce qui appartient à Macpherson lui-même, en essayant d'émettre une opinion sur les rapsodies de Lord Byron. Si donc ce commencement d'un *chant des poètes* est de sa seigneurie, nous nous permettrons de ne l'approuver pas, si tant est que nous le comprenions : « Quelle est cette forme
» qui s'élève au milieu des nuages rugissans, et
» dont l'ombre noire brille sur le torrent rou-
» geâtre des tempêtes ? Sa voix roule, portée
» par le tonnerre; c'est Orla, le brun chef d'Oc-
» thona. Il était, etc. » Après avoir arrêté ce *brun chef* quelque tems, les bardes lui donnent avis de « lever ses beaux cheveux, » puis de « les épandre sur l'arc-en-ciel, » et enfin de « sourire à travers les larmes de la tempête. » Nous avons au moins neuf pages de ce genre ; nous oserons nous aventurer assez loin en leur faveur, pour dire qu'elles ressemblent beaucoup à du vrai Macpherson, et nous assurons positivement qu'elles sont presque aussi stupides et presque aussi ennuyeuses.

C'est une sorte de privilége pour les poètes que l'égoïsme, mais ils devraient en user et non en abuser. Un poète en particulier qui se pique, quoique à l'âge un peu mûr de dix-neuf ans, d'être un poète-enfant, ne devrait pas savoir, ou du moins ne devrait pas faire voir qu'il sait tant de choses sur ses nobles aïeux. Outre le poème déjà cité *sur l'antique demeure* des Byron, nous en avons un autre de onze pages, sur le même sujet, précédé d'un avertissement où l'auteur nous apprend qu'*en vérité il n'avait nulle intention de le publier, mais que les instances particulières de quelques amis*, etc., etc. Cette pièce se termine par cinq stances sur lui-même, *noble et dernier rejeton d'une illustre race.* Il n'est pas mal question encore de ses aïeux maternels dans son poème sur *Lachin y Gair*, montagnes où il a passé une partie de sa jeunesse, et où il aurait pu apprendre que *pibroch*[1] n'est pas synonyme de *baypipe*, non plus que *duo* ne l'est de *violon*.

L'auteur ayant consacré une portion si considérable de son livre à immortaliser l'emploi de son tems à l'école et au collége, nous ne pouvons prendre congé de lui sans soumettre au lecteur un exemple de ses confidences ingénieuses. Dans une ode intitulée *Granta*, ode ornée d'une épigraphe grecque, on trouve ces magnifiques stances :

Là, dans des appartemens petits et humides, le candidat aux

---

[1] On appelle *pibroch* en général un air martial destiné à rassembler les *clans* et à les conduire au combat. *Baypipe* est l'instrument sur lequel les airs de cette nature sont joués ; il revient absolument à notre cornemuse.

prix de colléges s'assied la nuit près de sa lampe solitaire, se couche tard, et se lève matin.

Il lit des quantités fautives dans Sele, se tourmente sur un triangle difficile, se prive de plusieurs repas qui lui seraient si utiles, condamné à s'occuper d'une latinité barbare.

Renonçant aux pages qui pourraient lui plaire dans les historiens, il préfère aux écrits des moralistes le carré de l'hypothénuse. Toutefois ces occupations innocentes ne nuisent qu'au malheureux écolier qui s'y adonne, si nous les comparons à d'autres récréations auxquelles les imprudens se réunissent pour se livrer.

Nous sommes fâchés d'avoir, sur la psalmodie collégiale, des détails aussi peu satisfaisans que ceux renfermés dans ces deux stances d'un style vraiment attique :

A peine notre chœur pourrait-il être excusé, comme une troupe de débutans dans ce genre ; mais quelle indulgence doit-on avoir pour les croassemens de vieux pécheurs comme nous ?
Si David, après avoir terminé ses psaumes, les eût entendu chanter par de tels fous, jamais il ne les eût laissé venir jusqu'à nous, mais il les eût déchirés dans sa juste fureur.

Quelque jugement que l'on porte sur les poésies du noble mineur, il paraît qu'il faut les prendre telles qu'elles sont, et nous en contenter, car ce sont les dernières que nous aurons jamais de lui. Il n'est tout au plus, dit-il lui-même, qu'un étranger dans les bosquets du Parnasse ; il n'a jamais vécu dans un grenier, comme les poètes-nés, et quoiqu'il ait erré autrefois sans souci dans les montagnes de l'Écosse, il n'a pas, depuis long-tems, joui de cet avantage. De plus, il n'attend nul profit de cette publication, quel que soit son succès ou sa chute; il est très-improbable, d'après sa position et les devoirs qu'elle va lui imposer, qu'il condescende de nouveau à se faire auteur. Nous devons donc prendre ce qu'on nous donne et remercier. Quel droit avons-nous, nous autres pauvres diables, d'être si difficiles? Ne devons-nous pas nous tenir tout contens et tout aises d'avoir obtenu quelque chose d'un homme du rang de sa seigneurie, qui n'habite pas un grenier, mais qui règne en souverain dans la noble abbaye de Newsteadt. Encore une fois, soyons reconnaissans; appelons, avec l'honnête Sancho, les bénédictions de Dieu sur le bienfaiteur, et n'allons pas regarder de trop près la bouche du cheval qui nous est donné.

PRÉFACE
DE LA SECONDE ÉDITION.

Tous mes amis, lettrés ou non, m'ont conjuré de ne point publier cette satire avec mon nom. Si j'étais susceptible d'être détourné du chemin que je me suis tracé, par des sophismes et les boulettes de papier de l'imagination, je me serais rendu à leur désir; mais je ne suis point homme à me laisser effrayer par des injures, ou à trembler devant des journalistes armés ou sans armes. Je puis dire, en conscience, que je n'ai attaqué *personnellement* aucun homme qui n'ait auparavant pris l'offensive contre moi. Les ouvrages des auteurs sont la propriété du public; celui qui achète a le droit de juger et de publier son opinion, si cela lui convient, et les auteurs dont j'ai parlé peuvent en user à mon égard comme je l'ai fait au leur: ils réussiront mieux, j'en suis sûr, à prouver que mes ouvrages sont mauvais, qu'à corriger leurs propres productions; et mon intention n'a pas été de prouver que j'écrivisse bien, mais de forcer les autres à écrire mieux, *s'il est possible*.

Ce poème ayant réussi au-delà de mes espérances, je me suis efforcé de faire dans cette édition quelques additions et quelques corrections pour le rendre moins indigne du public.

Dans la première édition de cette satire, publiée sans nom d'auteur, j'avais, au sujet du Pope de Bowles, inséré quatorze vers d'un homme d'esprit de mes amis, qui a maintenant sous presse un volume de poésies. Ces quatorze vers ont été effacés et remplacés, dans cette nouvelle édition, par d'autres de mon propre crû; ma seule raison en cela, et j'espère que chacun penserait de même en pareil cas, c'est que je suis déterminé à ne rien publier avec mon nom qui ne soit entièrement et exclusivement de ma composition.

Quant aux talens réels des poètes dont les ouvrages sont cités, ou auxquels il est fait allusion dans les pages suivantes, l'auteur espère qu'il sera généralement d'accord avec la majorité du public éclairé, quoique, comme d'autres sectaires, chacun de ces écrivains ait son petit cercle de prosélytes qui exagèrent son mérite, dissimulent ses défauts et reçoivent sans examen, avec un empressement respectueux, tout ce qui tombe de sa plume. Mais le génie dont sont incontestablement doués quelques-uns des écrivains censurés ici ne fait que rendre plus déplorable la prostitution de leur beau talent. On doit avoir pitié de la sottise impuissante, on peut tout au plus en rire avant que de l'oublier, mais de grandes et réelles facultés dont on abuse doivent être décidément gourmandées. Personne plus que l'auteur n'eût désiré voir quelque écrivain habile et connu se charger de les exposer à la vindicte publique; mais Gifford consacre tous ses momens à son édition de *Massinger*, et, en l'absence d'un médecin véritable, un chirurgien de campagne peut donner une ordonnance pour empêcher la propagation d'une épidémie dangereuse, pourvu, toutefois, qu'il n'ait point recours au charlatanisme. Nous offrons ici un caustique, car il ne faut pas moins qu'une cautérisation vive pour sauver tant de patiens atteints de la déplorable rage de rimer. Quant aux journalistes de la *Revue d'Édimbourg*, il faudrait un autre Hercule pour triompher de cette hydre nouvelle, et l'auteur, dût-il s'en écorcher un peu la main, sortirait content du combat, s'il parvenait simplement à briser une des têtes du serpent.

LES POÈTES ANGLAIS

ET

LES JOURNALISTES ÉCOSSAIS.

SATIRE.

Suis-je pour toujours condamné au rôle d'auditeur [1]? Fitzgerald [2] viendra d'une voix enrouée brailler ses vers ridicules dans la grande salle d'une taverne, et moi je ne chanterai pas, de peur que peut-être les journalistes écossais ne m'appellent écrivassier, et ne condamnent mes vers? Rimons! bon ou mauvais, je veux publier quelque chose : je prends les sots pour mon sujet; la muse de la satire dictera mes accens.

Oh! toi, le plus noble don de la nature, plume

---

[1]. Imitation.

 « *Semper ego auditor tantùm? Nunquamne reponam*
 » *Vexatus toties rauci Theseide Codri?* »
 (JUVÉNAL, sat. 1.)

[2] M^r. Fitzgerald, plaisamment surnommé par W. Cobbett le *poète de la petite bière*, inflige le tribut annuel de ses vers au *Litterary Sund*; non content de les écrire, il les déclame ridiculement en personne, quand la compagnie a pris une quantité de mauvais porter suffisante pour lui permettre de supporter l'opération. (*Note de Lord Byron.*)

de mon oie grise! esclave de mes pensées, servante obéissante de ma volonté, arrachée à l'aile maternelle pour devenir un puissant instrument entre les mains de bien petits hommes! plume, prédestinée à aider l'enfantement laborieux du cerveau, quand il travaille péniblement plein de prose et de vers; quoique les nymphes te négligent, que les critiques puissent se moquer de ce qui fait la consolation des amans et l'orgueil des auteurs, combien de beaux-esprits, combien de poètes n'élèves-tu pas tous les jours! Condamnée à être à la fin complètement oubliée avec les pages que tu as tracées, que ton usage est fréquent! que tes honneurs sont petits! Mais toi, du moins, toi ma propre plume, que je quittai naguère, que je reprends aujourd'hui, comme la plume d'Hamet [1], quand notre tâche sera accomplie, tu jouiras d'un honorable repos; et quand bien même d'autres pourraient te mépriser, tu me seras toujours chère! Prenons donc aujourd'hui notre essor; notre sujet n'est point banal, ce ne sont point des visions orientales, des rêves fantastiques qui m'inspirent. Quoique hérissée d'épines, la route que nous devons suivre est belle et large; que nos vers soient faciles, qu'ils coulent et s'enchaînent doucement!

---

[1] Cid Hamet Benengeli promet le repos à sa plume dans le dernier chapitre de *Don Quichotte*. Oh! plût à Dieu que tant de *gentlemen* qui multiplient aujourd'hui les volumes suivissent l'exemple de Cid Hamet Benengeli!.

(*Note de Lord Byron.*)

Quand le vice triomphant exerce un empire souverain, qu'esclaves volontaires les hommes lui obéissent pendant toute leur vie; quand le plaisir[1], si souvent l'avant-coureur du crime, déploie ses magasins variés pour flatter les goûts du jour; quand les fripons et les sots s'unissent pour dominer; quand la justice boite et que le bon droit commence à chanceler; même alors les plus hardis redoutent les rires moqueurs du public; craignant la honte, et ne connaissant point d'autres craintes; pâlissant devant le ridicule et non devant les lois, ils évitent du moins le scandale du crime, sinon le crime lui-même.

Telle est la puissance de la satire! Mais il ne m'appartient point d'en lancer les traits; les vices de notre siècle demandent un glaive mieux aiguisé, une main plus vigoureuse. Cependant il est des folies auxquelles je puis donner la chasse et trouver encore du plaisir à la poursuite. Riez quand je ris, je n'ambitionne pas d'autre gloire. La partie commence, les mauvais écrivains sont mon gibier; en avant Pégase! Et vous, auteurs épiques, lyriques, élégiaques, à vous; je vous attaque tous, grands et petits! Et moi aussi je puis barbouiller du papier; une bonne fois j'inondai la ville d'un déluge de rimes; j'imprimai des folies d'écolier, également in-

---

[1] On a peine à concevoir le singulier contresens qui se trouve dans la première traduction, d'autant plus que le mot *faith* substitué dans le texte au mot *folly*, détruirait la mesure, et que par conséquent il n'y aurait plus de vers.

dignes d'éloges et de censures.... de plus vieux enfans que moi en font autant. Il est flatteur de voir son nom imprimé ; un livre est toujours un livre, quand bien même il n'y aurait rien dedans. Non que je pense que le son charmant d'un titre puisse sauver du tombeau un méchant ouvrage ou un méchant écrivain ; Georges Lambe en sait quelque chose, puisque son rang patricien n'a pu dérober au mépris ses farces méprisables [1]. Qu'importe, Georges continue toujours d'écrire [2], quoiqu'à la vérité son nom soit aujourd'hui caché aux regards du public.

Encouragé par ce grand exemple, je veux suivre la même route, mais je ferai ma propre revue ; je n'irai point chercher celle du grand Jeffrey.... Cependant, comme lui, je me constituerai moi-même juge expert en poésies.

Tous les états exigent un apprentissage, excepté celui de censeur.... Les critiques naissent critiques. Prenez dans Joe Miller quelques anecdotes usées, apprenez-les par cœur ; joignez-y assez d'érudition pour faire une citation à faux ; ayez un esprit assez pénétrant pour découvrir ou inventer des défauts ; une disposition à la pointe et au calembourg, que vous appellerez sel attique ; allez trouver Jeffrey ; soyez

---

[1] On trouvera ailleurs plus de détails sur cet *intéressant* jeune homme et sur ses ouvrages.

(*Note de Lord Byron.*)

[2] Dans la *Revue d'Édimbourg.*

(*Note de Lord Byron.*)

silencieux et discret; il donne exactement dix livres sterling la feuille. Ne craignez pas de mentir, cela sera pris pour un tour heureux; ne reculez point devant un blasphême, cela passera pour de l'esprit. N'allez pas vous piquer de sentimens d'honneur..... sacrifiez tout pour placer vos bons mots, et devenez un de ces critiques que l'on abhorre et que l'on caresse.

Et nous nous soumettrons aux jugemens de tels hommes? Non... cherchez des roses en décembre, de la glace en juin; espérez trouver de la constance dans le vent, du froment dans la paille déjà battue; croyez-en sur parole une femme, une épitaphe, ou quelque autre chose mensongère de soi, plutôt que de vous en rapporter à des critiques; si dignes eux-mêmes d'être critiqués, plutôt qu'une seule de vos pensées ne vous soit dictée par le cœur de Jeffrey, ou la tête béotienne de Lambe [1].

Quand nos auteurs plient humblement le genou devant ces jeunes tyrans [2], qui se sont conjurés pour usurper le trône du goût, où ils sont si déplacés; quand ils écoutent leur voix comme celle de la vérité, leurs arrêts comme ceux de la loi; quand de

---

[1] MM. Jeffrey et Lambe sont l'alpha et l'oméga, le premier et le dernier des rédacteurs de la *Revue d'Édimbourg*, les autres sont cités plus bas.
(*Note de Lord Byron.*)

[2] « ..... *Stulta est clementia, cùm tot ubique*
» ..... *Occurras, periturœ parcere chartœ.* »
(JUVÉNAL, sat. 1.)

tels hommes font les censeurs, ce serait un péché que de les épargner ; quand je vois de tels critiques, comment pourrais-je me retenir? Et cependant toutes nos excellences littéraires sont si près l'une de l'autre aujourd'hui, qu'on ne sait laquelle chercher, laquelle éviter : nos poètes, nos critiques se ressemblent tant, qu'on ne sait quand on doit frapper, quand on doit épargner.

Peut-être vous me demanderez, lecteur, pourquoi je me hasarde dans le sentier que Pope et Gifford ont parcouru avant moi [1]. Si l'ennui ne vous a pas encore rendus malades, si vous vous sentez la force d'aller plus avant, continuez de lire ; mes vers vous l'apprendront.

Avant que de nos jours dégénérés d'ignobles compositions reçussent un tribut non mérité d'éloges, il fut un tems où le bon sens, l'esprit et la poésie marchaient toujours ensemble ; grâces plus réelles que celles de la mythologie, qui, puisant leurs inspirations aux mêmes sources, florissaient en commun, et, s'appuyant sur le goût, devenaient chaque jour plus belles à mesure qu'elles grandissaient. C'est alors que, dans cette île fortunée, Pope essaya de charmer les ames ravies, et qu'il ne s'essaya pas en vain. Les éloges d'un peuple policé étaient le prix

---

[1] « *Cur tamen hoc potius libeat decurrere campo*
» *Per quem magnus equos Auruncæ flexit alumnus:*
» *Si vacat, et placidi rationem admittitis, edam.* »

(JUVÉNAL, sat. I.)

qu'il ambitionnait; en cherchant sa propre gloire, il augmenta celle de son pays. Comme lui, Dryden fit entendre un déluge de chants, moins doux, il est vrai, mais deux fois plus mâles. Alors, sur la scène, Congrève pouvait exciter le rire, Otway faire couler les larmes; car alors un parterre anglais sentait le naturel et savait l'applaudir. Mais pourquoi rappeler tous ces noms et de plus grands encore, quand tous ont cédé leurs places à des poètes plus faibles? Et cependant comment détourner nos yeux et nos regrets de ces tems, avec lesquels ont passé le goût et la raison. Regardons maintenant autour de nous; parcourons tous ces ouvrages indifférens, toutes ces productions misérables qui plaisent au public aujourd'hui. Il est une vérité que la satire elle-même ne peut contester; nous ne saurions nous plaindre d'une disette de poètes; la presse accablée gémit sous le poids de leurs productions; les garçons imprimeurs sont rendus de fatigue; les poèmes épiques de Southey font plier tous les rayons, et les chants lyriques de Little [1] brillent partout en in-12 élégamment reliés.

Le livre saint l'a dit: « Rien de nouveau sous le » soleil [2]; » et nous courons sans cesse de changemens en changemens. Que de merveilles différentes

---

[1] *Little*, nom sous lequel Thomas Moore a publié un grand nombre de poésies libres.

[2] *Ecclésiaste*, ch. I.

viennent nous tenter en passant! La vaccine....,
le galvanisme et le gaz paraissent tour à tour et font
l'étonnement du vulgaire, jusqu'à ce que la bulle de
savon crève.... et tout n'est que du vent. Combien
aussi de nouvelles écoles de poésie ne voit-on pas
s'élever, quand de stupides prétendans se disputent
le prix? quand ces pseudo-poètes font taire le bon
goût, chaque club littéraire de campagne plie le genou devant Baal, et, détrônant le vrai génie, élève
en la place qui lui appartenait un autel, une idole à
lui; quelque veau en plomb doré.... Qui? N'importe,
depuis Southey, qui se perd dans les nues, jusqu'au
rampant Stott [1].

Attention! la tourbe des écrivassiers va défiler
devant nous! chaque escadron divers cherche à se
faire remarquer; chaque poète se hâte et presse de
l'éperon son Pégase éreinté. Les vers rimés et les

---

[1] Stott, plus connu dans le *Morning Post* sous le nom de Hafiz. Ce
personnage est maintenant le plus acharné à la recherche du pathos. Je
me rappelle une ode de maître Stott à la famille régnante de Portugal,
qui commence ainsi:

(*Stott loquitur quoad hibernia.*)

« Royal enfant de Bragance, Erin vient te complimenter dans cette
» stance, etc., etc. »

De plus un sonnet *aux rats*, bien digne du sujet, ainsi qu'une ode
des plus ronflantes qui commence ainsi:

« Oh! maintenant un lai sonore comme la vague qui fouette le rivage
» retentissant de Laponie. »

Que le Seigneur ait pitié de nous! Le *Lai du dernier Ménestrel* n'é-
tait rien en comparaison de celui-ci.

(*Note de Lord Byron.*)

vers blancs s'avancent de front ; les sonnets se pressent sur les sonnets, les odes sur les odes ; les contes effroyables se coudoient et se heurtent dans la route, et l'on voit courir en avant des vers d'une mesure que l'on ne saurait mesurer ; car la folie au sourire hébété aime des chants variés. La sottise, toujours amateur de l'étrange et du mystérieux, admire surtout ce qu'elle ne peut comprendre. Aussi admire-t-elle les lais des ménestrels [1] (puissent-ils être les *derniers !*) chantés tristement sur les cordes d'une harpe à demi tendue, et se perdant dans les airs ; tandis que les esprits des montagnes bavardent avec les esprits des rivières, tout exprès pour que des vieilles femmes puissent avoir le plaisir d'écouter ce qu'ils disent pendant la nuit ; tandis que des lutins de la famille de Gilpin Horner [2] attirent dans les

---

[1] Ouvrez le *Lai du dernier Ménestrel* au hasard. Se peut-il rien imaginer de plus absurde et de plus ridicule que l'idée première de cette production? L'entrée du tonnerre et de l'éclair qui sert de prologue à la tragédie de Bayes enlève malheureusement le mérite de l'originalité au dialogue de messieurs les esprits des montagnes et des eaux dans le premier chant. Nous avons ensuite l'aimable Guillaume de Lorraine, heureux composé du maraudeur, du voleur de bétail et du voleur de grand chemin. La convenance de l'injonction que lui fait son amante, la magicienne, de ne point lire le livre qu'elle lui envoie chercher, ne peut se comparer qu'à l'aveu ingénu du chevalier, qui répond qu'il n'a jamais pris la peine d'apprendre à épeler, et que, pour employer ses expressions élégantes, il ne pourrait pas même lire le premier verset de son *psaume de pendu* (*neck-verse*), c'est-à-dire le *miserere mei*, etc.

[2] La biographie de Gilpin Horner, et le page merveilleux qui voyageait deux fois plus vite à pied que le cheval de son maître, et cela sans le secours de bottes de sept lieues, sont des chefs-d'œuvre de perfection-

bois la jeune noblesse des frontières; sautent à chaque pas Dieu sait combien haut! et effraient de stupides enfans, Dieu sait pourquoi! tandis que des dames de haut parage, dans leur cellule magique, défendent la lecture à des chevaliers qui ne savent pas lire, dépêchent un courrier au tombeau d'un sorcier, et combattent contre des hommes honnêtes pour protéger un coquin.

Après lui, se pavanant fièrement sur son cheval rouan, s'avance le fier Marmion au casque doré. Tantôt il forge des écritures, tantôt il s'élance le premier au fort du combat; ce n'est tout-à-fait un scélérat, ce n'est non plus qu'un demi-chevalier; également propre à briller sur un gibet et sur un champ de bataille, il offre un mélange étonnant de grandeur et de bassesse. Penses-tu, Scott, dans ton amour-propre, forcer le public à admirer ton roman suranné; quoique Murray se réunisse avec son ami Miller, pour donner à ta muse une demi-cou-

---

nement et de goût. En fait d'incidens, nous avons le coup de poing invisible, mais très-sensible, que reçoit le page au moment où le chevalier et son page entrent dans le château, sous le déguisement bien naturel d'une charretée de foin. Marmion, le héros du second poème, est exactement ce qu'eût été Guillaume de Lorraine, s'il eût su lire et écrire. Cet ouvrage a été fabriqué pour MM. Constable, Murray et Miller, valeur reçue en une certaine somme de monnaie, et en vérité, ayant égard au motif qui l'a inspirée, c'est une production très-recommandable. Si M. Scott veut écrire aux gages des libraires, qu'il fasse de son mieux pour satisfaire ceux qui le paient, mais qu'il ne déshonore plus son génie, qui sans contredit est très-grand, par de nouvelles imitations de nos vieilles ballades.

ronne de gages par vers? Non! quand les enfans d'Apollon se mettent dans le commerce, leurs couronnes se dessèchent, et leurs lauriers sont flétris. Qu'ils renoncent au nom sacré de poète, ceux qui tourmentent leur cerveau pour l'amour du gain, et non pour celui de la gloire. Puissent-ils tomber bien bas dans une abjection méritée, et que le mépris soit le salaire de leurs travaux sans honneurs! Oui, tel doit être le sort d'une muse prostituée et d'un poète à gage! Le fils d'Apollon, quand sa plume est vénale, ne nous inspire plus que du dégoût; et nous disons et pour long-tems, *bonne nuit, Marmion* [1].

Voilà les productions qui appellent aujourd'hui nos éloges; voilà les poètes devant lesquels la muse doit s'incliner respectueusement! Milton, Dryden, Pope, également oubliés, doivent déposer leurs couronnes sacrées sur le front de Walter Scott.

Il fut un tems où la muse était encore jeune, alors qu'Homère tenait la lyre et que Virgile chantait. A peine un siècle sur dix voyait-il naître un poème épique, et ce nom frappait comme un mot magique les oreilles des nations étonnées. Chacun de ces hommes immortels n'a laissé qu'un de ces ouvrages qui ne paraissaient que tous les mille ans [2]. Des empires

---

[1] « Bonne nuit, Marmion, » telle est l'exclamation pathétique et prophétique de Henri Blount, écuyer, au moment de la mort de l'honnête Marmion.
(*Note de Lord Byron.*)

[2] En effet, la fable de l'Odyssée est si étroitement liée à celle de

ont disparu de dessus la face de la terre, des langues sont mortes avec ceux qui leur avaient donné naissance, sans la gloire d'avoir produit une de ces compositions immortelles, qui font qu'un idiome survit à la ruine des états où il était parlé. Il n'en est pas ainsi chez nous; quoique des poètes d'un rang inférieur consacrent leur vie tout entière à la composition d'un seul ouvrage important. Voyez le marchand de ballades, Southey, s'élever dans les airs avec le vol audacieux de l'aigle. Le Camoëns, Milton, le Tasse, ne sont rien en comparaison de ce génie, dont les vers nombreux comme des armées s'arrangent chaque année sous forme d'un nouveau poème épique ! La première s'avance, Jeanne d'Arc, le fléau de l'Angleterre, et l'orgueil de la France ! Bien qu'elle ait été brûlée, comme sorcière, par ce méchant Bedford, voyez sa statue placée dans une niche glorieuse; ses fers se rompent, et délivrée à l'instant de la prison, vierge phénix, elle renaît de ses cendres.

Après elle, voici venir l'effroyable Thalaba [1], en-

---

l'Iliade, qu'on peut les regarder comme ne formant ensemble qu'un grand poème historique. En parlant de Milton et du Tasse, nous ne faisons allusion qu'au *Paradis perdu*, et à la *Jérusalem délivrée*; puisque la *Jérusalem conquise* du poète italien et le *Paradis regagné* du poète anglais sont loin d'avoir obtenu la même célébrité..... Lequel des poèmes de M. Southey survivra?

(*Note de Lord Byron.*)

[1] Thalaba, second poème de M. Southey, a été ouvertement écrit comme une sorte de défi à la poésie et à tout ce que l'on connaissait jus-

fant monstrueux, étonnant et sauvage de l'Arabie; destructeur redouté de Domdaniel, qui a renversé plus de magiciens-fous que le monde n'en a jamais connu! Héros immortel, tous tes ennemis sont vaincus; règne donc pour toujours..... l'illustre rival du Petit-Poucet! Puisque le mètre effrayé fuyait de devant ton nom, c'était avec grande raison que tu avais été destiné à être le dernier de ta race! Il n'y aurait pas grand mal à ce que les génies triomphans t'emportassent loin d'ici, illustre vainqueur du sens commun.

Maintenant, le dernier et le plus grand de tous, Madoc, fond sur nous à pleines voiles; Cacique au Mexique, et prince de Galles, il nous raconte d'étranges histoires, comme font tous les voyageurs, des histoires plus vieilles que celles de Mandeville et pas tout-à-fait aussi vraisemblables. Southey[1]! cesse tes chants si variés; un poète peut chanter trop souvent et trop long-tems : puisque tu es si fort en vers, au nom du ciel épargne-nous! Un quatrième

---

que-là. M. Southey souhaitait produire quelque chose de nouveau, et il y a miraculeusement réussi. Jeanne d'Arc était déjà assez merveilleuse, mais pour Thalaba, c'est un de ces poèmes qui (comme l'a dit Porson, docteur en théologie, professeur à l'université de Cambridge, récemment décédé) seront lus quand on aura oublié Homère et Virgile..... *mais pas avant!*

[1] Nous en demandons pardon à M. Southey. « Madoc, nous dit-il » dans sa Préface, dédaigne le titre avili de poëme épique. » Comment et par qui ce titre a-t-il été avili? Certes les derniers romans en vers de MM. Cottle, du lauréat Pye, d'Ogilvy, d'Hoyle, et de la tendre mistress Cowley, n'ont pas beaucoup relevé la muse épique. Mais puis-

poëme épique serait, hélas! plus que nous n'en pourrions supporter. Mais, si en dépit de tout ce que le monde peut dire, tu persistes à vouloir te fatiguer à faire des vers; si, toujours incivil, tu dois, dans de nouvelles ballades de Berkley, dévorer de vieilles femmes au diable [1], que ta menace n'atteigne que les enfans qui ne sont pas encore nés; « que Dieu te » soit en aide, Southey, et à tes lecteurs aussi [2]. »

Vient ensuite le lourd disciple de ton école, ce bénin apostat des règles poétiques, le simple Wordsworth, qui a fabriqué un lai plus doux qu'un soir de ce mois de mai qui lui est si cher; lai dans lequel il conseille à son ami de laisser là le travail et la peine, et de quitter ses livres de peur de devenir double [3]; Wordsworth, qui montre, autant par son exemple que par ses préceptes, que la prose est de la poésie,

---

que M. Southey ne veut pas de ce titre, qu'il nous soit permis de lui demander s'il lui a substitué quelque chose de mieux, ou s'il veut se contenter de rivaliser avec sir Richard Blackmore, pour la quantité aussi bien que pour la qualité de ses vers.

(*Note de Lord Byron.*)

[1] Voyez *la Vieille de Berkley*, ballade de M. Southey, dans laquelle une vieille dame de qualité est enlevée par Béelzébut, sur un cheval qui va au grand trot.

(*Note de Lord Byron.*)

[2] Le dernier vers, « Dieu te soit en aide, » est évidemment un plagiat de l'*anti-jacobin*, à M. Southey, sur ses dactyles :

Dieu te soit en aide, imbécille.

(*Poésies anti-jacobines*, page 23.)

(*Note de Lord Byron.*)

[3] *Ballades lyriques*, page 4, stance 1re.

et que les vers ne sont que de la prose. Convainquant tout le monde par une démonstration facile, que les ames poétiques aiment une prose absurde, et que des histoires du tems de Noël[1], abîmées encore pour se plier à un mauvais rhythme, contiennent l'essence du vrai sublime. Aussi quand il raconte l'histoire de Betty Foy, mère idiote d'un fils idiot, enfant imbécile et lunatique, qui a perdu son chemin, et qui, comme le poète, confond le jour avec la nuit [2], il peint d'une manière si pathétique chaque accident, il raconte d'une manière si sublime chaque aventure, que ceux qui voient l'idiot dans sa gloire sont convaincus que le poète est lui-même le héros de l'histoire.

Laisserons-nous passer inaperçu le tendre Coleridge, si cher à l'ode emphatique, et aux stances ampoulées? Quoique les petits sujets innocens soient ceux qui lui plaisent le mieux, il ne laisse pas que d'être sensible aux charmes d'une docte obscurité. Quand même l'inspiration refuserait son secours à

---

[1] On ne croirait pas que le premier traducteur ait confondu les histoires plus libres, les farces de la quinzaine de Noël (le carnaval des Anglais), avec nos anciens cantiques appelés *des Noëls*.

[2] M. Wordsworth, dans sa Préface, s'est donné beaucoup de peine pour prouver que la prose et les vers sont la même chose, et certes on trouve dans ses ouvrages des exemples parfaitement d'accord avec ce principe :

« Et ainsi il répondit aux questions de Betty, comme un voyageur
» hardi, le coq chanta *Tou-hou! Tou-hou!* et le soleil brillait d'un
» éclat si froid, etc., etc. »

(*Ballades lyriques*, page 129.)

celui qui a pris une *Pixie* pour sa muse [1], qui pourrait surpasser pour la sublimité des vers le poète qui s'est élevé jusqu'à prendre un âne pour le héros d'une élégie. Comme un tel sujet convenait bien à son noble esprit ! Comme la sympathie nous rend bons et généreux !

Oh ! fabricant d'horribles merveilles, Lewis, moine, ou poète, qui ferais volontiers du Parnasse un cimetière ! Là, ce sont des cyprès, et non des branches de laurier qui ceignent ton front; ta muse est une sorcière ; tu n'es que le fossoyeur d'Apollon ! Soit que tu t'asseyes sur d'anciens tombeaux, pour y recevoir les hommages d'une troupe de spectres de tes amis ; soit que tu composes ces chastes descriptions, délices des femmes de notre siècle si décent; tous admirent en toi un membre du parlement [2], du cerveau duquel s'échappent, comme d'un enfer, des légions de fantômes, à peine couverts d'un drap de lit presque transparent, dont les ordres font surgir de terre de hideuses sorcières, des riols du feu, de l'eau, des nuages, avec de petits hommes gris, des monstres sauvages, et Dieu sait quoi encore, pour te combler d'honneurs avec Walter Scott. Encore une

---

[1] Poésies de Coleridge, page 11 ; *Chant des Pixies*, c'est-à-dire des fées du comté de Dévon. Nous trouvons, page 42, *Vers à une jeune dame*, et page 52, *Vers à un jeune âne*.

[2] « Car tout le monde connaît le petit Matthieu, membre du Parlement. » Voyez dans *le Statesman*, un poème à M. Lewis, supposé écrit par M. Jekyll.

fois, tous t'admirent ; mais si des contes tels que les tiens peuvent plaire, il n'y a que saint Luc[1] qui puisse guérir cette maladie. Satan lui-même redouterait d'habiter avec toi, et de trouver dans ton cerveau un enfer plus profond que le sien !

Entouré d'un chœur de vierges, animées d'un autre feu que celui de Vesta, dont les yeux brillent, dont les joues sont enflammées par la passion, quel est ce poète si tendre, qui fait résonner les cordes d'une lyre hardie, tandis que les matrones l'écoutent dans un silence empressé ? C'est Moore, le Catulle de notre âge, aussi doux mais aussi immoral dans ses chants. Quoiqu'affligée de le condamner, la muse doit cependant être juste ; elle ne saurait pardonner les avocats harmonieux du libertinage. La flamme qui brûle sur son autel est pure ; elle se détourne avec dégoût d'un encens plus grossier. Cependant, indulgente pour la jeunesse qui se repent, elle te dit : « Moore, corrige tes vers, va et ne pèche plus à l'avenir. »

Pour toi, auquel appartiennent tout ce clinquant et tous ces ornemens de mauvais goût dont tu as défiguré le Camoëns en le traduisant, Hibernien Strangford ! Avec tes yeux bleus [2] et tes cheveux rou-

---

[1] Saint Luc est le patron des médecins, et il était médecin lui-même avant que d'être appelé à l'apostolat.

[2] Les lecteurs qui désireraient quelque explication à ce sujet, peuvent consulter le Camoëns de Strangford, page 127, la note à la page 56, ou la dernière page de l'article de la *Revue d'Édimbourg* sur le même

ges ou bruns, si vantés, toi dont chaque jeune fille, malade d'amour, admire les vers, toi dont le galimatias harmonieux la fait presque expirer, apprends, si tu le peux, à respecter le sens de ton auteur, et à ne pas nous vendre sous un faux titre tes propres sonnets. Crois-tu placer tes vers plus haut dans l'opinion publique, en couvrant Camoëns de broderies et d'oripeaux? Corrige, Strangford, corrige tes mœurs et ton goût; sois ardent, mais pur; sois amoureux, mais chaste. Cesse de vouloir tromper; rends la harpe que tu as escamotée, et n'enseigne pas au poëte lusitanien à copier Moore.

Dans ce grand nombre de volumes élégamment marbrés, voyez Hayley essayant en vain de produire quelque chose de nouveau; soit qu'il file péniblement ses comédies rimées; soit qu'il barbouille du papier dans un tems donné, comme Wood et Barclay fournissent une course à pied. Le style de sa maturité est le même que celui de sa jeunesse: toujours humble et toujours faible. Voyez d'abord briller le *Triomphe du caractère*; pour ma part j'avouerai qu'il m'a fait sortir du mien. Quant au *Triomphe de la Musique*, tous ceux qui l'ont lu peuvent jurer que la malheureuse musique n'y a jamais triomphé [1].

ouvrage. Il est bon d'observer aussi que les choses qui y sont données comme étant du *Camoëns*, ne se trouvent pas plus dans l'original que dans le Cantique de Salomon.

(*Note de Lord Byron.*)

[1] Les deux compositions en vers les plus connues de M. Hayley sont un poëme sur le *Triomphe du caractère*, et un autre sur le *Triomphe*

Moraviens, levez-vous, accordez quelques honneurs convenables à l'ennuyeuse dévotion ! Le poète du sabbat, le sépulcral Grahame, répand en prose décousue ses accens sublimes. Il n'aspire point à la rime ; il met en pièces dans ses vers blancs l'Évangile de saint Luc ; fait des emprunts hardis au Pentateuque, et sans conscience, sans remords, pervertit les prophètes et pille les psaumes [1].

Salut, sympathie ! ta douce idée nous apporte mille images de mille choses. Au milieu de tes larmes, où il se baigne et s'enivre, elle nous fait voir le prince des tristes fabricans de sonnets. N'es-tu pas leur prince, en effet, harmonieux Bowles ? toi le premier, le grand oracle des ames tendres, soit que tu demandes du secours aux vents qui soupirent, ou des consolations à la feuille jaunie ; soit que tu racontes d'un ton lamentable quels sons joyeux rendent les cloches d'Oxford [2], ou que, toujours passionné pour les cloches, tu trouves un ami dans chaque tintement de celles d'Ostende. Comme ta muse

de la musique. Il a aussi écrit un grand nombre de comédies, d'épîtres en vers rimés, etc., etc. Comme c'est, du reste, un biographe et un annotateur assez élégant, nous nous permettrons de lui rappeler le conseil de Pope à Wicherley, c'est-à-dire que nous l'engagerons à mettre ses poésies en prose, ce qui se pourrait faire très-aisément en retranchant de tems en tems la syllabe finale.

[1] M. Grahame a publié deux volumes écrits en argot religieux, sous le nom de *Promenades du dimanche*, et de *Peintures bibliques*.

[2] Voyez *Sonnets de Bowles*, etc., *Sonnets à Oxford* et *Stances en entendant les cloches d'Ostende*.

frapperait plus juste au but, si à toutes les clochettes tu ajoutais un bonnet de fou! Délicieux Bowles! toujours bénissant, toujours béni, tout le monde aime tes vers, mais les enfans surtout en raffolent. Tu partages avec le tendre Moore le privilége de caresser la manie amoureuse de nos jeunes demoiselles! C'est avec toi qu'elles aiment à répandre des larmes, tant qu'elles sont encore confinées dans la chambre des enfans. Plus tard, tu perds graduellement de ton pouvoir; elles abandonnent le pauvre Bowles pour la muse plus pure de Moore.

Tu dédaignes de borner à des sujets simples les nobles accords d'une lyre comme la tienne; « muse, » t'écries-tu, fais entendre des accens plus forts et » plus nobles [1]! » des accens tels qu'on n'en a jamais entendus, et qu'on n'en entendra jamais. Toutes les découvertes faites après le déluge, depuis le moment où l'arche fatiguée s'arrêta sur la vase, occupent une place plus ou moins considérable dans ton livre, depuis le capitaine Noé jusqu'au capitaine Cook. Ce n'est pas tout; tu t'arrêtes dans ta route pour intercaler un tendre épisode [2], et tu nous racontes gra-

---

[1] *Muse, fais entendre*, etc., est le premier vers de l'*Esprit de découverte*, de Bowles, un joli petit nain de poème épique, plein de vie et de mouvement. Entre autres vers délicieux, nous avons les suivans :

« Un baiser volé au milieu du silence attentif! A ce bruit, qu'ils n'a- » vaient jamais entendu, ils tremblèrent, comme si le pouvoir... etc. »

Ils tremblèrent, ils... les bois de Madère, très-étonnés d'un tel phénomène, et il y avait de quoi.

[2] L'épisode auquel on fait allusion plus haut, c'est l'histoire de Robert

vement.... Écoutez toutes, belles demoiselles... Tu nous racontes comment Madère trembla pour la première fois au bruit d'un baiser. Bowles ! grave ce prétexte dans ta mémoire ; tiens-t'en à tes sonnets, mon ami, puisque du moins ils se vendent. Mais si quelque nouveau caprice, si la promesse de quelque nouveau gain te forcent à écrivasser encore, si quelque poète, naguère la terreur des sots, couché maintenant dans la poussière du tombeau, n'a plus que des hommages à attendre ; si Pope, dont la gloire et le génie défièrent autrefois le talent du premier des critiques, doit aujourd'hui soutenir les atteintes du dernier d'entre eux; viens, essaie, cherche avec soin chaque petite faute, chaque incorrection : le premier de nos poètes, hélas ! ne fut qu'un homme. Tâche de trouver quelque perle dans le fumier de tes devanciers ; consulte lord Fanny, rapporte-t'en à Curll [1]. Que toutes les calomnies d'autrefois se retrouvent sous ta plume et inondent tes pages ; affecte une candeur qui ne saurait être vraie, décore ta basse jalousie du nom de zèle honnête ; écris comme si l'âme de Bolingbroke pouvait encore te dicter ce que tu dois dire, fais en un mot par haine

---

à Machin et d'Anna d'Arfet, couple d'amans constans, lesquels exécutèrent le baiser susdit, qui étonna si vivement les forêts de Madère.

[1] Curll est un des héros de *la Dunciade*, il était libraire de profession. Lord Fanny est le nom poétique de lord Hervey, auteur de *Vers à l'imitation d'Horace*.

(*Note de Lord Byron.*)

ce que Mallet a fait pour gagner l'argent qui lui était promis [1]. Oh! si tu avais vécu dans le tems convenable, pour partager la folie furieuse de Dennis et rimer de concert avec Ralph [2]; si tu t'étais réuni à la troupe qui attaquait le lion vivant, au lieu de venir, comme tu le fais, frapper du pied le lion mort, une juste récompense aurait couronné tes gains glorieux; le grand homme, pour prix de ton labeur, aurait immortalisé ton nom dans la *Dunciade* [3].

Encore un poète épique, qui vient infliger un nouveau déluge de vers blancs aux malheureux enfans des hommes! Le Béotien Cottle, gloire de la riche Bristowa, importe de vieilles histoires des côtes de Cambrie, et envoie sa marchandise au marché... Ils sont tout vivans! Quarante mille vers, vingt-cinq chants! poisson tout frais venant de l'Hélicon! Qui veut en acheter? qui veut en acheter? C'est une occasion; c'est pour rien; qui veut ache-

---

[1] Lord Bolingbroke salaria Mallet pour critiquer Pope après sa mort, parce que le poète avait conservé quelques copies d'un ouvrage de sa seigneurie (*Le Roi patriote*), que ce seigneur, homme de génie sans doute, mais d'un caractère rancunier, lui avait ordonné de détruire.
(*Note de Lord Byron.*)

[2] Dennis le critique et Ralph le rimailleur.
« Silence, loups! quand Ralph mugit et rend la nuit hideuse, c'est aux
» hibous à lui répondre. »
(DUNCIADE.)

[3] Voyez la dernière édition des œuvres de Pope, par M. Bowles, pour laquelle il a reçu 300 livres sterling. M. Bowles s'est ainsi convaincu combien il lui était plus aisé de vivre de la réputation des autres, que de s'en faire une à lui-même.
(*Note de Lord Byron.*)

ter? Ma foi! ce ne sera pas moi. Les enfans de Bristol aiment trop la soupe à la tortue; ils aiment trop à passer la nuit autour d'un bol de punch au rack; si le commerce remplit la bourse, il appauvrit le cerveau, et c'est en vain qu'Amos Cottle a pris la lyre en main. Contemplez en lui le sort infortuné d'un auteur condamné à faire aujourd'hui des livres, lui qui en vendait autrefois. Oh! Amos Cottle! Phébus! quel nom pour remplir la trompette sonore de la renommée! Oh! Amos Cottle! considère un moment quel maigre profit tu retires de ta plume et de ton encre usées! Quand elles sont couvertes de tes rêveries poétiques, qui voudra jeter les yeux sur tes rames de papier? Oh! plume pervertie, oh! papier mal employé! Si Cottle[1], courbé sur son pupitre, était resté l'ornement du comptoir, ou si, né pour d'utiles travaux, il eût appris à faire le papier qu'il gâte, qu'il eût labouré, bêché, ramé; il n'aurait pas chanté le pays de Galles, et je ne lui eusse pas donné place dans mes vers.

Tel Sisyphe roule sans cesse aux enfers son immense rocher, dont le mouvement ne saurait être arrêté, tel, délicieux Richemond, l'ennuyeux Mau-

---

[1] M. Cottle, Amos ou Joseph, je ne sais lequel, mais certainement l'un ou l'autre, ou même tous les deux, autrefois marchands de livres qu'ils ne composaient pas, auteurs aujourd'hui de livres qui ne se vendent pas, ont publié un couple de poèmes épiques: *Alfred* (pauvre Alfred! tu avais déjà passé par les mains de Pie)! avec *la chute de la Cambrie*.

rice [1], promène le long de tes hauteurs le poids de ses feuilles, lourdes comme du granit, pétrifications d'un cerveau laborieusement tourmenté, qui, avant d'arriver au sommet, tombent déchirées en morceaux.

La lyre brisée, les joues pâles, voyez Alcée [2] redescendre d'un pas incertain dans le sacré vallon! Ses espérances étaient belles; elles eussent pu fleurir enfin; elles ont été séchées dans leur bourgeon par le vent du nord; ses fleurs sont tombées à mesure que le vent s'est élevé! Que la terre *classique* [3] de Sheffield pleure ses ouvrages perdus, qu'une main impie n'aille pas troubler leur sommeil prématuré [4]!

Et cependant, dites-moi, pourquoi un poète renoncerait-il sitôt aux faveurs des neufs Sœurs? Se doit-il laisser pour jamais épouvanter par les hurlemens de ces loups du nord, toujours cherchant

---

[1] M. Maurice a manufacturé la valeur d'un gros in-quarto sur les beautés de *Richemond Hill* et autres : il décrit aussi les vues charmantes de Turnham Green, d'Hammersmith, du vieux et du nouveau Brentford et des lieux adjacens.

[2] Montgomery.

[3] L'épithète *classique* est prise en ironie et même par antiphrase, Sheffield étant un pays essentiellement manufacturier, et très-peu célèbre pour la culture des lettres et des arts.

[4] Pauvre Montgomery! Quoique loué par tous les critiques anglais, il a été amèrement ravalé par ceux de la *Revue d'Édimbourg*. Après tout, le poète de Sheffield est un homme d'un talent considérable; son *Voyageur en Suisse* vaut mille *ballades lyriques* et au moins cinquante poèmes épiques dégradés.

leur proie dans l'obscurité ? troupe lâche, qui brise en déchirant, pour satisfaire son instinct infernal, tout ce qui se trouve sur son chemin. Jeunes ou vieux, vivans ou morts, n'importe, il faut que ces harpies se repaissent. Pourquoi ceux qu'ils attaquent abandonneraient-ils si aisément leurs possessions légitimes ? pourquoi fuir ainsi timidement devant leurs griffes ? pourquoi ne pas plutôt refouler vers *Arthur's seat* ces chiens acharnés [1] ?

Salut, immortel Jeffrey ! Autrefois l'Angleterre se glorifiait de posséder un juge dont le nom était presque identique avec le tien : son ame ressemblait tant à la tienne ! il avait ta clémence, ta justice. Quelques-uns pensent que Satan t'a remis aujourd'hui les pouvoirs qu'il lui avait confiés, qu'il a renvoyé de nouveau son esprit sur la terre, et qu'il t'a chargé de décider aujourd'hui sur le sort des lettres, comme Jeffries décidait naguère de celui des hommes. Ta main est moins puissante, mais ton cœur n'est pas moins noir, ta voix est aussi disposée à ordonner les tortures. Élevé de bonne heure dans les cours, quoique tu n'y aies encore appris de la loi que ce qu'il en faut pour trouver un défaut, une nullité : si bien instruit à l'école des patriotes, à te jouer des partis, quoique tu ne sois toi-même que le jouet, l'instrument d'un parti, qui sait, si le hasard, ren-

---

[1] Arthur's seat, monticule qui domine Édimbourg, pris ici au figuré pour l'Écosse.

dant à tes patrons le pouvoir qu'ils ont justement perdu, les efforts de ta plume ne seront pas un jour dignement récompensés, et si, nouveau Daniel, tu ne parviendras pas à t'asseoir sur le siége d'un juge [1] ? Qu'il soit permis à l'ombre de Jeffries de nourrir cette tendre espérance ; qu'il lui soit un jour permis de te féliciter, en t'offrant une corde, et de te dire : « Héritier de mes vertus ! homme d'une ame égale à la mienne ! habile à condamner et à calomnier le genre humain, reçois cette corde que je t'ai gardée avec soin, pour la passer au col de tes victimes, et pour finir par la porter toi-même. »

Salut au grand Jeffrey ! Que le ciel protége sa vie ; que son nom fleurisse sur les bords fertiles de la Fife. Que les dieux prennent soin de ses jours dans ses guerres futures, puisque les auteurs descendent quelquefois dans le Champ de Mars ! Personne ne se rappelle-t-il ce jour fameux, ce jour à jamais glorieux, ce jour presque fatal, où Moore lui présenta un pistolet chargé à poudre, tandis que les myrmidons de la police les regardaient faire en riant ? Oh ! jour désastreux [2] ! le château de Dunedin, mal-

---

[1] Cette singulière prédiction de Byron, à laquelle lui-même n'attachait probablement aucune importance, et qui lui avait sans doute été suggérée par la seule ressemblance du nom du critique écossais avec le juge Jeffries d'exécrable mémoire, vient de se réaliser. M. Jeffrey a quitté la rédaction en chef de la *Revue d'Édimbourg*, et occupe en ce moment une des principales charges dans la magistrature de son pays.

[2] En 1806, MM. Jeffrey et Moore se rendirent sur le terrain, près de

gré les rochers solides sur lesquels il est assis, éprouva une secrète commotion. La Forth, émue de sympathie, roula des flots noircis par la douleur ; les tourbillons de vent du nord épouvantés firent entendre des gémissemens. La Tweed détacha la moitié de ses eaux sous forme de larmes ; l'autre moitié passa tranquillement son chemin [1], et le sommet d'Arthur's seat s'inclina vers la base. La triste Tolbooth elle-même [2] eut peine à se tenir en place ; la triste Tolbooth fut émue ; car dans de telles occasions, le marbre peut s'émouvoir aussi-bien que l'homme. Tolbooth sentit qu'elle était privée à jamais de ses charmes, si Jeffrey mourait ailleurs que dans ses bras [3]. Bien plus, miracle non moins important, quoique nous ne le citions que le dernier, lors de

Chalk-farm ; l'arrivée des officiers de police empêcha le duel d'avoir lieu. Lorsqu'on examina les pistolets, il se trouva que les balles s'étaient évaporées avec le courage des combattans. Cette circonstance fournit le sujet de nombreuses plaisanteries aux journaux de l'époque.

[1] La Tweed se comporta dans cette occasion avec tout le décorum convenable ; il eût été répréhensible pour la partie anglaise de la rivière de donner le moindre signe d'appréhension.

[2] *Tolbooth*, prison principale d'Édimbourg, que Scott a rendue si célèbre sous le nom de *the heart of the Mid-Lothian*.

[3] La sympathie déployée en cette occasion par la Tolbooth, qui paraît en effet avoir été vivement affectée, ne saurait être trop louée. On pouvait craindre que le grand nombre de criminels exécutés devant ses yeux n'eussent endurci son cœur davantage. Nous en parlons ici comme d'une personne du sexe, parce que la délicatesse de sentimens qu'elle montra alors avait quelque chose de vraiment féminin, bien que, comme dans tous les mouvemens qui font agir les femmes, il s'y mêlât un peu d'égoïsme.

cette fatale matinée, son seizième étage, où il était né, le grenier matrimonial, s'éboula avec fracas. La pâle Édin ¹ frissonna à ce bruit; les rues d'alentour furent semées d'un amas de rames de papier aussi blanc que le lait, et le *Canongate* ² fut inondé de torrens d'encre. Celle-ci semblait une image de son âme candide; l'autre représentait sa valeur que le sang n'avait jamais souillée, et tous deux combinés paraissaient de dignes emblêmes de son puissant génie. Cependant la déesse de la Calédonie se tenait dans les airs, au-dessus du champ du combat, et l'arracha à la fureur de Moore. Elle retira adroitement de chaque pistolet le plomb vengeur, et le lança vers la tête de son favori. Cette tête, avec un pouvoir plus que magnétique, attira ce métal pour lequel elle avait plus d'affinité que Danaé n'avait de goût pour la pluie d'or, et bien que ce soit un minerai difficile à raffiner, il a pris un prodigieux accroissement; c'est maintenant une véritable mine.

« Mon fils, s'écria la déesse, n'écoute plus dorénavant cette soif de sang; jette ton pistolet; reprends ta plume; préside à la politique et à la poésie, gloire de ton pays, et guide de la Grande-Bretagne. Car aussi long-tems que les enfans irréfléchis d'Albion reconnaîtront nos lois, tant que le goût écossais décidera de l'esprit anglais, aussi long-tems durera ton

---

¹ Nom poétique d'Édimbourg.

². *Canongate*, espèce de *quartier latin* d'Édimbourg, grande rue, où de tems immémorial se sont fixés les savans et les gens de lettres.

règne paisible, et nul n'osera prendre ton nom en vain. Regarde, une troupe choisie t'aidera à accomplir ton plan, et te reconnaîtra pour le chef suprême du clan des critiques. Le premier tu distingueras l'illustre comte fameux pour ses voyages, l'Athénien Aberdeen [1]! Herbert brandira le marteau de *Thor* [2], et quelquefois, par gratitude, tu vanteras ses rimes grossières [3]. Sydney, au style affecté, recherchera une place dans tes pages amères [4]; ainsi fera le classique Hallam [5], si renommé pour ses connaissances helléniques. Scott pourra peut-être te prêter le secours de son talent et de sa renommée, et le méprisable Pillans [6] calomniera au besoin ses amis. Tandis

[1] Sa seigneurie a long-tems voyagé sur le continent; elle est membre de la société Athénienne, et a rédigé dans la Revue l'article sur la *topographie de Troie*, par Gell.

[2] *Thor*. C'est le Vulcain de la mythologie saxonne : c'est du nom de ce dieu que le jeudi est appelé en anglais *Thursday*, jour de Thor.

[3] M. Herbert a traduit des poésies icelandiques et autres. Une des principales pièces est un *Chant sur le marteau de Thor retrouvé*. Cette traduction est très-plaisante, et écrite d'un style tout à fait vulgaire.

[4] Le révérend Sydney Smith, auquel on attribue les *Lettres de Pierre Plymley*, et quelques critiques sans importance.

[5] M. Hallam fit un article sur le *Goût*, ouvrage de Payne Knight, et se montra très-sévère sur quelques vers grecs qu'il y rencontra. Il ne découvrit que les vers en question étaient de Pindare, que lorsque la critique fut imprimée et qu'il ne fut plus possible de l'anéantir. Elle restera comme un monument impérissable des talens et de la sagacité de M. Hallam.

[6] Pillans est maître particulier ou répétiteur à l'école d'Eton, c'est ce que les Anglais appellent *tutor*.

que Lambe, après avoir offert à la joyeuse Thalie un hommage qu'elle a rejeté, et s'être vu siffler par tous les autres, essaiera de condamner à son tour les ouvrages d'autrui [1]. Que ton nom soit connu! Que ton empire soit sans limites! Les banquets de lord Holland paieront tous tes travaux; tant que la Grande-Bretagne paiera le tribut d'hommages qu'elle doit aux gagistes de sa seigneurie, et aux ennemis du vrai mérite. Mais écoute un avis : avant que ton prochain numéro ne paraisse, couvert à l'ordinaire de papier jaune et bleu, prends garde que quelques nouvelles erreurs de Brougham ne viennent détruire la vente, et ne te forcent à remplacer sur la table le roastbeef par les *bannocks* [2], et le chou-fleur par un légume plus grossier. » Ayant ainsi parlé, la déesse au court jupon embrassa son fils, et disparut au milieu d'un brouillard écossais [3].

---

[1] L'honorable G. Lambe a fait les articles sur les *misères* de Beresford; il est, en outre, auteur d'une farce représentée d'abord avec grand succès sur un théâtre de société, mais qui tomba lourdement sur le théâtre de Covent-Garden. Elle était intitulée : *Whistle for it*; « sifflez, vous l'aurez. »

[2] Bannocks, gâteaux faits avec la farine d'avoine ou de pois.

[3] Je dois des excuses aux honorables déesses, pour en avoir ici introduit une avec le petit jupon du pays; mais, hélas! que pouvais-je faire? Je ne pouvais pas dire le génie de la Calédonie; on sait bien qu'il n'y a pas de génie à rencontrer depuis Clakmannan jusqu'à Caithness, et cependant, sans le secours d'un être surnaturel, comment sauver Jeffrey? Les fées nationales, les *Kelpies*, ont un nom trop peu poétique; quant aux *Brownies* et aux *Bons voisins*, qui sont des esprits bons et sages, ils eussent refusé de le délivrer de ce mauvais pas. Il m'a donc fallu in-

Illustre lord Holland, il serait dur de citer ici tous tes gagistes et de t'oublier toi-même! Holland à la tête, Henry Petty à la queue, sont, l'un le piqueur, l'autre le valet de la meute littéraire. Bénis soient les banquets d'Holland-house, où les Écossais trouvent à dîner et les journalistes à boire! Les faméliques habitans de *Grub-street* [1] viendront long-tems dîner sous ce toit hospitalier, dont les shériffs et les huissiers sont tenus à l'écart. Voyez l'honnête Hallam poser sa fourchette, prendre sa plume, rendre compte des ouvrages de sa seigneurie, et plein de reconnaissance pour le fondateur du festin, déclarer que son hôte peut au moins traduire [2]. Dunedin [3], contemple tes enfans avec délices; ils écrivent pour manger, et ils mangent parce qu'ils écrivent. Et de peur qu'échauffés par des libations trop fréquentes ils ne laissent échapper quelques pensées trop libres, capables de couvrir d'une rougeur pudique le front de la partie femelle des lecteurs, milady revoit et écrême chaque critique, répand sur chacune le souffle

venter une déesse exprès, et Jeffrey doit m'en savoir d'autant plus de reconnaissance, que c'est très-probablement la seule occasion qu'il ait jamais eue et qu'il aura jamais de se trouver en rapport avec quoi que ce soit de céleste.

[1] *Grub street*, rue de Londres, plus particulièrement habitée par les rimailleurs et les critiques d'un rang tout-à-fait inférieur.

[2] Lord Holland a traduit quelques morceaux de Lope de Vega, qu'il a insérés dans sa Vie de l'auteur, ouvrage qui a été jugé excellent par les convives *désintéressés* de sa seigneurie.

[3] Dunedin, ancien nom de l'Écosse.

de son ame si pure, réforme chaque erreur et repolit le tout ¹.

Maintenant passons au drame : quel spectacle varié! quelles scènes précieuses invitent tour à tour les yeux étonnés! Des jeux de mots, un prince renfermé dans un tonneau ², et l'absurde ouvrage de Dibdin donnant au public une satisfaction complète. Bien qu'aujourd'hui, grâces au ciel! la rosciomanie soit passée, et que l'on veuille bien de nouveau souffrir sur la scène des acteurs parvenus à l'âge d'homme ³; à quoi bon s'efforcer de plaire aux critiques anglais, quand ils laissent passer de pareilles pièces! quand Reynolds nous prodigue impunément ses jurons et ses interjections perpétuelles; confon-

---

¹ Il est certain que milady est soupçonnée d'avoir déployé son esprit sans égal dans la *Revue d'Édimbourg*. Quoi qu'il en soit, nous savons de bonne part que les articles lui en sont soumis manuscrits... sans doute pour être revus et corrigés.

² Dans le mélodrame de *Tékéli*; ce prince héroïque est renfermé dans un tonneau sur le théâtre... asile tout nouveau pour les héros dans le malheur.

³ Allusion au jeune *Betty*, surnommé le *Roscius enfant*. Après avoir débuté, à l'âge de dix ans, sur quelques théâtres secondaires d'Irlande, et à Dublin, ce jeune homme fut appelé à Londres pour y remplir les premiers rôles tragiques. Il y excita un enthousiasme sans exemple, reçut jusqu'à deux cents guinées par représentation. Bientôt on ne vit plus sur tous les théâtres de la ville et de la province que des petites merveilles imberbes, jouant les amoureux, et, au besoin, les vieillards. Malheureusement le tems ne réalisa pas de si brillantes espérances, la réputation de Betty tomba comme elle s'était élevée ; il s'adonna à l'usage des liqueurs fortes et mourut, il y a quelques années, acteur inconnu dans une troupe du dernier ordre.

dant à la fois les lieux communs et le sens commun ; quand le public, laissant le *monde* de Kenny aller jusqu'à la fin, donne une preuve de son indulgence excessive ; quand Beaumont nous offre, dans son Caractacus volé, une tragédie complète en tout, le poème excepté [1]. Qui pourrait ne pas gémir quand de telles pièces font fureur, quand notre théâtre est ainsi avili et dégradé! Dieux puissans! Tous les sentimens de pudeur, tous les talens sont-ils donc éteints? N'avons-nous plus aucun poète de mérite vivant?... Aucun? Réveillez-vous, Georges Colman, Cumberland, réveillez-vous! Sonnez la cloche d'alarme ; que la sottise frissonne! Oh Shéridan! Si quelque chose peut émouvoir ta plume, fais que la comédie remonte sur son trône, abjure les momeries de l'école allemande, laisse de nouveaux Pizarres à de sots traducteurs ; donne un dernier souvenir à tes contemporains, un drame classique, et réforme le théâtre. Dieux puissans! La sottise osera-t-elle lever la tête en maîtresse sur ce théâtre où Garrick s'est montré, où Kemble vit encore pour se montrer? La farce y osera-t-elle revêtir encore son masque ignoble? Hooke viendra-t-il y cacher encore ses héros dans un baril? De judicieux directeurs offriront-ils toujours au public Cherry, Skeffington et *ma mère*

---

[1] M. Thomas Shéridan, nouveau directeur de Drury-Lane, laissant de côté le dialogue de la tragédie de *Bonduca*, en prit les accessoires et la mise en scène pour en former le spectacle de *Caractacus*. Une telle conduite était-elle digne de son grand-père ou de lui-même?

l'Oie, tandis que Shakspeare, Otway, Massinger oubliés, pourrissent à l'étalage des bouquinistes ou sur les rayons de quelques bibliothèques ? Là, avec quelle pompe les journaux quotidiens proclament les noms des dignes rivaux qui se disputent aujourd'hui la gloire dramatique ! Quoique les spectres de Lewis fassent d'effrayantes grimaces, cependant Skeffington et la *mère l'Oie* partagent le prix avec lui. Et certes le grand Skeffington a droit à nos applaudissemens, pour ses habits sans basques et ses squelettes de pièces également renommés ; lui dont le génie ne se borne pas à fournir des sujets aux décorations magiques de Greenword [1], qui ne s'endort pas après avoir fait la Belle au bois dormant, mais qui vient de produire les cinq actes d'une tragédie ronflante [2]. Cependant, frappé de la beauté des décors, John Bull se demande ce que tout cela veut dire, et comme il voit quelques amateurs gagés applaudir, John Bull applaudit aussi, pour éviter de s'endormir tout-à-fait.

Voilà donc où nous en sommes aujourd'hui ! Et comment pourrions-nous sans gémir songer à ce que nos pères ont été ? Anglais dégénérés ! Êtes-vous insensibles à la honte ? Aimez-vous la lourde sottise ?

---

[1] M. Greenword est peintre-décorateur de Drury-Lane, et, en cette qualité, M. Skeffington lui a de grandes obligations.

[2] M. Skeffington est l'illustre auteur de *la Belle au Bois dormant* (the Sleeping Beauty) et des *Demoiselles et les Célibataires* (Maids and Bachelors) ; *Baccalaurei baculo magis quam lauro digni*.

N'osez-vous donc siffler ce qui est digne d'être sifflé ? Ah! les nobles Anglais peuvent aujourd'hui contempler avec plaisir toutes les contorsions du visage de Naldi; ils ont raison de sourire aux bouffonneries de l'Italie, de s'extasier devant le pantalon de Mme Catalani [1], puisque le théâtre national ne leur offre plus d'autres vestiges d'esprit que des jeux de mots, d'autre gaîté que des grimaces.

Qu'habile dans tous les arts qui adoucissent les mœurs, en corrompant le cœur, l'Ausonie inonde la ville de folies exotiques, pour sanctionner le vice et détruire le décorum ; que nos dames mariées se pâment devant le danseur Deshayes, savourant d'avance les espérances que font concevoir ses formes athlétiques, tandis que Gayton bondit devant les yeux enchantés de nos vieux marquis et de nos jeunes ducs ; que des libertins de bonne maison contemplent avec ivresse la séduisante Presle, dont les membres s'agitent sous un voile transparent; qu'Angiolini étale à nos regards son sein aussi blanc que la neige, qu'elle déploie en mesure ses bras si blancs, qu'elle se balance avec grâce sur l'extrémité de son orteil flexible; que Collini, montrant son cou d'albâtre, fasse entendre des cadences savantes, des

---

[1] Les noms de Naldi et de Catalani n'ont pas besoin de notes explicatives, le visage de l'un et le salaire de l'autre suffiront pour nous rappeler long-tems ces amusans vagabonds. D'ailleurs nous sommes encore tout meurtris des efforts qu'il nous a fallu faire pour entrer au théâtre, la première fois que cette dame s'y montra en culottes.

accens qui respirent l'amour et charment les auditeurs transportés! ne levez pas votre faux vengeresse, redresseurs des vices, saints réformateurs, trop délicats et trop austères! vous qui, pour sauver nos ames pécheresses, avez rendu ces beaux décrets qui font qu'on ne voit plus de barbiers raser le dimanche, ni de bière mousser sur les bords d'un pot d'étain. Nos barbes non faites, nos pots à bière secs sont là pour attester votre respect religieux pour le saint jour du sabbat. Je vous salue à la fois, patron et séjour du vice et de la folie, Greville et Argyle[1]! Dans ce palais superbe, temple révéré de la mode, dont les vastes portiques s'ouvrent à des adorateurs si mélangés, voyez le moderne Pétrone, l'arbitre du goût et des plaisirs! Là vous trouverez l'eunuque qui chante, à prix d'argent, les chœurs

---

[1] Pour éviter toute erreur, telle que la confusion d'une rue et d'un nom d'homme, je m'empresse de déclarer que c'est à l'établissement, et non au duc de ce nom, que je fais ici allusion.

Un gentleman, avec lequel je suis indirectement lié, a perdu à Argyle-rooms quelques milliers de livres sterling au tric-trac : il est trop juste d'ajouter, pour l'honneur du directeur de cet établissement, qu'il montra, en cette occasion, quelque déplaisir. Mais pourquoi permettre les instrumens d'un jeu aussi immodéré, dans un local destiné à recevoir la haute société des deux sexes? Il doit être bien agréable pour les mamans et les demoiselles d'entendre un billard dans une chambre et le bruit des dés dans une autre! C'est ce dont je puis parler savamment, moi dernièrement reçu membre indigne d'une institution qui affecte si matériellement les mœurs des hautes classes, tandis que les inférieures ne peuvent se mouvoir au son d'un violon et d'un tambourin sans s'exposer à être arrêtées, comme se livrant à des plaisirs tumultueux et contraires au bon ordre.

de l'Hespérie; la flûte ravissante, la lyre douce et lascive, les chants de l'Italie, les danses de la France, les orgies nocturnes, la valse, le sourire de la beauté, le vermillon que donne le jus de la grappe; tout cela pour des fats, des fous, des joueurs, des coquins et des lords mêlés ensemble : chacun trouve de quoi flatter ses goûts... Comus leur accorde tout, le champagne, le jeu, la musique et les femmes de leurs voisins. Enfans affamés du dieu du commerce, ne nous parlez pas d'une ruine qui est votre propre ouvrage. Mollement couchés au soleil enivrant de l'abondance, les enfans gâtés de la fortune ne se figurent point la pauvreté, si ce n'est comme un costume de fantaisie dans une mascarade, quand un âne nouvellement arrivé à la pairie prend pour un bal de nuit le costume de mendiant, qui fut peut-être l'habit ordinaire de son aïeul.

Mais la petite pièce est jouée, le rideau tombe, les spectateurs montent à leur tour sur le théâtre; les douairières circulent autour de la salle, tandis que leurs filles, plus que légèrement vêtues, s'abandonnent aux charmes de la valse. Les unes se promènent majestueusement, les autres déploient sans contrainte l'élégance de leurs formes; celles-ci réparent à force d'art, pour les enfans débauchés de l'Hibernie, les charmes que le tems n'a pas épargnés, celles-là cherchent à captiver quelque époux, et, dans leurs manières effrontées, ne laissent que peu de mystères pour la nuit nuptiale! Oh! asile heureux de l'infamie et de l'aisance, où l'on oublie tout, excepté le pouvoir de plaire; chaque jeune fille peut s'abandonner aux pensées qui la dominent, chaque galant peut enseigner ou apprendre de nouveaux systèmes. Le jeune officier, récemment revenu des guerres d'Espagne, coupe élégamment le paquet de cartes, ou proclame le point qu'il vient d'amener aux dés. L'aimable joueur est assis, il a amené sept, ou... c'est fait... mille livres sterling pariées sur la levée. Si la perte dérange votre cerveau, si vous commencez à être fatigué de l'existence, si toutes vos espérances sont évanouies, tous vos désirs éteints, les pistolets de Powell [1] sont là tout prêts à vous délivrer de la vie, ou bien encore vous pouvez épouser quelque lady Paget. Fin digne de la carrière de l'homme du monde; la folie y a marqué nos premiers pas, nous l'achevons dans la disgrâce et la honte. Ne voir à son lit de mort que des domestiques mercenaires, pour laver nos plaies saignantes et recevoir notre dernier souffle, calomniés par des imposteurs, oubliés du reste des hommes, victimes d'une querelle née dans une orgie nocturne, vivre comme Clodius [2] pour tomber comme Falkland [3] ! Vérité !

---

[1] Powell, armurier de Londres, célèbre pour la bonté et surtout pour le prix exorbitant de ses armes à feu.

[2] *Mutato nomine de te Fabula narratur.*

[3] Je connaissais beaucoup le feu lord Falkland. Le samedi soir, je l'avais vu faire lui-même les honneurs de sa table hospitalière; le mer-

suscite un vrai poète, guide sa main, pour extirper de notre pays cette peste contagieuse. Même moi, l'homme le moins penseur de ce siècle, où l'on pense si peu, moi qui n'ai que juste assez de sens pour voir ce qui est bien et faire ensuite ce qui est mal, moi qui, laissé sans guide à l'âge où la raison n'est pas encore formée, ai eu à chercher mon chemin à travers les routes fleuries des passions, attiré tour à tour vers tous les plaisirs, et que tous les plaisirs ont abandonné après m'avoir séduit; moi-même, je suis forcé d'élever la voix, de sentir que de telles scènes et de tels hommes sont des fléaux destructeurs du bien public. Quand bien même quelqu'ami, blâmant mon zèle, viendrait me dire : « Insensé présomptueux, en quoi es-tu donc meilleur que ces hommes? » et que mes anciens compagnons de débauche s'écrieraient au miracle, et riraient de me voir devenu moraliste, qu'importe? Quand quelque poète, fort de ses vertus personnelles, Gifford peut-être, daignera faire entendre les mâles accens d'une satire vengeresse, alors, ma plume, tu te reposeras pour toujours! et ma voix ne se fera entendre que pour le féliciter et me réjouir de son triomphe. Oui, je lui

credi matin je vis étendu devant moi ce corps qu'animaient naguère le courage, la sensibilité et tant de nobles passions. C'était un officier aussi heureux que brave; ses défauts étaient ceux d'un marin, et comme tels des Anglais auraient dû les excuser. Il mourut comme un brave dans une meilleure cause; car s'il était ainsi tombé sur le pont de la frégate qu'il venait d'être appelé à commander, ses compatriotes eussent recueilli ses derniers momens, comme un modèle pour les héros futurs.

apporterai le faible hommage de mes éloges; oui, je me réjouirai, quand bien même je serais atteint moi-même de son fouet vengeur.

Quant au menu fretin, quant à ces petits auteurs qui fourmillent obscurément, depuis le niais Häfiz [1], jusqu'au stupide Bowles, pourquoi les aller arracher au réduit ignoré qu'ils habitent dans Saint-Giles-Street ou Tottenham-Road? Ou bien si dans Bond-Street ou le Regent-Square, quelques hommes à la mode osent noblement écrivailler en vers; si dans leurs stances inoffensives, justement destinées à fuir l'œil du public, ils traitent des petits sujets de circonstance ou de ton, quel mal cela fait-il? En dépit de tous les critiques, sir T..... a bien le droit de se lire ses vers à lui-même; Miles Andrews peut essayer ses forces dans quelques couplets, et vivre dans ses prologues, quoique ses drames aient vécu. Nos lords aussi sont poètes, de telles choses se voient quelquefois, et après tout, c'est déjà beau pour des lords d'écrire quoi que ce soit. Mais si le goût et la raison reprenaient leur empire, qui voudrait accepter leur pairie, à condition d'adopter aussi leurs vers? Roscommon! Sheffield! vous avez emporté vos lauriers avec vous dans la tombe, nous n'en verrons plus or-

---

[1] Que penserait l'Anacréon persan, Häfiz, s'il pouvait sortir du sépulcre magnifique où il repose à Sheeraz; à côté de Ferdousi et de Sadi, l'Homère et le Catulle de l'Orient, et voir son nom usurpé par un Scott de Dromore, le plus impudent et le plus exécrable des maraudeurs littéraires pour la presse quotidienne?

ner le front de nos lords! La muse refuse son sourire vivifiant aux efforts du débile Carlisle ; on peut pardonner les faibles essais d'un écolier, pourvu que sa folie lui passe ; mais qui pourrait pardonner au vieillard qui écrit sans relâche, et dont les vers deviennent plus mauvais à mesure que ses cheveux blanchissent? Pair du royaume, rimailleur, petit-maître, pamphlétaire [1], si ennuyeux dans sa jeunesse, si radoteur dans sa vieillesse, ses pièces eussent suffi pour tuer nos théâtres languissans ; mais à la fin les directeurs se sont écriés : Arrêtez, assez, c'est assez! et ont refusé d'affliger plus long-tems le public des tragédies du noble auteur. Permis à sa seigneurie de se rire de leur jugement et de donner à ses œuvres une reliure sympathique. Oui, arrachez-moi ces couvertures de maroquin, et couvrez-moi d'une peau de veau ces vers mensongers [2].

Pour vous, druides, dont la tête est lourde de plomb vierge, vous qui, chaque jour, écrivez pour gagner votre pain de chaque jour, je ne vous ferai pas ici la guerre ; Gifford, de sa main puissante, a écrasé sans remords votre bande nombreuse. Répan-

---

[1] Le comte de Carlisle a dernièrement publié, au prix de 36 sous, une brochure sur l'état du théâtre, dans laquelle il offre son plan pour la construction d'une nouvelle salle. Il faut espérer que l'on permettra à sa seigneurie de présenter tout ce qu'elle croira convenable au bien de ce théâtre, excepté ses propres tragédies.

[2] « Ote cette peau de lion, et jette une peau de veau sur ces membres
» trompeurs. »

(SHAKSPEARE, *le roi Jean.*)

dez votre spleen vénal sur *tous les talens*, ne cherchez pas à vous défendre, mettez-vous plutôt à couvert derrière la pitié. Que votre tombe se régale de monodies sur Fox; puisse le Manteau de Melville [1] vous servir aussi de couverture de lit! Poètes misérables, le Léthé vous attend en commun; que la paix soit avec vous! c'est là votre meilleure récompense. Il n'y a qu'une immortalité funeste, telle qu'une Dunciade [2] peut en donner, qui soit capable de faire vivre vos vers au-delà d'un jour; jusqu'à présent la masse insipide de vos travaux gît dans un repos prématuré, avec quelques noms d'une un peu plus grande importance. Loin de moi d'aller impoliment attaquer l'aimable auteur qui cache son nom sous celui de Rosa, cette dame dont les poésies, fidèles échos de son esprit, laissent loin, bien loin derrière, la compréhension étonnée [3]. Quoique les poètes de la Crusca ne remplissent plus nos journaux, cependant quelques maraudeurs essaient de

---

[1] *Le Manteau de Melville*, parodie du poème intitulé le *Manteau d'Elijah*.

[2] *Dunciade*, poème satirique de Pope contre ses ennemis littéraires et les méchans écrivains de son tems; Palissot en a fait une pâle imitation dans un poème auquel il a conservé le même nom.

[3] Cette petite et aimable Jessica (nom de la jeune juive dans le *Marchand de Venise*); fille du célèbre juif K..... semble suivre l'école de la Crusca (académie à Rome, dont les femmes peuvent être membres). Elle a publié deux volumes qui, par leur absurdité même, ne laissent pas que d'avoir un certain mérite par le tems qui court. Elle est encore auteur de quelques petits romans écrits dans le style de la première édition du *Moine*.

tems en tems des escarmouches autour de leurs colonnes. Demeurés les derniers de cette troupe de gagistes pleurnicheurs, autrefois sous la direction de Bell, Maltida et Hafiz font encore entendre des cris et des hurlemens lamentables; et les métaphores de Merry reparaissent enchaînées à la signature de O. P. Q [1].

Quand un jeune homme de belle espérance, naguère habitant d'une échoppe obscure, prend en main une plume moins pointue que son alêne, qu'il quitte son étroite boutique, oublie son magasin de souliers, abandonne saint Crépin et se met à saveter pour les Muses, dieux! comme le vulgaire s'étonne, comme la multitude applaudit! comme nos dames le lisent, comme nos lettrés le louent! Si par hasard quelque rieur se permet une plaisanterie, c'est mauvais naturel tout pur: le monde ne sait-il pas bien à quoi s'en tenir? Quand nos beaux-esprits admirent des vers, il faut bien qu'ils aient été dictés par le génie, et Capel Loft [2] déclare que ceux-ci sont tout-à-fait sublimes. Écoutez, vous tous qui êtes engagés dans un commerce ingrat, vous aussi, agriculteurs, quittez la charrue, laissez là votre bêche inutile;

---

[1] Ce sont là les signatures de quelques-unes des excellences qui figurent dans la partie poétique des journaux.

[2] Capel Loft, esq., le Mécène des cordonniers, le grand faiseur de préfaces pour tous les faiseurs de vers dans le malheur; c'est une sorte d'accoucheur gratuit, pour tous ceux qui désirent se délivrer d'une quantité quelconque de poésies, mais qui ne savent comment les mettre au jour.

Burns, Bloomfield, que dis-je, un homme bien au-dessus d'eux, Gifford était né sous une étoile malheureuse, il a dédaigné de se livrer plus long-tems aux travaux serviles d'une profession mécanique, il a osé affronter la tempête, il a à la fin triomphé du destin. Pourquoi d'autres n'en feraient-ils pas autant? Si Phébus t'a souri, Bloomfield, pourquoi ne sourirait-il pas aussi à ton frère Nathan? La manie des vers, et non la muse, s'est emparée de lui aussi; ce n'est pas une inspiration, c'est une maladie. Un paysan ne peut plus aller prendre son dernier gîte, une commune ne peut être close, qu'il ne fasse aussitôt une ode [1]. Oh! puisque nous nous perfectionnons à ce point, puisque les dieux favorisent notre île et ses habitans, que la poésie aille en avant, qu'elle s'empare de toutes nos ames, des laboureurs aussi bien que des ouvriers! Savetiers nés pour l'harmonie, continuez vos chants, faites à la fois une pantoufle et une chanson. Les yeux de la beauté s'arrêteront sur vos ouvrages, vos sonnets ne sauraient manquer de lui plaire... et peut-être aussi vos souliers. Puissent les tisserands des Moorlands [2] être fiers de leur génie pindarique; puissent les lais des tailleurs devenir plus longs que leurs comptes! pour

---

[1] Voyez l'ode, l'élégie, ou tout ce que lui ou d'autres voudront l'appeler, de Nathaniel Bloomfield, sur la clôture de *la commune d'Honington.*

[2] Voyez les *Souvenirs d'un tisserand, dans les Moorlands du comté de Stafford.*

récompenser leurs chants agréables, nos jeunes gens
à la mode leur paieront leurs poèmes......quand ils
paieront leurs habits.

 Après avoir rendu les hommages qui lui étaient
dus à la foule de nos hommes célèbres, qu'il me soit
permis de m'occuper de vous, hommes de génie négligés aujourd'hui. Viens ! ô Campbell [1], donne
l'essor à ton beau talent ; qui osera aspirer à la gloire,
si tu cesses d'espérer ? Et toi, mélodieux Rogers !
lève-toi enfin, rappelle l'aimable souvenir du passé,
que la douce mémoire t'inspire encore ; redemande
à ta lyre ces sons enchanteurs qui lui sont familiers.
Replace Apollon sur son trône vacant, assure l'honneur de ton pays et le tien propre. Eh quoi, la poésie abandonnée doit-elle toujours verser des pleurs
sur cette tombe, où ses dernières espérances sont
ensevelies avec le religieux Cowper, ou bien ne la
quittera-t-elle que pour aller jeter quelques fleurs
sur le gazon qui recouvre son favori Burns ? Non !
Quoique le mépris ait justement flétri la race de ces
hommes qui écrivent par manie, ou pour avoir du
pain, la poésie a encore quelques enfans légitimes
qui font tout son orgueil, dont les vers nous touchent d'autant plus qu'ils ne visent point à l'effet,

---

[1] Il serait superflu de rappeler à nos lecteurs l'auteur des *Plaisirs de
la Mémoire* et des *Plaisirs de l'Espérance*; les deux plus beaux poèmes
didactiques que nous ayons en anglais, si l'on en excepte l'*Essai sur
l'homme* de Pope. Mais il s'est élevé de nos jours tant de méchans poètes,
que les noms mêmes de Campbell et de Rogers ont quelque chose d'étrange.

qui sentent comme ils écrivent, et qui écrivent comme ils sentent; vous en êtes témoins, Gifford, Sotheby, Macneil [1].

Pourquoi Gifford s'abandonne-t-il au sommeil ? On l'a déjà demandé en vain [2], nous le redemanderons encore une fois, pourquoi Gifford s'abandonne-t-il au sommeil ? n'y a-t-il plus de folies que sa plume puisse censurer ? n'y a-t-il plus de sots dont les reins appellent les coups de fouet ? N'y a-t-il plus de ces fautes, bonnes fortunes pour le poète satirique ? Le vice, plus grand que jamais, ne marche-t-il pas fièrement dans toutes les rues ? Les princes et les pairs du royaume pourront-ils se vautrer dans le bourbier de la corruption, et échapper au fouet de la satire comme au glaive de la loi ? Éternisant dans les races futures leur coupable célébrité, deviendront-ils comme autant de fanaux pour guider au crime impuni ? Réveille-toi, Gifford, rend les hommes meilleurs, ou force-les à rougir.

Infortuné White [3] ! quand ta vie était encore dans

---

[1] *Gifford*, auteur de la *Baviade* et de la *Méviade*, les deux meilleures satires de l'époque, et traducteur de Juvénal.

Sotheby, traducteur de l'*Obéron* de Wiéland, des *Géorgiques* de Virgile, et auteur de *Saül*, poème épique.

Macneil, dont les poèmes ont obtenu la popularité qu'ils méritaient si bien, entr'autres son *Scotland's scaith* ou *les Malheurs de la guerre*, dont 10,000 exemplaires se sont vendus en un mois.

[2] M. Gifford a promis publiquement que la *Baviade* et la *Méviade* ne seraient point ses derniers ouvrages originaux : qu'il se le rappelle, *mox in reluctantes dracones*.

[3] Henri Kirke White mourut à Cambridge, en octobre 1806, par suite

son printems, et que ta jeune muse commençait à peine à agiter ses ailes joyeuses, la mort, qui détruit tout, est venue; toutes tes belles espérances sont descendues dans la tombe, pour y demeurer à jamais ensevelies! Oh! quel noble cœur a été anéanti, quand la science a détruit elle-même son fils bien aimé! Oui! elle a répondu avec trop d'indulgence à ton amour passionné; elle a semé la semence, mais c'est la mort qui a fait la moisson. C'est ton propre génie qui t'a donné le coup fatal, c'est lui qui a aidé les progrès de cette plaie à laquelle tu as succombé! Ainsi, quand l'aigle blessé demeure étendu sur la plaine, pour ne prendre plus désormais son essor au milieu des nuages, il a vu ses propres plumes, attachées au trait fatal, donner des ailes à la flèche qui tremble et s'agite dans son cœur. Ses angoisses sont pénibles; mais il lui est bien plus pénible encore de sentir qu'il a nourri lui-même cette plume à laquelle l'acier doit sa vitesse meurtrière, et que le même plumage qui avait réchauffé son aire boit maintenant le dernier souffle de sa vie dans sa poitrine sanglante.

Il y en a qui disent que, de nos jours éclairés, de magnifiques mensonges font seuls la gloire d'un

---

de sa trop grande application à des études qui auraient mûri en lui ce génie que la maladie et la pauvreté ne purent altérer, et que la mort elle-même détruisit sans l'abattre. Ses poésies sont pleines de beautés, bien propres à faire vivement regretter au lecteur qu'il n'ait eu que si peu de tems à déployer des talens qui eussent fait honneur même aux fonctions sacrées auxquelles il se destinait.

barde; qu'une invention forcée, mais toujours prête, peut seule pousser le poète à chanter. Il est vrai que tous ceux qui écrivent en vers, bien plus que tous ceux qui écrivent de quelque manière que ce soit, reculent devant ce mot fatal au génie..... usé, déjà fait. Quelquefois, cependant, la vérité communique ses feux les plus nobles, et orne elle-même les vers qu'elle a inspirés. C'est un fait qu'au nom de la vertu Crabbe peut attester, lui qui, le peintre le plus sombre de la nature, en est encore cependant le plus fidèle [1].

Que Shee [2] et le génie qui l'inspire trouvent ici une place; lui qui manie également bien la plume et le pinceau, dont les arts réunis dirigent la main pour tracer le chemin que doivent suivre le poète et le peintre; lui dont la touche magique fait parler la toile, et dont les vers coulent faciles et harmonieux. De doubles honneurs lui sont dus, heureux rival des poètes et ardent ami des artistes.

Heureux celui qui a osé s'approcher du bosquet qu'ont habité les muses dans leur enfance, dont les pas ont foulé, dont les yeux ont observé cette terre qui a enfanté les premiers guerriers et les premiers

---

[1] Crabbe a peint la nature avec beaucoup de vérité, mais il l'a choisie sous ses aspects les plus sombres; il a décrit les passions les plus hideuses, les vices les plus dégradans, les positions sociales les plus infâmes, les prisons, les hôpitaux, les charniers, etc. Ses ouvrages les plus célèbres sont ceux intitulés : *Contes du château* et *Contes du village*.

[2] M. Shee est auteur de *Vers sur l'art* et des *Élémens de l'art*.

poètes, ce berceau de la gloire, cette Ionie, sur laquelle elle se plaît à planer encore! Mais doublement heureux est celui dont le cœur se sent ému d'une noble sympathie pour cette terre classique, qui déchire le voile des siècles, depuis long-tems écoulés, et parcourt avec l'œil d'un poète les restes de la Grèce antique. Wright[1]! ce fut ton lot heureux de voir ces rivages chers à la gloire, et de les chanter! Certes, ce n'est pas une muse ordinaire qui guida ta plume, pour saluer dignement cette terre des dieux et des hommes divins.

Et vous, poètes associés[2], qui avez rappelé à la lumière ces pierres précieuses, trop long-tems cachées à la vue des modernes; vous dont le goût s'est combiné pour moissonner dans ce vaste champ où les fleurs de l'Attique répandent leur doux parfum, et pour embellir de leur douce haleine votre belle langue maternelle. Quoique ce soit une noble tâche que de répéter les chants de la muse grecque; quoique vous en offriez un digne écho, méprisez dorénavant des accens empruntés, laissez-là la lyre achaïenne, faites-en vibrer une qui vous appartienne en propre.

---

[1] M. Wright, ex-consul-général des îles Ioniennes, est auteur d'un très-beau poème intitulé: *Horæ Ionicæ*; c'est une description des îles Ioniennes et des côtes adjacentes de la Grèce.

[2] Les traducteurs de l'*Anthologie* ont depuis publié séparément des poésies qui montrent un talent naturel, auquel il ne manque que des occasions pour arriver au plus haut point de perfection.

Que ces poètes-là, ou ceux qui leur ressemblent, rétablissent les lois violées des muses; mais cela n'a pas été donné au fracas sonore du mou Darwin, ce puissant maître dans l'art de faire des vers dépourvus de sens. Ces cymbales dorées sont chargées d'ornemens, mais elles ne rendent pas un son clair; elles ont plu à l'œil, mais elles ont fatigué l'oreille; elles surpassaient d'abord pour la montre la simple lyre, mais à l'usé elles ont bientôt fait voir qu'elles n'étaient que de cuivre. Qu'il fuie loin des muses, avec tout son cortége de sylphes qui s'évaporent en similitudes et en vains sons! puisse le clinquant disparaître pour toujours avec lui! le faux brillant attire d'abord, mais blesse bientôt les regards [1].

Que ces poètes ne descendent pas jusqu'à imiter Wordsworth, le plus minime individu de cette tourbe d'écrivains vulgaires, dont les vers n'offrent tout au plus qu'un bavardage d'enfans, quoiqu'ils paraissent à Lambe et à Lloyd [2] harmonieux et divins. Que ces poètes..... mais, ô ma muse, ne t'avise pas de vouloir enseigner ce qui est au-dessus, bien au-dessus

---

[1] L'oubli dans lequel est tombé *le Jardin botanique* (de Darwin) semble indiquer le retour du goût; il n'y avait à louer dans ce poème que quelques détails descriptifs.

[2] MM. Lambe et Lloyd sont les plus ignobles disciples de l'école de Southey et compagnie.
(*Note de Lord Byron.*)

M. Southey et quelques auteurs de ses amis habitèrent long-tems certaines parties du Cumberland couvertes de lacs; leur école est généralement appelée en Angleterre *the Lake poets*, les poètes des Lacs.

de ta faible portée. Leur génie naturel leur marquera la voie qu'ils doivent suivre, et portera leurs chants jusque dans les cieux.

Et toi aussi, Scott [1], laisse à des ménestrels sans art le sauvage cri de guerre de quelques maraudeurs des frontières ; laisse-les filer péniblement des vers qui leur sont payés à l'avance : le génie ne doit point connaître d'autres inspirations que celles qu'il trouve en lui-même. Laisse Southey chanter, quoique sa muse féconde, enflant chaque corde, soit toujours trop prolixe. Laisse le simple Wordsworth faire ronfler ses vers bons pour les enfans ; laisse son confrère Coleridge endormir les nourrissons entre les bras de leur nourrice. Laisse le grand faiseur de spectre, Lewis, se proposer pour tout but d'exciter les ravissemens de la galerie, ou de faire sortir une ombre du tombeau. Laisse Moore se livrer à ses compositions libertines ; laisse Strangford voler Moore, et jurer que Camoëns a autrefois composé de tels chants. Laisse Haley continuer ses vers boiteux, Montgomery s'abandonner à sa folie furieuse, le pieux Grahame psalmodier ses stupides versets, Bowles polir ses sonnets trop nombreux, s'attendrir et se pâmer au quatorzième vers ; laisse enfin Carlisle [2], Matilda, le reste des poètes de Grub-street,

---

[1] J'espère, pour le dire en passant, que dans le premier poème de M. Scott son héros ou son héroïne seront plus fidèles à la grammaire que la dame de son *dernier Lay* et son spadassin Guillaume de Lorraine.

[2] L'on pourra me demander, peut-être, pourquoi je me permets de

et les meilleurs de Grosvenor-square, écrivailler jusqu'à ce que la mort nous en délivre, ou que le sens commun outragé reprenne ses droits. Mais toi, dont les talens n'ont pas besoin d'être encouragés par des éloges, tu devrais laisser à des poètes inférieurs d'ignobles lais ; la voix de ton pays, la voix

censurer le comte de Carlisle, mon tuteur et mon parent, à qui j'ai dédié, il y a quelques années, le recueil de mes poésies de collége. Il n'a jamais été mon tuteur que de nom, autant que je l'ai pu connaître ; pour mon parent, il l'est, je ne saurais l'empêcher, et j'en suis bien fâché ; mais puisque sa seigneurie a paru l'oublier dans une occasion fort importante pour moi, c'est une circonstance dont je ne chargerai pas ma mémoire plus long-tems. Je ne crois pas que quelques mésintelligences personnelles puissent excuser un jugement injuste porté sur un autre écrivain ; mais je ne vois pas non plus pourquoi elles empêcheraient d'en porter aucun, surtout quand l'auteur, noble ou roturier, a, pendant une suite d'années, dupé le public, en lui vendant Dieu sait combien de rames de papier couvertes d'absurdités les plus franches et les plus complètes. En outre, je ne me suis pas détourné de mon chemin pour aller jeter du blâme sur M. le comte ; non..... ses ouvrages sont venus naturellement à la revue avec ceux de nos autres patriciens lettrés. Si donc, avant d'avoir atteint l'âge de vingt ans, j'ai donné des éloges aux productions de sa seigneurie, cela a été dans une dédicace respectueuse, plutôt d'après des avis étrangers que d'après mon propre mouvement, et je saisis avec empressement cette occasion qui s'offre pour la première fois de démentir mes paroles à ce sujet. J'ai appris que plusieurs personnes me regardent comme ayant de grandes obligations à lord Carlisle ; je serais, dans ce cas, ravi de savoir ce qu'elles sont et quand elles m'ont été conférées, afin de les apprécier comme je le dois et de les reconnaître en public. Ce que j'ai humblement avancé comme mon opinion sur tout ce qu'il a fait imprimer, je suis prêt à le soutenir s'il le faut, en citant ses élégies, ses panégyriques, ses odes, ses épisodes, et certaines tragédies facétieuses et grotesques, portant son nom et son cachet :

« Qui peut ennoblir des coquins, des sots et des poltrons ? Hélas, » rien ! non pas même tout le sang des Howards ! »

Ainsi dit Pope. Ainsi-soit-il.

des neuf Muses demandent une harpe sacrée... cette harpe c'est la tienne. Dis-moi, les annales de la Calédonie ne t'offriront-elles pas les glorieux souvenirs de quelques combats plus nobles que les viles incursions de quelques clans de maraudeurs, dont les exploits les plus magnifiques sont une disgrâce pour le nom d'homme, ou que les obscurs faits d'armes de Marmion, qui figureraient plus convenablement dans des contes, comme ceux de Robin Hood? Écosse, sois encore fière du poète à qui tu as donné le jour : que tes éloges soient sa première, sa plus belle récompense! Que sa gloire toutefois ne soit pas confinée dans sa patrie, que le monde entier soit plein de sa renommée : que ses ouvrages soient connus quand Albion aura cessé d'exister, qu'ils soient là pour dire ce qu'elle était ; qu'ils perpétuent le souvenir de sa gloire chez les races futures ; qu'ils fassent survivre le nom de sa patrie, même quand sa patrie ne sera plus.

Mais cependant à quoi aboutissent ces nobles espérances du poète de vaincre les siècles et de lutter contre le tems? De nouveaux âges s'avancent avec rapidité, de nouvelles nations s'élèvent, d'autres vainqueurs [1] portent leurs noms jusque dans les cieux : quelques générations de courte durée passent, et déjà leurs enfans ont oublié le poète et ses ouvrages. Aujourd'hui même combien de bardes au-

---

[1] *Tollere humo, victorque virum volitare per ora.*

(VIRGILE.)

trefois chéris de leurs contemporains, dont le nom douteux obtient à peine l'honneur d'une mention passagère. Quand la trompette de la renommée a fait entendre ses plus nobles fanfares, quoiqu'elles retentissent long-tems, l'écho se lasse à la fin de les répéter et s'endort : la gloire, comme le phénix au milieu des flammes, exhale ses doux parfums, brille et n'est plus.

La gothique Granta appellera-t-elle ses noirs enfans, habiles dans les sciences, plus habiles à faire des pointes et des jeux de mots ? Oh ! non : elle fuit et dédaigne jusqu'au grand prix fondé par lord Seaton, bien que des imprimeurs condescendent à souiller leurs presses des vers rimés de Hoare et des vers blancs de Hoyle. Je ne veux pas dire ce Hoyle dont les ouvrages, tant que durera chez nous l'amour du whist, seront toujours sûrs de commander l'attention [1]. Vous qui aspirez aux honneurs de Granta, il vous faut monter son Pégase, un âne de la première force, bien digne de sa mère, dont l'Hélicon est plus ennuyeux que son Cambridge. Là Clarke, faisant *pour plaire* des efforts pitoyables, oubliant que de mauvais vers ne donnent pas les grades universitaires, soi-disant *satiriste*, bouffon à gages, écrivain mensuel de quelques plats pamphlets, con-

---

[1] Les *Jeux de Hoyle*, si connus des amateurs de whist, d'échecs, etc., etc., survivront, sans aucun doute, aux rêveries poétiques de son homonyme, dont le poème, comme il est dit expressément dans l'avertissement, comprend *toutes les plaies de l'Égypte*.

damné à travailler péniblement, le plus vil d'une troupe méprisable, et à forger des mensonges pour un *Magazine*, dévoue à la calomnie son esprit né pour elle, et est lui-même un libelle vivant contre le genre humain[1]. Oh! obscur asile d'une race vandale[2], à la fois l'honneur et la disgrâce des sciences, si plongé dans la routine et l'ennuyeuse inutilité, qu'à peine les noms de Smythe et d'Hodgson[3] seront capables de réhabiliter le tien! Mais la muse aime à se baigner aux lieux où la belle Isis roule des eaux plus pures; sur ses bords verdoyans, une couronne d'une verdure plus durable attend les poètes qui osent pénétrer dans ses classiques bosquets, où Richards s'enflamme du vrai feu poétique

---

[1] Ce personnage a paru dernièrement décidé à embrasser le métier d'auteur; il a écrit un poème intitulé: *l'Art de plaire*, comme l'on dit, *Lucus a non lucendo*, où l'on trouve peu de choses plaisantes et pas du tout de poésie. Il est aussi salarié au mois, et chargé de recueillir des calomnies pour *le Satiriste*. Si cet infortuné jeune homme voulait laisser là ses *Magazines* pour les mathématiques, et s'efforcer de passer ses examens avec quelque honneur, peut-être cela lui serait-il plus avantageux dans la suite que le salaire qu'il reçoit à présent.

[2] « L'empereur Probus transporta un corps considérable de Vandales » dans le comté de Cambridge. »
(GIBBON.)

Il n'y a aucune raison de douter de la vérité de cette assertion; la race s'est parfaitement conservée.

[3] Le nom de ce gentleman n'a pas besoin d'éloges; quand un homme a comme lui donné dans de simples traductions des preuves incontestables de génie, on peut s'attendre qu'il devra exceller dans des compositions originales. Il est à espérer qu'il nous en offrira bientôt quelque brillant échantillon.

et apprend aux Bretons modernes à louer dignement leurs ancêtres [1].

Pour moi qui, sans mission, ai osé dire à mon pays ce que ses enfans devraient si bien savoir, c'est le zèle de son honneur qui m'engage à attaquer cette nuée d'idiots qui infeste notre âge. Ton nom honoré a droit à tous les genres de gloire, Albion : tu es la nation la plus libre du monde, tu es aussi la plus chère aux Muses. Oh! si tes bardes étaient les dignes émules de ta renommée, s'il s'en élevait de plus dignes de ton beau nom! Ce qu'Athènes était pour les arts, Rome pour la puissance, Tyr pour la richesse; tu as été tout cela à la fois, belle Albion, dominatrice de la terre, reine puissante de l'Océan. Mais Rome a dégénéré, Athènes n'est plus qu'un village, et les remparts de Tyr sont tombés dans la mer. Ta puissance peut cesser, comme la leur : et la Grande-Bretagne, ce boulevart de l'Europe, peut tomber un jour. Mais arrêtons-nous; je redoute le sort de Cassandre, dont on méprisa les avertissemens jusqu'à ce qu'il fût trop tard : je dois me renfermer dans des sujets moins grands, et me borner à forcer nos poètes à acquérir un renom égal à celui de leur patrie.

Adieu donc, malheureuse Angleterre! que ceux qui te gouvernent soient bénis; qu'ils soient les oracles du sénat, et l'objet des railleries du peuple!

---

[1] *Les Bretons aborigènes*, excellent poème de Richards.

Puisses-tu entendre long-tems tes orateurs si divers prodiguer à la tribune plus de rhétorique que de bon sens! Les collègues de Canning le détestent à cause de son esprit, tandis que cette vieille femme de lord Portland [1] occupe la place de Pitt.

Encore une fois, adieu! Déjà se tend au souffle du vent la voile qui doit me porter loin d'ici. Il faut que mes yeux se réjouissent à la vue des côtes d'Afrique, des hauteurs escarpées du mont Calpé [2] et des minarets de Stamboul [3]. De là je traverserai le pays de la beauté [4], où le Kaff [5], habillé de rochers, est sans cesse couvert de neiges sublimes. Mais, si je reviens jamais en Angleterre, aucun motif ne pourra me forcer à publier les notes prises dans mon voyage. Que l'orgueilleux Valentia [6] soit le rival du malheureux Carr; qu'il égale, s'il peut, ses ouvrages

---

[1] Il y a ici, dans une note de Byron, une plaisanterie que l'on ne saurait traduire en français. On demandait à un des amis du noble auteur pourquoi l'on comparait lord Portland à une vieille femme; je suppose, dit-il, que c'est parce que sa grâce est *past bearing*, c'est-à-dire *insupportable* ou *hors d'âge d'être enceinte*.

(*Note de Lord Byron.*)

[2] Calpé; ancien nom de Gibraltar.

[3] Stamboul, nom turc de Constantinople.

[4] La Géorgie, célèbre pour la beauté de ses habitans.

[5] Le mont Caucase.

[6] Lord Valentia (dont les effroyables voyages vont paraître, avec tout le luxe accessoire, graphique, topographique et typographique) dit, lors du malheureux procès de sir John Carr, que la satire de Dubois l'avait empêché d'acheter *l'Étranger en Irlande*. Ah fi! milord, que cela marque peu d'estime pour un confrère voyageur! Mais, comme dit le proverbe, deux personnes du même métier ne sont jamais bien ensemble.

à la vente desquels il s'est efforcé de nuire; qu'Aberdeen et Elgin [1], poursuivant l'ombre de gloire qu'ils pensent s'acquérir par un prétendu amour des arts, consomment des milliers de livres sterling pour acquérir des soi-disant ouvrages de Phidias, monumens difformes, antiques tronqués; qu'ils fassent de leurs grands salons un bazar général pour tous les blocs de marbre mutilés; que les *dilettante* dissertent sur des voyages dans la Troade; pour moi, je laisse la topographie à Gell [2], et me tenant pour satisfait, je ne m'aviserai plus d'importuner le monde de ma prose ou de mes vers.

J'ai jusqu'ici poursuivi la carrière que je m'étais tracée, préparé à la haine que j'allais soulever, couvert d'acier contre toute espèce de craintes personnelles. Je n'ai jamais dédaigné d'avouer ces vers comme miens; je n'avais pas jeté mon nom au public, et cependant je ne m'étais point caché. Ma voix s'est fait entendre une seconde fois, quoiqu'avec des accens moins élevés; quoique mes pages fussent d'abord anonymes, je ne les ai jamais désavouées. Aujourd'hui je déchire entièrement le voile : courage,

---

[1] Lord Elgin veut nous persuader que toutes les statues, avec ou sans nez, qu'il a rassemblées dans sa boutique de maçon, sont l'ouvrage de Phidias ! *Credat Judæus.*
(*Note de Lord Byron.*)

[2] La topographie de Troie et celle d'Ithaque, par M. Gell, ne peuvent manquer d'attirer les éloges de tous les hommes d'érudition et de goût, non-seulement pour les idées nouvelles qu'il y donne au lecteur, mais encore pour l'habileté et les recherches dont ces deux ouvrages font foi.
(*Note de Lord Byron.*)

meute de chiens, votre proie est devant vous! Je ne suis point effrayé de tout le bruit de Melbourne-House, du ressentiment de Lambe, de la femme d'Holland, des pistolets inoffensifs de Jeffrey, de la rage impuissante d'Hallam, des noirs enfans d'Edin et de leurs pages incendiaires. Nos journalistes porteront cette fois les coups et les sentiront, tout cuirassés d'impudence qu'ils soient. Je ne pense pas sortir de cette lutte sans quelque horion ; toutefois celui qui me vaincra ne trouvera pas en moi un ennemi facile à dompter. Il fut un tems qu'un mot désagréable ne serait jamais tombé de mes lèvres, qui semblent aujourd'hui pleines de fiel ; ni fous ni folies n'auraient pu me forcer à mépriser le plus vil des insectes que je voyais ramper devant mes yeux. Mais aujourd'hui je suis bien endurci, je suis bien changé de ce que j'étais dans ma jeunesse. J'ai appris à penser et à dire sévèrement la vérité ; j'ai appris à me moquer des décrets emphatiques de nos critiques, et à les briser eux-mêmes sur la roue qu'ils m'avaient préparée. J'ai appris à repousser du pied la verge que l'on voulait me faire baiser, à ne point m'inquiéter si la cour et la multitude m'applaudissent ou me sifflent. Bien plus, quoique tous mes confrères les rimailleurs froncent le sourcil, et moi aussi je puis terrasser un méchant écrivain. Sûr de mes armes à l'épreuve, je jette à la fois le gant aux maraudeurs écossais et aux sots de toute l'Angleterre.

Voici tout ce que j'ai osé quant à présent : jusqu'à quel point mes vers ont calomnié notre siècle exemplaire, c'est à d'autres de le dire. Je laisse au public le soin de me juger, lui qui, peu porté à l'indulgence, blâme cependant rarement avec injustice.

POST-SCRIPTUM

AJOUTÉ LORS DE LA DEUXIÈME ÉDITION.

Depuis que cette seconde édition est sous presse, j'ai appris que mes fidèles et bien aimés cousins de la *Revue d'Edimbourg* préparent une critique véhémente contre ma faible, ma douce, mon inoffensive muse, qui n'avait déjà que trop à se plaindre de leurs outrages.

Tantœne animis cœlestibus iræ ?

Je suppose qu'il me faudra dire de Jeffrey ce que sir Andrew Aguecheek dit de son adversaire : « Si j'avais su qu'il » fût aussi fort sous les armes, je l'aurais envoyé à tous les » diables, plutôt que de me battre avec lui. » Quelle pitié, que je doive être de l'autre côté du Bosphore avant que le prochain numéro n'ait passé la Tweed ! Mais j'espère toutefois en allumer ma pipe en Perse.

Mes amis du septentrion m'accusent avec justice de personnalités envers leur grand anthropophage littéraire, Jeffrey ; mais quelle autre conduite pouvais-je tenir envers lui et sa meute méprisable, qui se nourrit de mensonges et de calomnies, et étanche sa soif dans des flots de médisances ? J'ai cité des faits déjà connus, j'ai exprimé librement ma façon de penser sur l'ame de Jeffrey, et je ne sache pas qu'il lui en soit résulté aucun malheur ; a-t-on jamais sali un boueur en le jetant dans la boue ? On pourra dire que je quitte l'Angleterre parce que j'y ai insulté des personnes d'honneur et d'esprit ; mais je reviendrai, et elles pourront bien entretenir la chaleur de leur ressentiment jusqu'à mon retour. Ceux qui me connaissent peuvent affirmer que rien n'est plus étranger aux motifs qui me font quitter l'Angleterre, que des craintes comme écrivain ou comme homme : ceux qui ne me connaissent pas pourront s'en convaincre. Depuis la publication de cette satire, je n'ai jamais caché mon nom, j'ai presque toujours habité Londres, prêt à répondre à ceux que j'ai attaqués, m'attendant journellement à recevoir quelque petit cartel; mais, hélas! le tems de la chevalerie est passé, ou, pour parler plus vulgairement, il n'y a plus de courage aujourd'hui.

Il y a un jeune homme, appelé Hewson Clarke (écuyer sous-entendu), *écolier servant* au collége Emmanuel, et, je crois aussi, *Aubain affranchi* de Berwick sur la Tweed, que j'ai introduit dans ces pages en bien meilleure compagnie qu'il n'en fréquente habituellement. C'est toutefois un vilain homme, car sans aucun motif que je puisse deviner, si ce n'est une querelle personnelle avec un ours que j'avais à Cambridge pour le présenter comme candidat au premier *fellowship* [1] vacant, et que la jalousie de ses condisciples a seule empêché d'obtenir ce succès, il n'a cessé depuis plus d'un an de m'insulter dans le *Satiriste*; et, ce qui est bien plus mal, d'insulter aussi le pauvre innocent animal précité. En vérité, je n'ai pas conscience de lui avoir jamais donné aucune provocation; en tout cas, je suis sûr que je ne connaissais pas son nom avant que de l'avoir vu accouplé avec celui du *Satiriste*. Il n'a donc aucune raison de se plaindre de moi; aussi je pense bien que, comme sir Fretful Plagiary, il est *plutôt content que fâché*. Je viens de citer tous ceux qui m'ont fait l'honneur de s'occuper de moi et des miens, c'està-dire de mon ours et de mon livre, excepté l'éditeur du *Sa-*

---

[1] On appelle *fellowships* certaines rentes fondées dans chaque université et dans chaque collége, pour les meilleurs élèves de telle ou telle partie des trois royaumes. Ces rentes sont à vie, elles n'obligent pas à la résidence, elles ne comportent aucuns devoirs, aucunes fonctions; mais, comme elles ont été presque toutes fondées dans les tems catholiques, elles se perdent par le mariage du sujet élu.

tiriste, qui paraît être un vrai *gentleman*. Plût à Dieu qu'il pût donner un peu de sa politesse à ses scribes subalternes! J'entends dire que M. Jerningham se dispose à prendre parti pour son Mécène, lord Carlisle, j'espère que non; dans le peu de rapports que j'ai eus avec lui, il est du petit nombre de ceux qui m'ont montré quelque bonté quand j'étais enfant, et quoi qu'il puisse dire ou faire, je le supporterai patiemment. Je n'ai plus rien à ajouter, si ce n'est l'expression générale de mes remercîmens aux lecteurs, aux acheteurs et à l'éditeur de mon livre, et, pour me servir des paroles de Scott:

« Je leur souhaite, à tous et chacun d'eux, une bonne nuit,
» un sommeil léger et des rêves couleur de rose. »

M. Fitzgérald ayant écrit les vers suivans sur un exemplaire de la satire précédente:

« Je vois que Lord Byron méprise ma muse; notre sort dif-
» fère en cela: ses vers sont en sûreté; je ne saurais critiquer
» des vers que je n'ai jamais lus; »

Ce même exemplaire tomba par hasard entre les mains de Byron, qui y ajouta immédiatement cette réponse mordante:

« Je ne lis jamais, s'écrie Fitz, ce que l'on écrit contre
» moi; pour ce que tu écris, toi, mon cher Fitz, il est sûr
» que personne ne le lira. Voilà simplement le cas; ainsi,
» mon brave Fitz, tes ennemis sont quittes avec toi, ou plu-
» tôt ils le seraient à l'avenir, s'ils étaient sourds ou que tu
» fusses muet. Car, quand à leurs plumes de méchans écri-
» vains ajoutent leur langue, il n'y a que les garçons de ser-
» vice qui puissent échapper à la force de leurs poumons[1]. »

[1] M. Fitzgérald est dans l'habitude de *réciter* ses propres poésies. Voyez *Poètes anglais*, page 329, note 2.

(*Note de Lord Byron.*)

FIN DES POÈTES ANGLAIS.

BEPPO,
HISTOIRE VÉNITIENNE.

ROSALINDE. Adieu, monsieur le voyageur : voyez-vous, grasseyez, portez des habits étranges, dénigrez tout ce que votre patrie a de bon, soyez mécontent de votre lieu de naissance, murmurez presque contre Dieu pour vous avoir fait ce visage-là, ou j'aurai peine à croire que vous ayez jamais mis le pied dans une gondole.

SHAKSPEARE, *As you like it*, act. IV, sc. 1.

ANNOTATION DES COMMENTATEURS.

C'est-à-dire que vous soyez allé à Venise, ville que les jeunes Anglais visitaient beaucoup à cette époque, et qui était alors ce que Paris est aujourd'hui, le siége de tous les genres de dissolutions.   S. A.

BEPPO,

HISTOIRE VÉNITIENNE.

1. On sait, ou du moins on devrait savoir, que dans tous les pays catholiques, quelques semaines avant le mardi-gras, les gens se donnent du bon tems, et achètent le repentir avant que de devenir dévots. Depuis les premiers rangs de la société, jusqu'à ceux de la plus infime populace, ce n'est que violons, galas, danses, vins, mascarades et d'autres choses encore, qui ne coûtent que la peine de les demander.

2. Au moment, moins aimé des maris que des amans, où la nuit répand son manteau sur les cieux (et plus il est sombre, meilleur il est), la pruderie se dégage des entraves qu'elle s'est imposées, et la gaîté, se balançant légèrement sur l'extrémité de son pied flexible, minaude avec tous les galans qui l'assiégent; puis viennent les chansons, les roulades, le bourdonnement; le bruit des guitares et des autres instrumens à cordes.

3. Ajoutez à cela des costumes magnifiques, mais tous de fantaisie, des masques de tous les tems et de toutes les nations, des Turcs, des juifs, des arlequins et des paillasses qui font des tours de force,

des Grecs, des Romains, des Américains, des Indous. Chacun peut prendre à son choix tous les costumes, excepté l'habit ecclésiastique, car dans ces pays-là nul n'ose plaisanter le clergé; prenez donc garde à vous, messieurs les philosophes, je vous en avertis.

4. Il vaudrait mieux vous montrer dans les rues couvert de buisson, au lieu d'habit et de culotte, que d'avoir sur vous le moindre bout de fil qui eût l'air de faire allusion aux moines. Vous auriez beau jurer que vous l'avez fait pour rire, on vous mettrait sur les charbons [1]; chacun viendrait attiser le feu; et l'on ne vous dirait pas la plus petite messe pour refroidir le chaudron dans lequel vos os seraient à bouillir, à moins que vous ne payassiez double.

5. Excepté cela, vous pouvez revêtir tout ce qui vous plaira le mieux, sous forme d'habit, de chapeau ou de manteau, tout ce que vous trouverez dans Montmouth-street ou dans Rag-fair [2], et vous en composer un costume sérieux ou comique. Il y a même en Italie des endroits de ce genre, avec de plus jolis noms, il est vrai, prononcés d'un accent plus doux; car, excepté *Covent-Garden-Piazza*, je

---

[1] Il y a, dans le texte, un jeu de mots qu'il est impossible de traduire : *to haul over the coals*, signifiant aussi au figuré, et dans le sens où il est plus généralement employé, *faire rendre compte à quelqu'un, lui faire payer ce qu'il a dit ou fait*.

[2] *Montmouth-street* et *Rag-fair* (foire aux chiffons) sont, à Londres, ce que sont à Paris le quartier et le marché du Temple, une foire perpétuelle pour les vieux habits et autres objets de hasard.

ne connais rien qui s'appelle *Piazza* dans toute la Grande-Bretagne.

6. Cette fête est appelée le Carnaval, ce qui, d'après l'étymologie, veut dire *adieux à la viande* ; ici le mot et la chose s'accordent très-bien, car, pendant le carême, ils vivent de poisson frais et de poisson salé. Mais pourquoi font-ils précéder le carême de tant de bombance ? c'est plus que je ne puis dire ; je soupçonne cependant que c'est quelque chose d'analogue à notre usage de prendre un verre de vin, avec un ami, au moment de monter dans une diligence ou dans le paquebot.

7. C'est ainsi qu'ils disent adieu aux plats de viande, aux mets solides, aux ragoûts fortement épicés, pour vivre pendant quarante jours de poissons mal préparés ; car ils mangent leurs étuvées sans sauces [1], ce qui arrache bien des interjections expressives et bien des jurons (qu'il ne convient pas à ma muse de répéter ici aux voyageurs), accoutumés dès l'enfance à manger leur saumon avec une remoulade pour le moins.

8. Je recommanderai donc humblement aux amateurs de sauces pour le poisson, avant que de passer la mer, d'ordonner à leur cuisinier, à leur femme

---

[1] Le poisson se sert à l'anglaise, frit dans le beurre, et plus souvent bouilli simplement à l'eau ; on place sur la table un *saucer*, espèce de porte-huilier où se trouvent plusieurs petites bouteilles renfermant des sauces froides, que l'on achète toutes préparées et dont chacun assaisonne son poisson à sa guise.

ou à quelque ami, d'aller vite, à pied ou à cheval, dans le Strand et d'y acheter en gros (s'ils étaient déjà partis, on peut le leur expédier par la voie la plus sûre) des sauces aux champignons, des remoulades, du vinaigre du Chili, la sauce d'Hervey[1], etc., ou pardieu! ils pourront mourir de faim pendant le carême.

9. C'est-à-dire si vous êtes catholique romain, et que, suivant le proverbe, vous vouliez, étant à Rome, faire comme font les Romains; quoiqu'un étranger ne soit pas obligé à l'abstinence. Mais vous, si vous êtes protestant, si vous êtes tant soit peu malade ou si vous êtes femme, vous aimeriez mieux pécher en dînant d'un bon ragoût; dînez donc et soyez damné! Je ne veux pas être grossier, mais c'est là la punition, pour ne rien dire de plus.

10. De tous les lieux où le carnaval était le plus gai autrefois, pour la danse, les chansons, les sérénades, les bals, les masques, les bouffonneries, le mystère, et plus de choses que je n'ai le tems de vous en dire à présent et que je ne l'aurai peut-être jamais, Venise l'emportait de beaucoup, et à l'époque où je fixe mon histoire, cette fille de la mer était à l'apogée de sa gloire.

11. Elles ont de jolies figures ces Vénitiennes,

---

[1] Hervey est un fabricant de sauces à Londres; celle qui porte son nom, et qui se compose principalement d'essence de champignons, est aussi connue en Angleterre que les moutardes de Maille le sont par toute la France.

des yeux noirs, des sourcils arqués et une expression de physionomie si douce! de ces figures que les modernes copient depuis long-tems, et qu'ils nous vendent pour des copies de têtes grecques. Elles ont l'air d'autant de Vénus du Titien (la plus belle est à Florence, allez la voir si vous voulez), lorsqu'elles s'appuient sur leurs balcons, ou qu'elles semblent s'animer et sortir d'une des toiles de Giorgione.

12. Giorgione, dont les teintes sont tout ce que la vérité et la beauté ont de plus beau. Quand on est dans le palais Manfrini, ce tableau, quelque magnifique que soit le reste, est, à mon avis, ce qu'il y a de plus attachant dans toute l'exposition. Peut-être il serait aussi de votre goût, c'est ce qui fait que je m'y arrête si long-tems. Ce n'est que son portrait, celui de son fils et celui de sa femme; mais une telle femme! c'est l'amour personnifié!

13. L'amour grand, plein de vie, non pas l'amour idéal; non! non ce n'est pas la beauté idéale, qui n'est qu'un beau mot, mais quelque chose de meilleur encore; quelque chose de si réel, qu'on sent que l'heureux modèle a dû être absolument comme cela; quelque chose que vous achèteriez, que vous demanderiez ou que vous voleriez, s'il n'était pas impossible, outre que cela serait honteux. Cette figure vous rappelle, comme avec un sentiment pénible, une figure que vous avez vue autrefois et que vous ne reverrez plus désormais.

14. Une de ces formes divines qui passent rapi-

dement devant nous, quand nous sommes jeunes et que nous attachons nos yeux sur toutes les figures! Hélas! cet ange d'amour qui nous a apparu un moment, cette grâce si douce, cette jeunesse, cette fraîcheur, cette beauté qui se marie si bien à tout cela, nous croirons quelquefois les retrouver dans bien des êtres dont nous ignorons le nom, la position sociale, la demeure, et que, comme la Pléiade perdue[1], nous ne reverrons plus ici-bas.

15. J'ai dit que les Vénitiennes ressemblaient à la femme du tableau de Giorgione, et cela est vrai; particulièrement quand on les voit à leurs balcons (car la beauté gagne quelquefois à être vue d'une certaine distance), et que là, comme les héroïnes de Goldoni, elles regardent à travers le rideau ou par-dessus le balustre, et en vérité elles sont généralement très-jolies, seulement elles aiment un peu trop à le faire voir, et c'est bien dommage.

16. Car un coup d'œil amène des œillades, les œillades les soupirs, les soupirs les désirs, les désirs les paroles, les paroles une lettre qui vole à l'aide de certains Mercures au pied léger, qui font cela *parce qu'ils n'y voient pas de mal.* Et alors, Dieu sait quels malheurs peuvent en résulter, quand l'amour enchaîne une fois deux jeunes cœurs! les rendez-vous coupables, le lit adultère, les enlève-

---

[1] *Quæ septem dici, sex tamen esse solent.*
OVIDE.
(*Note de Lord Byron.*)

mens, les vœux brisés, les cœurs et les têtes brisés pareillement.

17. A propos de Desdémona, Shakspeare peint le sexe comme quelque chose de très-beau, mais d'une réputation suspecte. De Venise à Vérone les choses peuvent être encore les mêmes aujourd'hui, excepté que depuis ce tems-là on n'a jamais vu un mari, sur un simple soupçon, étouffer une femme de vingt ans, parce qu'elle avait un *cavaliere servente.*

18. Leur jalousie, si tant est qu'ils soient jamais jaloux, a pour ainsi dire le teint blond, en comparaison de celle de ce diable d'Othello, avec son visage couleur de suie, qui étouffe les femmes dans un lit de plume; elle est plus digne de ces bons vivans qui, fatigués du joug matrimonial, ne se cassent pas la tête au sujet de leur moitié, mais vous prennent bravement une autre femme ou la femme d'un autre.

19. Avez-vous jamais vu une gondole? Je crains que non, et je vais vous en décrire une exactement. C'est un long bateau couvert, très-commun ici, sculpté à la proue, construit d'une manière légère, mais compacte, mu par deux rameurs, qu'on appelle gondoliers; ce bateau file sur l'eau, d'un aspect assez sombre, on croirait d'une bière clouée sur un canot, et quand vous êtes là-dedans, les gens ne peuvent deviner ce que vous faites ou ce que vous dites.

20. Ces gondoles passent et repassent le long du canal et sous le Rialto, de jour et de nuit, tantôt vite, tantôt plus doucement. On les voit attendre autour des théâtres et former comme un sombre cortége ; cependant l'épithète de sombre ne leur convient pas toujours : il s'y passe par fois des choses fort plaisantes, comme dans les voitures de deuil, quand la cérémonie funèbre est terminée.

21. Mais revenons à mon histoire ; c'était il y a quelques années, trente peut-être ou quarante, plus ou moins, le carnaval était dans tout son éclat, ainsi que tous les genres de bouffonneries et d'habillemens, une certaine dame alla voir la fête ; son nom véritable, je ne le connais pas, je ne soupçonne même pas quel il pouvait être : ainsi donc nous l'appellerons Laura, s'il vous plaît, parce que ce nom s'encadre fort bien dans mon vers.

22. Elle n'était pas vieille, elle n'était pas jeune, elle n'avait pas non plus ce nombre d'années que certaines gens appellent *un certain âge*, ce qui cependant me paraît l'âge le plus incertain du monde, car jamais je n'ai pu engager qui que ce soit, pour amour, ou pour argent, à me dire verbalement, ou par écrit, quelle période de la vie humaine l'on entend au juste par ce mot,... ce qui est à coup sûr excessivement absurde.

23. Laura était encore fraîche ; elle avait bien employé le tems ; le tems de son côté en avait usé très-poliment avec elle, de sorte que, quand elle

était habillée, on la trouvait extrêmement bien quelque part qu'elle allât. Une jolie femme est toujours bien reçue; rarement un nuage obscurcissait le front de Laura; au contraire, elle était tout sourire, et semblait de ses beaux yeux noirs remercier le genre humain du plaisir qu'il lui faisait en la regardant.

24. Elle était mariée; c'est plus convenable, parce que dans les pays chrétiens c'est une règle de regarder avec indulgence les petits faux-pas des épouses; tandis que si des demoiselles s'amusent à faire des folies, à moins qu'un mariage opportun ne vienne en tems convenable apaiser le scandale, je ne sais comment elles peuvent jamais s'en retirer, si ce n'est toutefois qu'elles parviennent à faire que l'on n'en sache rien.

25. Son mari naviguait sur l'Adriatique; il avait fait aussi plusieurs voyages dans d'autres mers, et quand il était en quarantaine (c'est une précaution contre la peste), sa femme montait quelquefois sur la terrasse la plus élevée de sa maison, d'où elle pouvait découvrir le navire à son aise. C'était un marchand trafiquant à Alep; son nom était *Giuseppe* (Joseph), et on l'appelait par abréviation *Beppo* [1].

26. C'était un homme brun comme un Espagnol, hâlé par les voyages, un bel homme après tout, quoiqu'il eût l'air d'avoir pris son teint dans une tannerie;

---

[1] *Beppo* est l'abréviation de *Giuseppe*, en italien, comme l'on dit en anglais *Joe* pour *Joseph*.

(*Note de Lord Byron.*)

jamais un meilleur marin ne s'était mis à cheval sur la grand'vergue ; c'était à la fois un homme de sens et de courage. Madame, de son côté, quoique ses manières montrassent peu de rigueurs, était regardée comme une femme de principes très-sévères, au point qu'elle passait presque pour invincible.

27. Mais plusieurs années s'étaient écoulées depuis qu'ils ne s'étaient vus ; quelques-uns croyaient qu'il avait péri avec son vaisseau ; d'autres pensaient qu'il avait contracté quelques dettes, et ne se souciait pas de revenir. Aussi y avait-il des paris ouverts qu'il reviendrait, ou qu'il ne reviendrait pas ; car la plupart des hommes, jusqu'à ce que des pertes réitérées les aient rendus plus sages, sont toujours prêts à appuyer leur opinion de l'offre d'un pari. —

28. Leurs adieux furent touchans, comme les adieux le sont souvent, ou devraient l'être ; ils éprouvèrent une sorte de pressentiment prophétique qu'ils ne se reverraient plus, lorsqu'il quitta son Ariane adriatique, piteusement agenouillée sur le rivage. (C'est un sentiment morbifique, à demi poétique, et dont j'ai connu, je crois, deux ou trois exemples.

29. Laura attendit long-tems, et pleura un peu ; elle eut envie de prendre le deuil, et elle en aurait bien eu sujet ; elle perdit presqu'entièrement l'appétit, et ne pouvait seule dormir à son aise la nuit. Il lui sembla que les fenêtres et des volets étaient une faible protection contre de hardis voleurs ou des es-

prits; elle crut donc qu'il serait prudent de s'adjoindre un vice-mari, *principalement pour la protéger.*

30. Jusqu'à ce que Beppo revint de sa longue croisière, et ramena le bonheur dans son ame, elle choisit (et qui ne choisiraient-elles pas pour peu que l'on ait l'air de s'opposer à leur choix), elle choisit un de ces hommes que certaines femmes aiment tout en en disant du mal; la voix publique le déclarait un fat; c'était du reste un comte aussi remarquable pour sa fortune que pour sa naissance, et de plus d'une grande libéralité dans ses plaisirs.

31. Et puis c'était un comte, et puis il savait la musique et la danse, le violon, le français et le toscan; ce dernier point n'est pas peu de chose; car pour votre gouverne, bien peu d'Italiens parlent le véritable étrusque. C'était encore un connaisseur en opéras; le soque et le cothurne n'avaient point de secrets pour lui, et le public vénitien ne pouvait plus supporter une chanson, un décor, un air, dès qu'il s'écriait *seccatura.*

32. Ses *bravos* étaient décisifs; les *Academie* soupiraient en silence pour ce son désiré; les violons tremblaient dès qu'il jetait les yeux de leur côté, de peur que quelque note fausse n'eût attiré son attention. Le cœur de la *prima donna* bondissait dans la crainte de lui entendre prononcer quelques *bah* réprobateurs qui eussent suffi pour la perdre. Soprano, basso, même le contra-alto, tous eussent voulu le savoir cinq brasses au-dessous du Rialto.

33. Il patronisait les improvisateurs ; bien plus, il pouvait au besoin improviser lui-même quelques stances. Il faisait des vers, chantait des chansons, savait raconter une histoire, vendait des tableaux, était aussi habile dans la danse que les Italiens le peuvent être, quoique sur ce point leur gloire le cède de beaucoup à celle de la France. En un mot c'était un cavalier parfait, un héros, même aux yeux de son valet de chambre.

34. Et puis il était fidèle autant qu'amoureux ; de sorte que les femmes ne pouvaient se plaindre de lui, quoiqu'elles aient assez l'habitude de se plaindre de tems en tems ; jamais il n'avait mis ces petites ames dans l'embarras. Son cœur était de ceux que l'on recherche le plus, de cire à recevoir une impression, de marbre pour la conserver. C'était un de ces galans de la bonne vieille école, qui deviennent plus constans à mesure qu'ils se refroidissent.

35. Avec de telles qualités il n'est pas étonnant qu'il ait tourné la tête d'une femme, toute sage et toute rangée qu'elle fût. A peine restait-il quelqu'espérance que Beppo pût reparaître ; aux yeux de la loi c'était un homme mort ; il n'avait rien envoyé, n'avait pas écrit, n'avait pas donné le plus petit signe de vie ; elle avait déjà attendu plusieurs années, et réellement si un homme ne prend pas la peine de nous faire savoir qu'il est vivant ; il est... *mort*, ou devrait l'être.

36. En outre, de l'autre côté des Alpes (quoique

ce soit; Dieu le sait, un très-gros péché), il est presque reçu que chaque femme a deux hommes; je ne saurais dire qui a introduit cette coutume le premier, mais les *cavalieri serventi* sont une chose fort ordinaire, à laquelle personne ne prend garde, et dont on ne parle pas le moins du monde. Nous pourrions, pour ne rien dire de pis, appeler cela un *second* mariage, qui corrompt le *premier*.

37. Le mot était jusqu'ici un *cicisbeo*, mais il est devenu vulgaire et indécent; les Espagnols appellent ce personnage un *cortejo* [1], car la même mode existe en Espagne, quoiqu'elle y soit plus récente; en un mot elle règne depuis le Pô jusqu'au Tage, et pourrait bien à la fin traverser aussi la mer. Que le ciel en préserve la vieille Angleterre! ou que deviendront les dommages-intérêts et les divorces?

38. Quoi qu'il en soit, je pense toujours, soit dit avec tout le respect dû à la partie du beau sexe demeurée célibataire, que l'on doit toujours préférer les dames mariées pour le tête-à-tête, aussi-bien que pour la conversation générale. Et ceci je le dis, sans avoir en vue plutôt l'Angleterre que la France, ou que toute autre nation, parce qu'elles connaissent le monde, sont plus à leur aise, et étant plus naturelles, plaisent naturellement.

---

[1] *Cortejo* se prononce *corteho*; avec un *h* aspiré, la lettre J étant une gutturale arabe. Ce mot désigne ce qui n'a pas encore de nom bien précis en Angleterre, quoique l'usage y soit aussi commun qu'en aucun des pays ultramontains.

(*Note de Lord Byron.*)

39. Il est vrai que votre jeune miss, encore en fleur, est tout-à-fait charmante, mais elle est si réservée, si gauche quand elle entre dans le monde, si alarmée, qu'elle en est presque alarmante. Elle ne sait que ricaner et rougir, caqueter ou faire la moue ; regardant toujours *maman* de peur qu'il n'y ait du mal à ce que vous, elle, lui ou eux pouvez être en train de dire ou de faire. On aperçoit la chambre des enfans dans tout ce qu'elles se hasardent à dire, et, en outre, elles sentent toujours la tartine de pain et de beurre. —

40. Mais *cavalieri serventi* est la phrase employée dans les cercles policés, pour exprimer cet esclave surnuméraire qui se tient à côté de la dame, comme une partie de son vêtement. Sa voix est la seule loi à laquelle il obéisse ; ce n'est pas une sinécure que sa place ; il va appeler voiture, serviteurs, gondoles ; de plus c'est lui qui porte l'éventail, le boa, les gants et le schall.

41. Malgré tous les gros péchés qui s'y commettent, il faut que je l'avoue, l'Italie me semble un pays fort agréable à habiter, moi qui aime à voir luire le soleil tous les jours, et des vignes, non clouées contre les murs, festonner de cep en cep, absolument comme sur la toile de fond d'une de nos comédies ou d'un de nos mélodrames que les gens viennent voir en foule, quand le premier acte se termine par un ballet dans une vigne copiée du midi de la France.

42. Dans les belles soirées d'automne, j'aime à sortir à cheval dans la campagne, sans être obligé d'ordonner à mon domestique de ne pas oublier d'attacher mon manteau derrière lui, parce que le tems n'est pas sûr. Je sais aussi que, si je m'arrête dans ces allées dont la verdure m'attire, des charrettes qui plient sous le poids des raisins vont me fermer la route ; mais en Angleterre ce serait du fumier, de la boue et des haquets de brasseur.

43. J'aime encore à manger des bec-figues à mon dîner, à voir le soleil se coucher, sûr qu'il se lèvera demain, non à travers le crépuscule d'une matinée brumeuse ; faible comme l'œil mourant d'un homme que l'ivresse plonge dans un désespoir hébété, mais avec tout le ciel à lui seul ; sûr que le jour poindra beau, sans nuage, et ne sera pas forcé d'emprunter cette petite chandelle d'un sou, qui jette à peine une lumière incertaine au-dessus de ce grand chaudron enfumé de Londres.

44. J'aime aussi l'italien, ce doux bâtard du latin, qui coule comme les baisers de la bouche d'une femme, dont les sons sembleraient devoir être écrits sur du satin, dont les syllabes ont un parfum du Midi, dont les liquides si agréables se marient tellement bien ensemble, que l'oreille n'entend pas un seul accent inharmonieux, comme dans notre dur sifflement de nos langues du Nord, nos grognemens gutturaux, que nous sommes obligés de pousser, de cracher et d'expectorer péniblement.

45. J'aime aussi leurs femmes, pardonnez-moi cette folie, depuis la paysanne au teint bronzé, richement relevé d'un rouge épais, et aux grands yeux noirs qui dardent sur vous une volée de rayons qui disent mille choses à la fois, jusqu'à la dame de haut parage, dont l'air est plus mélancolique, mais dont le front est serein, dont les yeux sont pleins de vivacité et de larmes, dont le cœur est sur les lèvres, et l'ame dans les yeux, douce comme son climat, et brillante comme son ciel.

46. Ève d'un pays, véritable paradis de la terre, beauté italienne! n'est-ce pas toi qui as inspiré Raphaël [1], qui mourut dans tes embrassemens, et rivalise dans les compositions qu'il nous a laissées avec tout ce que nous connaissons des cieux, tout ce que nous pouvons désirer d'en connaître? Beauté italienne, comment le poète, même soutenu par l'enthousiasme le plus senti, pourrait-il essayer de peindre avec des mots ce que tu as été, ce que tu es, tandis que Canova est encore là pour créer des chefs-d'œuvre [2] ?

47. « Angleterre, je t'aime encore, malgré tout

---

[1] Pour la cause que l'on donne généralement à la mort de Raphaël, voyez ses biographes.

(*Note de Lord Byron.*)

[2] En bavardant ainsi, surtout sur l'article des femmes, l'auteur désirerait que l'on comprît bien qu'il parle en simple spectateur et non autrement. D'ailleurs il le fait toujours de la manière la plus modeste, trop peut-être; il espère donc que son poème ne scandalisera personne, d'autant plus que, comme tout le monde le sait, un ouvrage de poésie où il

ce que tu as de mauvais; » je le disais à Calais, je ne l'ai point oublié; j'aime à parler et à ruminer tout mon soûl; j'aime le gouvernement (mais ce n'est pas cela); j'aime la liberté de la presse et de la plume; j'aime l'*Habeas corpus* (quand nous l'avons); j'aime les débats parlementaires, particulièrement quand il n'est pas trop tard;

48. J'aime les taxes, quand elles ne sont pas trop nombreuses; j'aime le feu de charbon de terre, quand il n'est pas trop cher; j'aime un beef-steak, tout autant qu'un autre, et n'ai pas d'objection à un pot de bière; j'aime le tems, quand il n'est pas pluvieux, c'est-à-dire que j'aime deux mois dans l'année. Et ainsi, vivent le régent, l'église et le roi! ce qui veut dire que j'aime tout en général et chaque chose en particulier.

49. Notre armée de terre maintenue, nos marins renvoyés, la taxe des pauvres, la réforme, mes dettes et la dette nationale; nos petits attroupemens séditieux, juste pour montrer que nous sommes libres; les petites banqueroutes qu'on voit dans nos gazettes, notre climat brumeux et nos femmes froides, je puis excuser ou oublier tout cela; je suis plein de vénération pour notre gloire récente et désirerais que nous ne la dussions pas aux *tories*.

---

ne serait pas question du sexe, paraîtrait un ouvrage inachevé, ce serait comme un chapeau sans rubans. Signé, le garçon imprimeur.

(*Note de Lord Byron*, en vers dans le texte.)

50. Mais revenons à mon conte de Laura, car la digression est un péché, qui par degrés me devient très-ennuyeux à moi-même, et qui, par conséquent, pourrait bien déplaire aussi au lecteur. Ce bon lecteur qui se fâche quelquefois, et se mettant peu en peine de troubler les douces rêveries de l'auteur, insiste absolument pour savoir ce qu'il veut dire, position dure et bien malheureuse pour un poète.

51. Oh! si j'avais l'art d'écrire aisément des choses qui seraient lues de même! si je pouvais escalader le Parnasse, où les Muses dictent à leurs favoris ces jolis petits poèmes qui ont toujours du succès, comme j'imprimerais promptement, pour les délices du monde, quelqu'histoire grecque, syrienne ou assyrienne! comme je vous vendrais, mêlés au sentimentalisme de l'Occident, quelques exemples du plus bel orientalisme!

52. Mais je ne suis qu'un individu sans nom, qui viens à peine de quitter les rangs des *dandies*, pour commencer mes voyages; si je cherche une rime pour y coudre mon vers, je prends la première que m'offre le dictionnaire de Walker, et quand je ne puis trouver celle-là, j'en mets une pire en place; ne m'occupant pas, comme je le devrais, à prévenir les critiques minutieuses de nos journalistes. J'ai presque envie de me mettre à écrire en prose, mais les vers sont maintenant à la mode; ainsi, va pour les vers!.

53. Le comte et Laura firent leur nouvel arran-

gement, qui dura, comme les arrangemens font quelquefois, une demi-douzaine d'années sans interruption. Ils avaient bien de tems en tems quelques petits démêlés, ces petites piques, enfans de la jalousie, qui ne signifient pas du tout que l'on ait envie de se quitter. Dans des affaires de cette nature, il est peu de gens qui n'aient éprouvé de ces petites contrariétés, depuis les premiers rangs de la société, jusqu'à l'infime populace.

54. Enfin, somme toute, c'était un heureux couple, aussi heureux qu'on peut l'être en se livrant à un amour illégal; le cavalier était aimant, la dame belle, leur chaîne était si légère que ce n'était pas la peine de la briser; le monde les regardait d'un œil indulgent, seulement les dévots s'écriaient *que le diable les emporte!* Il ne les emporta pas; il attend souvent, et se sert des vieux pécheurs pour en attirer de jeunes.

55. Mais ils étaient jeunes eux-mêmes. Oh! sans notre jeunesse que serait l'amour? Que serait aussi la jeunesse sans l'amour? La jeunesse prête à l'amour ses joies, sa douceur, sa force, sa vérité, son cœur, son ame et tout ce qui paraît divin; mais languissant avec les années, il devient bizarre et grossier. C'est une de ces choses en petit nombre qui ne se perfectionnent pas par l'expérience; voilà peut-être pourquoi les vieillards sont fâcheux et jaloux.

56. C'était le carnaval, comme je l'ai dit quelques trente-six stances plus haut, et, en conséquence,

Laura faisait les préparatifs usuels que vous faites quand vous êtes décidé à aller au bal masqué de mistress Boehm, spectateur de... ou acteur dans la représentation. La seule différence que je voie entre les deux cas, c'est qu'ici nous en avons pour six semaines de nos visages en carton verni.

57. Laura habillée était, comme je l'ai dit déjà, une aussi jolie femme qu'on en puisse voir, fraîche comme l'ange qui sert d'enseigne à quelque nouveau cabaret, ou celui qu'on place au frontispice de quelqu'un de ces *Magazines* qui renferment toutes les modes du mois précédent enluminées, avec une feuille de papier de soie entre la gravure et le texte, de peur que la presse n'aille tacher de quelques parties du discours quelques parties du costume.

58. Ils se rendirent au Ridotto ; c'est une grande salle où les gens dansent, soupent et redansent : le mot propre serait peut-être un bal masqué, mais cela est de peu d'importance. C'est, sur une plus petite échelle, comme notre Vauxhall, excepté qu'on ne craint point d'y être incommodé par la pluie. La compagnie y est *mélangée* ; ce mot, que je cite ici, revient à dire composée de petites gens.

59. Car *compagnie mélangée* signifie une compagnie où, excepté vous, vos amis et une cinquantaine d'autres que vous pouvez saluer sans prendre votre air grave, vous ne trouverez qu'une foule, qu'un vulgaire, le fléau des lieux publics, qui osent pousser la bassesse jusqu'à braver les regards étonnés

et dédaigneux de ces vingt fois vingt individus fashionables, qui s'appellent *le monde*, sans que moi, qui les connais, je puisse comprendre pourquoi.

60. C'est le cas en Angleterre, ce l'était du moins sous le règne de la dynastie des *dandies*, remplacée peut-être aujourd'hui par quelqu'autre classe d'imitateurs imités. Hélas! comme déclinent promptement et pour toujours les démagogues de la mode! Tout est fragile ici-bas! comme l'on perd aisément le monde, par l'amour, par la guerre, et de tems à autre par la gelée!

61. Napoléon fut écrasé par Thor, le Vulcain du septentrion, qui brisa son armée sous les coups de son marteau de glace. Arrêté par les *élémens*, comme un baleinier, ou comme un jeune écolier qui ouvre pour la première fois sa grammaire française, il eut de bons motifs de douter des chances de la guerre, et quant à la fortune..... mais je ne veux pas l'envoyer au diable, car quand j'y réfléchirais indéfiniment, je n'en serais que plus porté à croire à sa divinité.

62. C'est elle qui règle le présent, le passé et tout ce qui n'est pas encore; c'est elle qui nous donne de bons numéros dans les loteries, pour l'amour et pour le mariage. Je ne saurais dire qu'elle ait fait beaucoup pour moi jusqu'ici, non que je veuille déprécier ses faveurs : nous n'avons pas encore réglé nos comptes ensemble, nous verrons quelles com-

pensations elle me réserve pour tous les tours qu'elle m'a joués. Jusque-là je n'importunerai plus la déesse, si ce n'est de mes remerciemens quand elle aura fait ma fortune.

63. Tourner et retourner... le diable l'emporte ! cette histoire me coule entre les doigts, parce qu'il faut qu'elle soit précisément comme la stance le désire, ce qui fait qu'elle languit ; cette forme de vers une fois adoptée, il faut que je garde le tems et la mesure comme un chanteur public; mais si je puis une fois triompher de la mesure que j'ai choisie aujourd'hui, j'en veux prendre une autre la première fois que je serai de loisir.

64. Ils allèrent au Ridotto, c'est un endroit où j'ai dessein d'aller moi-même demain, justement pour échapper un peu à mes idées sombres, parce que je suis un peu hypocondriaque, et que je puis m'animer un instant en cherchant à deviner quel genre de figure se cache sous chaque masque ; et comme mon chagrin ralentit le pas quelquefois, je me ferai ou le hasard me procurera quelque moyen de le laisser une demi-heure en arrière.

65. Laura se promène donc au milieu de la foule joyeuse; le sourire est dans ses yeux et sur ses lèvres, elle parle tout haut à quelques-uns, tout bas à quelques autres, fait une révérence légère à ceux-ci, une plus profonde à ceux-là, et se plaint de l'extrême chaleur. A peine a-t-elle parlé que son amant lui offre une limonade; elle la savoure, regarde,

critique et plaint ses plus chères amies d'être si mal habillées.

66. L'une a de faux cheveux, l'autre trop de rouge, une troisième..... où a-t-elle acheté cet effroyable turban ? une quatrième est si pâle qu'elle craint de la voir s'évanouir ; une cinquième a l'air commun, grossier, campagnard; la robe de soie blanche de la sixième a pris une teinte jaune ; pour la septième, à coup sûr sa robe de mousseline trop claire lui vaudra un bon rhume; et la huitième paraît..... *je ne veux pas en voir davantage*, de peur que, comme les rois de Banco, il n'en vienne une vingtaine.

67. Cependant, pendant qu'elle regardait les autres, d'autres la regardaient; elle entendait les hommes lui prodiguer les éloges à demi-voix, et se serait bien gardée de bouger qu'ils n'eussent fini. Les femmes trouvaient seulement étonnant qu'à son âge elle eût encore tant d'admirateurs... mais ces hommes sont si déhontés! ces créatures au front d'airain, ils suivront toujours leurs penchans.

68. Pour moi, je n'ai jamais pu comprendre pourquoi de méchantes femmes... mais je ne veux point discuter une chose qui est une honte pour le pays. Seulement je ne vois pas pourquoi il en serait ainsi ; et si j'avais seulement une robe et une ceinture pour m'autoriser à faire un peu de bruit, je voudrais prêcher sur ce sujet jusqu'à ce que Wilberforce et Romilly citassent mes homélies dans leur prochain discours.

69. Tandis que Laura regardait ainsi et était regardée, souriant, parlant, sans savoir pourquoi et sans s'en soucier beaucoup, de sorte que les dames de ses amies bouillant de jalousie contemplaient les airs qu'elle se donnait, son triomphe, etc., et que des cavaliers bien mis passaient et repassaient devant elle, la saluant et se mêlant à sa conversation légère, une personne s'obstina à tenir les yeux fixés sur elle avec une rare pertinacité.

70. C'était un Turc couleur d'acajou; Laura le vit, et fut d'abord contente, parce que les Turcs sont très-amateurs du sexe, quoique la manière dont ils traitent les dames soit un peu maussade. Ils traitent, dit-on, comme des chiens les pauvres femmes qu'ils achètent comme des chevaux. Ils en ont un grand nombre, quoiqu'ils ne les montrent jamais en public; quatre femmes légitimes et des concubines..... *ad libitum*.

71. Ils les couvrent d'un voile, les enferment sous les verrous et les gardent à vue tous les jours : à peine peuvent-elles voir les hommes de leur famille; de manière qu'elles ne passent pas leur tems si gaîment que l'on croit qu'elles le font chez les nations du Nord. D'ailleurs, à force d'être renfermées, elles doivent avoir le teint pâle, et comme les Turcs abhorrent les longues conversations, leurs journées se passent à ne rien faire, ou à se baigner, soigner leurs enfans, faire l'amour et s'habiller.

72. Elles ne peuvent pas lire, et ainsi ne sau-

raient tomber dans le *criticisme* ; elles n'écrivent pas, et ainsi ne s'avisent pas de devenir poètes : jamais on ne les a surprises à faire des épigrammes ou du bel esprit ; elles n'ont ni romans, ni sermons, ni pièces de théâtre, ni *revues*. L'instruction ferait bientôt un joli schisme dans le haram ! mais heureusement ces beautés ne sont pas des *bas-bleus* ! et n'ont pas auprès d'elles quelque sot important pour leur montrer « ce charmant passage dans le dernier nouveau poème. »

73. Elles n'ont point de ces vieux rimeurs qui, ayant pêché la gloire à la ligne, toute leur vie, sans l'avoir pu attraper jamais, quoique se croyant toujours au moment de le faire, continuent toujours à pêcher, dans l'espérance de finir par en avoir quelque peu ; sublimes dans le genre médiocre, les plus furieux des animaux apprivoisés, échos d'autres échos, maîtres pédans de l'école des femmes, beaux esprits, poètes des enfans...... des sots en un mot.

74. Fiers oracles, à l'imposante exclamation approbatrice *bon* ! nullement bonne aux yeux de la loi, bourdonnant comme des mouches autour d'une nouvelle lumière, les plus bleues de toutes les mouches bleues que l'on ait jamais vues, vexant par leur blâme, torturant par leur approbation, se gorgeant de leur petite renommée qu'ils avalent toute crue, traduisant des langues dont ils ne connaissent pas

---

[1] Pédantes, précieuses ridicules, femmes de lettres, femmes auteurs.

une seule lettre, faisant péniblement des comédies si médiocres, qu'il vaudrait mieux qu'elles fussent tout-à-fait mauvaises.

75. On hait un auteur, c'est-à-dire tous les auteurs, ces gens habillés d'un uniforme de papier à passe-poil et galons d'encre, si empressés, si habiles, si beaux, si jaloux, qu'on ne sait que leur dire ou qu'en penser, si ce n'est de les enfler avec un soufflet; les fats au suprême degré de fatuité sont préférables à ces rognures de papier, à ces moucherons de chandelle mal éteints.

76. Nous en avons beaucoup de cette espèce, nous en avons aussi d'une autre, des hommes du monde, qui jugent le monde en hommes; Scott, Rogers, Moore, et les autres poètes distingués qui pensent à quelqu'autre chose qu'à leur plume. Mais pour ces enfans impuissans d'une mère puissante (la Muse), ces gens qui voudraient être de beaux esprits et ne sauraient être de vrais *gentlemen*, je les laisse à leurs *thés* habituels, à leurs coteries affectées, à leurs femmes savantes.

77. Les pauvres chères Musulmanes, dont je viens de parler, n'ont point de ces gens dont la conversation est si instructive et si agréable; un d'entr'eux leur paraîtrait une invention nouvelle, aussi inconnue que des cloches dans un clocher turc. Je crois que cela vaudrait presque la peine d'accorder une pension (quoique les meilleurs projets ne réussissent pas toujours) à une sorte d'auteur missionnaire,

juste pour aller leur enseigner notre usage chrétien des parties du discours.

78. La chimie ne leur dévoile pas ses gaz, la métaphysique ne leur est point enseignée dans des cours publics; là point de cabinets de lecture où s'entassent les romans religieux, les contes moraux et les esquisses de mœurs contemporaines; là l'on ne voit point d'expositions annuelles de peintures; elles ne montent point au faîte de leurs maisons pour contempler les astres, et, grâce à Dieu, ne s'occupent point de mathématiques.

79. Pourquoi est-ce que je dis grâce à Dieu, peu vous importe, j'ai mes raisons pour cela, vous n'en doutez pas, sans doute; mais comme elles pourraient ne pas flatter tout le monde, je les garderai toute ma vie, pour les écrire plus tard en prose. Je crains d'être un peu porté à la satire, et cependant je crois que plus on vieillit, plus on est porté à rire plutôt qu'à gronder, quoique le rire nous laisse peu après doublement sérieux.

80. Oh! joie et innocence! Oh lait et eau! heureuses mixtures de jours plus heureux encore! hélas! dans ces siècles de péché et de carnage, l'homme abominable n'étanche plus sa soif dans un breuvage aussi pur. N'importe, je vous aime tous deux, je veux vous chanter tous deux; allons, à la mémoire du règne de sucre-candi du vieux Saturne! En attendant, je bois à votre retour..... un verre d'eau-de-vie.

81. Notre Turc tenait toujours les yeux fixés sur Laura, d'une manière chrétienne plutôt que musulmane, qui semblait dire : « Madame, je vous fais bien de l'honneur, et tant qu'il me plaira de vous regarder fixement, il vous plaira de ne pas vous éloigner. » Si l'on pouvait gagner le cœur d'une femme en la regardant, il eût gagné le sien ; mais Laura n'était pas si facile, elle avait vu le feu trop long-tems et trop bien pour faiblir devant les regards tout-à-fait étranges de l'étranger.

82. Le jour était alors au moment de poindre, c'est le moment auquel je conseillerais aux dames qui ont dansé, ou qui ont pris part à quelqu'autre exercice, de se préparer à quitter la salle du bal avant que le soleil soit levé ; car dès que les lustres et les bougies commencent à s'obscurcir devant sa lumière naissante, les dames paraissent un peu pâles.

83. J'ai vu dans mon tems quelques bals et quelques parties de nuit ; je restais jusqu'à la fin pour un motif ou pour un autre, et alors je regardais, j'espère qu'il n'y a pas de crime à cela, pour voir laquelle de ces dames soutiendrait le mieux le moment critique, et quoique j'en aie vu quelques milliers de jeunes, d'aimables, qui plaisaient alors, qui peuvent plaire encore aujourd'hui, je n'en ai vu qu'une dont la fraîcheur, après les étoiles couchées, pouvait, à la suite d'un bal, braver l'influence de l'aube du matin.

84. Le nom de cette autre Aurore, je ne vous le

dirai pas, je le pourrais néanmoins, car elle n'était rien pour moi, si ce n'est le chef-d'œuvre de la création divine, une femme charmante, dont la vue seule est déjà un plaisir ; mais écrire des noms propres, cela ne serait pas bien. Si cependant vous voulez savoir quelle est cette belle privilégiée, vous la reconnaîtrez au premier bal, à Paris ou à Londres, à ses joues dont la fraîcheur éclipse toutes les autres.

85. Laura, qui savait bien qu'il ne lui serait pas avantageux d'affronter l'éclat du jour naissant, après une séance de sept heures au milieu d'un bal de trois mille personnes, crut qu'il était juste et convenable de tirer sa révérence. Le comte était alors à ses côtés, tenant son schall, et ils allaient quitter la salle, quand..... voyez un peu, ces maudits gondoliers ! ils étaient allés précisément où ils n'auraient pas dû.

86. Ils sont en cela à peu près comme nos cochers, et la cause en est à peu près la même, la foule, les gens qui se pressent d'un côté, ceux qui se pressent de l'autre ; ils font un bruit à ne pas finir avec des juremens à se briser la mâchoire. A Londres, nous avons les messieurs de Bow-street [1] pour maintenir le bon ordre ; ici vous êtes toujours à portée d'une sentinelle que vous pouvez appeler ; mais tout cela n'empêche pas une foule de juremens et de vilains mots qu'on ne saurait ni citer, ni entendre.

---

[1] Rue où se trouvent les bureaux de la police municipale.

87. Le comte et Laura trouvèrent à la fin leur gondole, et se dirigèrent vers leur habitation au travers des flots silencieux, discutant sur toutes les danses actuellement passées, les danseurs et les costumes, et mêlant à tout cela un peu de médisance, quand tout-à-coup, au moment où les rameurs s'arrêtaient devant les degrés de son palais, Laura, toujours accompagnée de son amant, fut frappée d'étonnement de revoir le Turc qui y était arrivé avant elle.

88. « Monsieur, dit le comte en fronçant le sourcil, votre présence est ici si inattendue que je me vois forcé de vous en demander le motif. C'est une erreur peut-être, je l'espère, et pour laisser là de suite les complimens, je l'espère *dans votre intérêt*; vous entendez ce que je veux vous dire, ou bien *je vous le ferai entendre*. — Monsieur, dit le Musulman, il n'y a pas du tout d'erreur;

89. » Cette dame est ma femme! » Les joues de la dame se couvrirent d'une vive rougeur; et il y avait de quoi! Mais quand une Anglaise se trouverait mal, les Italiennes ne sont pas si promptes; elles invoquent un peu leurs patrons, et puis reviennent tout-à-fait à elles, ou à peu près : ce qui sauve de la corne de cerf, des sels, de l'eau jetée au visage, des lacets coupés, etc., etc.

90. Elle dit..... que pouvait-elle dire? Quoi? pas un mot; mais le comte invita poliment l'étranger à entrer, fort apaisé qu'il était, par ce qu'il venait

d'entendre. « Peut-être, dit-il, ferions-nous mieux d'entrer pour discuter ce sujet : ne nous donnons pas en spectacle en public, ne faisons pas de scène, pas de bruit ; car tout ce qui pourrait en résulter de plus clair, c'est que nous nous ferions moquer de nous. »

91. Ils entrèrent et demandèrent du café ; le café vint : c'est un breuvage à l'usage des Turcs, aussi bien que des chrétiens, quoiqu'ils ne le préparent pas absolument de la même manière. Alors Laura, bien revenue, ou plus hardie à parler, s'écria : « Beppo, quel est votre nom païen ? Dieu me bénisse ! votre barbe est d'une longueur effroyable ! Comment avez-vous fait pour vous éloigner si long-tems ? ne sentez-vous pas que vous avez eu grand tort ?

92. » Êtes-vous vraiment, réellement Turc à présent ? Avez-vous épousé d'autres femmes ? Est-il vrai qu'ils se servent de leurs doigts en guise de fourchette ? Bien... voilà le plus joli schal... comme je suis en vie, vous m'en ferez cadeau ! On dit que vous ne mangez pas de porc, et comment avez-vous pu pendant tant d'années..... Dieu me bénisse ! ai-je jamais... non je n'ai jamais vu un homme si jaune ! Comment va votre foie ?

93. » Beppo, votre barbe ne vous sied pas, elle sera coupée avant que vous ne soyez d'un jour plus vieux ; pourquoi la portez-vous ? Oh ! j'oubliais ! dites-moi, je vous prie, ne trouvez-vous pas que le tems est plus froid ici ? Voyons un peu quel air vous avez. Vous ne bougerez pas d'ici avec cet étrange

costume, de peur que quelqu'un ne vous voie et ne devine toute l'histoire. Comme vos cheveux sont courts! mon Dieu! comme ils grisonnent! »

94. Quelle réponse Beppo fit-il à ce discours? c'est plus que je n'en sais. Il avait naufragé près de l'endroit où était Troie autrefois, et où il n'y a plus rien aujourd'hui, était naturellement devenu esclave, et n'avait pour salaire que des bastonnades, jusqu'à ce qu'une bande de pirates ayant pris terre dans le voisinage, il se joignit à eux, prospéra, et devint un renégat d'assez mauvaise réputation.

95. Mais il devint riche, et avec ses richesses il sentit s'augmenter le désir de revoir son pays natal. Il pensa qu'il était de son devoir de le faire, et de ne pas être toujours à voler en pleine mer; puis quelquefois, comme Robinson Crusoé, il sentait l'ennui d'être seul. En conséquence, il loua un navire venant d'Espagne et frété pour Corfou; c'était une belle polaque, montée par douze hommes et chargée de tabac.

96. Au risque de sa vie et de ses membres, il s'embarqua avec ses richesses, et Dieu sait combien il en avait amassé! L'entreprise était téméraire; il prétendait que la Providence l'avait protégé. Pour moi, je n'en dis rien, de peur que nous ne tombions pas d'accord. Bien, le navire mit à la voile et fit bonne marche, excepté trois jours de calme; après qu'ils eurent doublé le cap Bonn.

97. Ils arrivèrent dans l'île, il vendit son char-

gement, se transféra avec son bétail à bord d'un autre navire, et passa pour un vrai marchand turc, trafiquant de diverses marchandises dont j'ai malheureusement oublié les noms. Il s'échappa à l'aide de cette ruse, autrement les gens l'auraient peut-être tué, et il arriva ainsi à Venise pour réclamer sa femme, sa religion, sa maison, et son nom de baptême.

98. Sa femme le reçut, le patriarche le rebaptisa (il fit, comme de juste, un cadeau à l'église), il quitta alors les vêtemens qui le déguisaient, et emprunta pour un jour la culotte du comte. Ses amis firent d'autant plus de cas de lui, qu'il avait été plus longtems absent, et qu'ils virent qu'il avait de quoi leur offrir de joyeux dîners, où il excitait souvent l'hilarité générale par des histoires..... mais je n'en crois pas la moitié.

99. Tout ce qu'il avait souffert durant sa jeunesse, il s'en récompensa dans sa vieillesse, par la fortune et le plaisir de parler, quoique Laura le mît souvent en fureur; j'ai entendu dire que le comte et lui furent toujours amis. Ma plume est au bas d'une page : puisque cette page est finie, mon histoire est finie aussi ; il eût été à désirer qu'elle eût été terminée plus tôt; mais quand les histoires sont une fois commencées, elles tirent en longueur, sans que l'on sache trop pourquoi.

FIN DE BEPPO.

www.ingramcontent.com/pod-product-compliance
Lightning Source LLC
Chambersburg PA
CBHW070922230426
43666CB00011B/2273